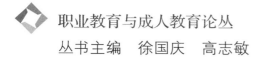

职业教育与成人教育论丛

丛书主编　徐国庆　高志敏

国际终身学习政策推展模式研究

Guoji Zhongshen Xuexi Zhengce
Tuizhan Moshi Yanjiu

朱敏　著

上海教育出版社
SHANGHAI EDUCATIONAL
PUBLISHING HOUSE

丛书总序

　　这是华东师范大学职业教育与成人教育研究所与上海教育出版社的第二次合作。第一次合作正好是 10 年前，当时由我做主编，陆续完成了"现代职业教育研究丛书"的出版。这套丛书在业界很受关注，获得了同行的高度肯定，在推动职业教育学科建设方面发挥了重要作用，2011 年获得上海市第十届教育科学研究成果奖（教育理论创新奖）一等奖，其中我与徐国庆教授合著的《职业教育课程开发技术》一书又获第四届全国教育科学研究优秀成果奖一等奖。那套丛书的成功，一方面与作者们深厚的学术功底及辛勤的研究工作密切相关，另一方面与责任编辑高超的编辑能力及对待出版工作的严谨态度也是分不开的，因此这套由徐国庆教授与高志敏教授主编的"职业教育与成人教育论丛"仍然选择了与上海教育出版社合作。我想这套丛书的出版一定会获得同样的成功。

　　"职业教育与成人教育论丛"有一大特点，那就是涵盖了职业教育与成人教育两大学科，这是两大学科深度融合的一次尝试。在教育学的学科体系中，我们常常把职业教育与成人教育归类在一起。既然归在一起，就应该积极地促进这两大学科的协同发展。从研究问题来看，这两大学科的确存在许多关联之处。比如，现代职业教育体系的设计必须基于终身教育的理念，因为职业教育不仅要帮助个体就业，而且要促进个体的生涯发展，这是当前职业教育的国际发展趋势；而在职业教育中，尤其是职业培训中，很大一部分对象是成人，成人职业培训的展开无疑要同时结合职业教育与成人教育的原理。对成人教育来说，其学科的发展也离不开职业教育的支持。比如，社区教育中便包含职业技能培训的内容。这两大学科最重要的交叉领域是企业人力资源开发。企业人力资源开发就对象而言属于成人教育，就内容与方法而言属于职业教育。可见，当我们对这两大学科进行深入分析时，会发现它们的确是两个相辅相成的学科，努力促进它们的融合，对这两大学科的发展来说都是有益的。

　　这套丛书的作者都是在所从事的领域较有造诣的研究者，所收录的著作都是作者多年在该领域辛勤耕耘的结果，代表其最高学术成就。高志敏教授的《成人教育学科体系论》博大恢宏，作为一位在成人教育领域耕耘数十年的资深学者，他倾毕生所学，从历史、反思、前瞻三个维度，用批判的眼光、饱含深情的语言，对成人教育学科体系进行了系统的反思与重构。这部著作的出版将对成人教育学科体系发展产生深远影响。《职业教育课程、教学与教师》是徐国庆教授在职业教育领域的又一部力作。徐国庆教授在职业教育课程、教学及教师教育领域享有盛誉，他的这部著作内容新颖，与实践贴合得非常紧密，几乎包含了当前该领域所有最为关键的问题。他的研究风格是直指问题中心，直接寻求问题的答案；同时他又善于把问题的实践表现与深度的理论思考结合起来，将实践性与思想性融为一体；文字简练与犀利也是其著作明显的风格。张永副教授的《社区教育内涵发展论》可以说是社区教育研究中具有开拓意义的一部著作。近年来，社区教育在我国发展非常迅速，实践发展需要理论研究的支持，这部著作的及时出版正好满足了社会的这一需求。这部专著结构严谨，内容实用，是该领域具有重要价值的力作。朱敏博士的《国际终身学习政策推展模式研究》旨在为国际终身学习政策推展提供理论分析框架，深化相关基础理论研究，同时为我国终身学习政策推展的进一步优化提供国际参照与现实借鉴。这部著作综合了国际上关于终身学习政策最为前沿的研究成果，实用性强，是该领域难得的力作。以上是这套丛书第一批推出的四部著作，随着这套丛书的滚动出版，我相信后面的著作会更加精彩。

无论是职业教育还是成人教育，都是教育学科中非常重要的研究领域。实践的快速发展急需理论研究的支撑。然而由于这两大学科的研究群体规模相对较小，因此其研究成果的数量相对基础教育、高等教育等领域来说也要少，研究推进的速度相对较慢。期望这套丛书的出版能为致力于这两大领域研究的学者提供参考，同时更期望能引出更多、更有价值的研究成果。

最后，特别感谢上海教育出版社教育与心理出版中心为这套丛书的成功出版所付出的辛勤劳动！

华东师范大学职业教育与成人教育研究所所长、终身教授、博士生导师

2017 年 7 月 31 日

目　录

绪　论

第一节　研究缘起

一、背景分析

自 1972 年"终身学习"作为一个术语与"终身教育""学习型社会"并列出现在联合国教科文组织（United Nations Educational, Scientific and Cultural Organization, 简称 UNESCO）的著名报告《学会生存——教育世界的今天和明天》（*Learning to Be: The World of Education Today and Tomorrow*）中以来，它不仅作为一种教育思想影响了世界范围内诸多国家和地区的教育改革（甚至经济和社会发展），而且作为一个政策术语正式写入国际教育政策文本。

有关终身学习思想形成和发展的背景，国际社会几乎没有异议，① 总体上有以下几方面。

在社会方面，社会变化速度日益加快，流动和易变成为社会发展的基本特征，不管是在物质、观念、精神还是其他活动领域，传统社会的稳定性逐渐被打破。要在不断变化的新环境中生存和发展，就需要不断地学习和适应。由此引发了人们对教育的基本思考，即教育和学习是否应随学校教育的结束而终止。

在经济方面，20世纪60年代以来，西方许多国家逐渐从"二战"的创伤中复苏，经济获得了前所未有的发展，一些主要发达国家借助新科技的力量先后走上现代工业化的发展之路，进入了经济繁荣期。经济的发展必然需要更高素质的劳动力队伍，由此刺激了社会对教育、学习和培训的新需求。同时，经济发展取得的成就，也为原有教育领域的改革和发展提供了必要的物质支持。

在科技方面，自20世纪60年代以来，世界科学技术发展迅速，新能源、新材料、新方法与新思路层出不穷，知识存量迅猛增加，更新速度日益加快，"知识爆炸"使人们意识到学会学习比学习知识本身更为紧迫和重要。

在人口方面，两个最为重要的特征是世界人口数量的增加和人口老龄化程度的加剧。人口数量的增加意味着有更多的人需要接受教育，这直接对原有的教育规模甚至对教育制度产生了压力，迫使我们寻求新的途径来满足社会日益增长的教育需求。人口老龄化给社会发展带来了巨大的挑战，无论是从老年人权益保护的社会视角，还是从老年人力资源再开发的经济视角来看，向日益壮大的老年人群体提供合适的教育是不少国家面临的新问题，因此需要突破教育只向青年人提供的传统思维，不断扩展教育的范围和对象。

在政治方面，20世纪60年代是世界民主化进程的高潮期，许多发展中国家在

---

① 本书以为，这主要源于保罗·朗格朗（Paul Legrand）的现代终身教育思想及其著作《终身教育导论》（An Introduction to Lifelong Education）一书的深刻影响，同时得益于联合国教科文组织等相关国际组织的大力宣传和推动。关于"Paul Legrand"的翻译，需要说明的是，其著作和思想引入中国时，译法不尽相同：1979年由张人杰教授撰写，收录在人民教育出版社出版的《业余教育的制度和措施》中的《终身教育——一个值得注意的国际教育思潮》一文，使用的是"保罗·郎格朗"；1978年由中国对外翻译出版公司出版的《终身教育引论》（周南照等译）中使用的是"保尔·朗格朗"；1988年由华夏出版社出版的《终身教育导论》（滕星等译）中使用的是"保罗·朗格让"。本书在文献引用时遵从相应译著的译名，但由于现在国内惯用译名是"保罗·朗格朗"或"保罗·郎格朗"，为使全书统一，本书在正文中一律使用"保罗·朗格朗"这一译法。

这个时期纷纷独立。人们越来越把争取受教育的权利看作是推动现代社会民主化进程的一个重要方面，因此对继续教育和学习的需求越来越多，越来越高。同时，新阶层及新社会结构和关系开始出现，公民、国家（政府）和社会的传统关系也在不断变化，民主不仅表现为制度完备、保障基本人权及程序正义等，更表现为公民身份意识的发展和有效参与公共生活能力的提升，学习和教育在社会民主化进程中的巨大潜力得以不断挖掘。

在信息媒介方面，随着现代电子计算机、网络及各种电子化媒介的蓬勃发展，世界正逐渐变得网络化和数字化，我们可以以更快的速度获得更多的知识和信息，但是这对教育和学习也提出了新的要求。面对浩如烟海的知识和信息，学习者必须发展出对知识和信息进行"过滤"的基本能力，如更高层次的读写算能力、分析和鉴别能力、批判和选择能力等。

在生活方式方面，科技和信息的发展带来了生产力的普遍提高，物质生活日趋丰富，人们有了更多的可支配时间。与此同时，物质生活的满足带动了人们对精神生活的关注，人们愿意花更多的时间和精力来提升自己的生活质量，生活内容变得更丰富，生活需求层次越来越高。此外，随着社会流动频率的增高和社会生活观念的多元化，传统的较为一致和稳定的生活状态正逐步被打破，每个人在生活方式上都有了更大的选择自由，同时也面临着生活碎片化的可能，由此需要面对更多现实问题，也会有更多新的学习任务。

面对这一时代发展背景和变化趋势及所带来的诸多挑战，一些在国际教育组织或成人教育领域工作的有识之士开始认真反思传统教育，积极寻找应对挑战的新途径。终身学习思想的形成正是其中的努力成果之一。其时，主要在联合国教科文组织等有关国际组织的积极支持和推动之下，终身学习思想很快进入了国际社会的视野，在许多国家和地区获得了广泛传播。自20世纪70年代初期以来，许多国家、地区及国际组织依据各自国情发展需要，先后制定并颁布了多种形式的终身学习政策，开展了各种各样以"终身学习"为主题的教育改革活动，共同掀起了国际终身学习政策发展的浪潮。时至今日，大力促进终身学习的发展，完善各种终身学习政策，努力构建学习型社会，依然是许多国家和地区21世纪教育改革与发展的重要目标。

　　笔者在仔细研究迄今为止所实行的各种终身学习政策之后发现，尽管人们对终身学习理念的重要性、必要性具有比较广泛的一致认识，所要面对的社会发展大环境及其带来的主要挑战也基本类似，但是不同国家、地区和国际组织在终身学习政策的推展方面却表现出较为明显的个性特征。值得注意的是，随着终身学习政策推展的进程及效果逐步显现，一些令人意想不到的尴尬问题也开始浮出水面，直接危及终身学习政策的进一步发展甚至继续存在的可能性。

　　终身学习政策的个性特征表现在许多方面。比如，英国制定的终身学习政策更多地定位于职业技术教育、工作场所中的学习等领域，普通成人教育与学习正遭遇严重的边缘化。日本、太平洋岛国等则似乎对职业技术教育领域兴趣不大，而是大力倡导与文化生活、精神状态等相关的终身学习活动。再比如，英国、美国、德国、法国等国的基础教育通常不在终身学习政策调控范围之内，终身学习被直接等同于原有的成人教育或继续教育。瑞典、澳大利亚等国则试图构建真正的"从摇篮到坟墓"的一体化终身学习体系。还比如，英国、荷兰、新加坡等国明确把终身学习政策作为 21 世纪提高国际经济竞争力的手段，而太平洋岛国更强调终身学习政策的发展与文化及社会资本的关系。但是，不同国家和地区的个性化做法仍旧可以反映出某些共同的国际经验：尽管终身学习政策的责任主体各有侧重，但是大部分国家都认识到，终身学习政策的成功推展需要国家、社会和个人的积极合作，并对此加以积极倡导；终身学习政策的推展需要在原有优势教育基础上寻找恰当的着手点；终身学习政策的推展是一个逐步的过程，没有哪个国家能够在短时期内快速完成。

　　值得注意的是，终身学习政策实施中还出现了一些问题：① 政策实施带来了"学习性分化"，甚至加剧了原有社会的不平等，违背了终身学习政策的初衷。② 政策的实践行动及效果远落后于政策的宣传和承诺，仍有许多工作和研究尚待深入。③ 目前的终身学习政策过于重视人力资本（而且是狭隘的人力资源观），忽视了教育的基本功能及其属性。

　　如何看待和分析这些差异性表现及其基本的经验启示，如何理解和分析终身学习政策推展过程中所出现的各种现象和问题，这需要从整体上把握国际终身学习政策的历史发展及现状，对其进行必要的系统思考，透过繁杂的现象深究其内在本质，从关注终身学习政策文本及其实践活动出发，开展并加强对终身学习政策的基本理论研究。诚如国外研究学者所提醒的，"（终身学习的）政策研究还没有成为终身教育工作者特别努力钻研的领域，但是（终身学习）政策文本在当代社会确实需要大量的学术关注"。① "尽管实践是那样地多样，但是，很少有开发概念性框架的学术努力，来明确地处理作为一个整体的学习型社会的主题，赋予网络、地区和终身学习实体以意义。"②

政策研究（无论是文本还是实践活动）是极其艰难的工作，终身学习政策具有国际性，内涵丰富、体系庞杂，对其进行研究具有相当的挑战和困难。随着阅读和思考的深入，笔者越来越感到，要从整体上开展对国际终身学习政策的基础性研究，首要的关键问题就是对国际范围内各式各样、纷繁复杂的终身学习政策及其推展活动进行总体性的认识与区分，归纳出基本模式，探究影响模式形成和发展的主要因素，为认识、理解、比较和分析各种终身学习政策推展活动提供一个基本的理论认识框架；同时，在这种比较研究中进一步探究并把握终身学习政策及其推展模式的本质，以更好地从理性层面反思终身学习政策带来的种种问题。

提出这一研究问题的前提性思考在于：

● 尽管终身学习的思想获得了广泛的认同并具广泛的影响力，但是人类的理解与价值选择是有差异的，且受所处社会环境的直接影响。

● 即使社会环境拥有某些具有时代特征的趋势和变化特征，其在每一个国家和地区所产生的影响和结果往往也是不同的。每一个国家或地区都有各自不同的经济、社会、政治、心理和文化现实及传统，它们构成了不同的政策环境，并且相互之间有着复杂的影响和联系，由此带来政策选择和模式发展的差异。

● 终身学习政策的推展需要各种资源，而对相对庞大的学习者群体来说，资源一直处于稀缺状态，由此带来竞争。社会要管制和约束这种竞争，就不可避

---

① Editorial. Policy Studies in Lifelong Learning [J]. International Journal of Lifelong Education, 2004, 23 (6): 515.

② Silke Schreiber-Barsch. Raising Participation or Furthering Exclusion? Regional Lifelong Learning Strategies under Scrutiny [J]. International Journal of Lifelong Education, 2009, 28 (1): 43.

免地会产生相应的制度成本，或带来某些预期之外的结果和问题。

● 理性是有限的，即使我们能够充分认识到自身发展的需求，并把握社会变化和发展的基本趋势，也无法掌控一切。因此，合适的做法是在有效理论的指导下实现实践过程的局部最优。

二、研究意义

（一）理论层面

终身学习进入国家政策是 20 世纪影响世界教育发展的一个关键事件。这种影响不仅体现在教育规模的扩张、教育制度的改进、国家对教育重要性的认识上，而且体现在教育机会的增加、教育公平的保障、促进每个人的自我实现等现代社会的民主理想及其实现上。四十多年来，国际范围内诸多国家和地区先后颁布了许多有关终身学习的政策，广泛开展了各种各样的政策实践活动，然而，终身学习理论本身是如此丰富，各国的社会历史环境和现实基础各有差异，政策推展又是如此重要和复杂，到底应该以一种怎样的形式来有效地推进本国终身学习政策的发展，这成为许多学者关注的重要课题。

20 世纪 80 年代初期以来，随着西方终身学习理论的引入，我国有关终身学习的研究日趋增多，且逐步深化。综观已有的研究成果，研究更多的是把终身学习作为一种思想和理念来加以认识，将其作为一种政策进行相关研究的并不多，即使在教育政策的研究中，也未能见到对终身学习政策的具体论述。20 世纪 90 年代以来，比较研究中关于国外终身学习发展及政策走向的研究文章大大增加，许多期刊论文也提供了大量的国外有关终身学习政策的信息和材料，但总体上仍然难以让研究者全面把握某一个国家终身学习政策的概貌及精要，有时甚至令人更加困惑。这主要是因为我们的研究在理论上缺乏一个有效的、合适的认识视角或分析框架，过多地拘泥于细节和事实，在一定程度上反而妨碍了我们的统筹思考和整体把握。与此同时，相比较而言，由于国外一些发达国家推展终身学习政策的时间比较长，经验也较为丰富，有关终身学习政策及其推展模式的研究逐步发展，为研究带来了新的思路，但至今还未引起国内终身学习领域工作者的关注，导致研究交流工作稍显不足。

因此，本书试图在对国外现有理论成果分析的基础上，主要通过比较研究和理论研究的方法，从中进一步挖掘和深化，以推进和强化相关的基础性研究。对国际终身学习政策发展历程的系统分析和阐述，有利于我们从整体上把握终身学习政策的演变历程，建立起宏观认识。对国外现有理论研究成果的梳理和分析，直接拓宽并丰富了我国终身学习领域的国际比较研究，有助于把握其国际发展前沿。对终身学习政策推展模式等相关问题的探究，亦有可能引发出新的理论研究生长点，进一步拓展和深化相关的基础理论研究，从而能够使我们以更为全面和客观的态度来认识与理解终身学习政策及其推展模式，为本土实践提供更为科学和适合的理论指导。

（二）实践层面

自 20 世纪 90 年代初期我国明确提出发展终身教育以来，部分教育和培训领域先后采取各种方式开展了许多活动。如在老年教育方面，积极呼吁重视老年人的教育和学习需求，积极发展老年学校，开发老年教育资源，打造各种老年学习团队。在社区教育方面，在积极发展的基础上逐步规范，通过建立社区教育课程标准，提升社区教育工作者素质，开发多层次多类型的社区教育课程，努力回应广大社区居民日益上升的教育需求。目前，国家终身学习政策的重点开始转向农村社区教育，通过城乡社区教育的统筹发展，促进社区教育在全国层面的广泛与均衡发展。在企业教育方面，大力倡导学习型组织建设，改革传统企业职工教育制度，促进专业技术人才继续教育的转型发展，初步探索继续教育学习成果认定，鼓励支持企业大学建设等。这些先后组织开展的终身学习活动为不同群体提供了更多的终身学习机会。但是，在许多终身学习工作者看来，这些颇有政策阶段性、社会问题应对性的终身学习项目和活动令人眼花缭乱，彼此之间缺乏联系，有时甚至还相互矛盾。比如，很多人认为社区教育做的是维护社会稳定和促进社区发展的社会融合性工作，而企业职工教育又具有非常明显的经济利益诉求。此外，仍有相当一部分承担终身学习推进责任的实践工作者对终身学习实践认识不到位，流于并纠结于各种终身学习活动的表象性认识。例如，笔者在 2016 年上半年参加的一次专业协会会议上发现，来自社区教育、学校教育领域的一些实践工作者，仍对老年教育、技能培训、学历教育、文化休闲教育等教育活动之间的关系感到困惑，对做什么不做什么，哪些可以不做，不甚清晰，对国家层面倡导的诸多和终身学习相关的活动也表现出不甚理解。尽管一些来自基层政府非教育部门的工作者也愿意支持终身学习的发展，但对如何设计相关的学习活动与项目，如何在本职工作中融入终身学习的要素不甚清晰。类似这些现象和问题的存在，确实对终身学习在我国城乡的全面发展和推进产生不利影响。

政策既是理论的具体化，同时也是指导实践的基本规范。本研究探讨的国际终身学习政策推展模式，将从更为系统和结构化的视角来审视目前已开展的各种终身学习实践活动，让我们在了解与运用具体策略、技术、方法与工具的基础上，进一步发现与理解各种实践活动背后的本质与政策意图，从而为终身学习实践项目的合理开发、各种活动之间的联动、终身学习活动效果的改进等提供可能的建议和对策。

第二节 研 究 基 础

一、国内研究现状

在期刊论文方面，根据笔者在中国期刊网的检索结果，我国大陆地区自 20 世纪 80 年代以来在各种期刊公开发表的有关"终身教育""终身学习"的论文已有上万篇[1]，但是直接论述或研究终身学习政策推展模式的成果并不多见，相关主题的基本研究情况分述如下：

（一）对国际组织终身学习政策的研究

对国际组织终身学习政策的研究主要集中在联合国教科文组织、经济合作与发

---

[1] 由于终身学习与终身教育关系密切，在统计前者的文献时，实际上很多也涉及后者的文献。况且，有的研究者并列使用这两个概念。有的论文以"终身学习"命名，正文中却全部是"终身教育"。故本节并列使用了这两个概念。

展组织（Organization for Economical Co-operation and Development，简称 OECD）和欧盟（European Union，简称 EU）这三大组织的终身学习政策方面。例如，贺宏志、林红的《当代世界终身教育的政策及管理与立法》一文第一部分简要介绍和分析了联合国教科文组织的终身教育政策，包括终身教育政策的具体目标、理论基础、基本原则、内涵和发展策略、起点和基础。冯巍的《OECD 国家终身学习政策与实践分析》一文重点介绍和分析了经济合作与发展组织 20 世纪 90 年代以来的终身学习理念、政策文本及实践现状，并概括了该组织各国终身学习政策发展的共同趋势，如法律化、学习机会多样化、信息化和学习社会化等。刘小强、蒋小锋的《2000 年以来欧盟终身学习战略实施新特点》一文重点介绍了里斯本会议以来欧盟终身学习战略的变化，如赋予终身学习战略更加重要的地位，全面重新理解终身学习、支持这一新理念的诸多项目和机构发展，以终身学习促进欧洲一体化等。孔令帅的《国际组织终身学习战略的进展和困难》一文认为，上述三大国际组织在不同时期使用了不同的终身学习概念，但都赞同"终身"这个概念，在 20 世纪 70 年代和 90 年代颁布的一些终身学习政策对实践的发展起到了较大的推动作用，但也存在概念模糊、对终身学习作用的理解存在差异、忽视文化背景、实践者的意识与行动落差巨大等问题。耿润的《欧盟终身学习战略的发展、影响和启示》一文简要介绍了 20 世纪 90 年代以来欧盟终身学习战略在教育和培训领域的实施情况，并指出其对欧盟就业、教育和培训政策及欧洲一体化进程的促进作用。苑大勇的《欧盟教育合作中终身学习理念演进探析》一文从历史的角度，探讨了自 1957 年以来终身学习作为一项主要战略，其理念、政策、实践行动等方面在欧洲一体化进程中的变化情况。王华轲、杨晓庆的《欧盟重大终身学习政策综述》一文介绍了欧盟在 1995年至 2009 年间终身学习的主要政策内容，指出终身学习理念已是欧盟教育和培训的基本指导原则，并在政策上保有连续性、从理论到实践的发展性，强化并体现了欧洲教育一体化的基本特征。此外，还有一些相关研究主要是集中介绍和分析这些国际组织在某一段时期某一个具体项目的进展，如 2002 年的"欧洲终身学习质量指标"，2005 年的"欧洲职业资格框架"，2006 年出台的"欧盟 2007—2013 年终身学习整体行动计划"，2007 年提出的终身学习"八大关键能力"和 2008 年的"欧洲终身学习资格框架"等。

上述研究较为系统，且有针对性，它们都探讨了终身学习作为政策的事项，在内容上侧重对终身学习政策之下的具体内容（多方面或单方面）进行介绍和分析，研究文献和结果对本研究都具有比较直接的参考价值，但或许受研究时间和篇幅的限制，已有研究在翔实的资料和初步分析的基础上，并没有形成有关终身学习政策的整体性认知或理论框架，因此研究成果显得有些单薄和局促。同时，这些研究也没有对终身学习政策本身进行研究的意识，因此尚不能为终身学习政策的基础研究提供更多的理论价值。

论著方面，我国台湾学者吴明烈对终身学习进行了较为深入的研究，在其2004年出版的专著《终身学习——理念与实践》中，第二、第三和第四章分别介绍和评析了联合国教科文组织、经济合作与发展组织和欧盟的终身学习政策的发展，并在第十三章第一节"国际组织的终身学习发展取向与比较"中，从推展年代、终身学习的概念、目的、愿景行动、核心理念与议题、实务推展、数字落差政策行动和终身学习指标这八个方面进行了具体比较，得出的研究结论是：各国际组织终身学习政策关怀的主体与对象有全体和部分之分，概念内涵交融，实际行动重视创新性、系统性和持续性。

显然，国内研究者对上述三大国际组织的终身学习政策给予了高度的重视，既注重历史的发展性研究，也密切关注最新情况，使我们对这三大国际组织的终身学习政策发展有了较好的认识和理解，并且能够及时地了解相关进程。尤其是吴明烈的研究，从多个方面进行了较为具体的分析，并比较了三大国际组织的总体情况。但本书以为，该项研究在对史料和现状等进行细致分析的基础上仍然缺乏理论的提炼，终身学习不仅实践丰富，背后理念及各种理论话语更是多样，这些都有待我们继续深挖。

(二) 对各国终身学习政策及其模式的研究

终身学习政策的国别研究同样以期刊论文居多，就已有文献的总体情况来看，以关注国外发达国家和地区的终身学习政策为主。

其中值得关注的研究成果有：贺宏志、林红的《当代世界终身教育的政策及管理与立法》(2002)，夏鹏翔的《日本终身教育政策中国民受教育的机会均等问题》

（2003），姚远峰的《美国终身学习运动与社区教育的发展》（2003），张娟娟的《瑞典发展终身学习的策略分析》（2003），张洪霞、崔世广的《日本开展终身学习的措施和效果》（2004），陈雪芬的《瑞典终身学习的发展历程及推进措施》（2004），史犁娟的《挪威的终身学习政策》（2004），金岳祥的《英国发展终身学习的政策、举措和问题》（2004），李玉芳的《美国终身教育基本经验及启示》（2005），王艳玲的《加拿大发展终身学习的策略及其启示》（2005），吴雪萍、史占泓的《丹麦终身学习政策探析》（2006），杨瑾的《20 世纪 60 年代以来的日本终身教育政策研究》（2006），赵红亚的《论日本开展终身学习的社会背景与实践策略》（2006），韩艳艳、黄健的《瑞典成人教育政策的回顾与评析》（2007），邓永庆的《当代终身教育发展的现状与趋势》（2007），苑大勇的《英国新工党终身学习政策 10 年回顾与评述》（2007），陆建平的《终身教育理念背景下澳大利亚职业与技术教育改革》（2007），吴遵民的《一部名不副实的终身教育法——简析日本〈生涯学习振兴法〉的制定过程与问题》（2007），周晟的《日英终身教育政策的比较研究》（2007），夏鹏翔的《日本终身教育政策实施现状分析》（2008），陈克忠、邓彧的《美国终身教育发展策略背景浅析》（2008），宋孝忠的《德国终身学习政策述评》（2009），石健的《欧洲终身学习政策之比较研究》（2009）和丁晨玥的《法国终身教育政策的特点与发展趋势探析》（2010）等。

特别需要指出的是，其中两篇论文和本研究主题密切相关。一篇是邓永庆的《当代终身教育发展的现状与趋势》，关注作为"实践"或"运动"形态的终身教育，认为世界范围内的终身教育实践存在多样化的态势和局面，国际范围内的终身教育模式主要有补偿教育模式、继续性的职业教育模式、适应民主化要求的终身教育模式和休闲取向的终身学习模式；终身教育的价值取向也呈现多元局面，有社会正义、人力资本和个体本位之分。另一篇是石健的《欧洲终身学习政策之比较研究》，其中明确提到了"欧洲终身学习的主要模式"，文章并没有就"模式"等相关基础研究展开论述，主要是依据社会合作与政府管理的不同程度，将欧洲的终身学习划分为以市场需求为导向的自愿合作关系模式、正式社会合作关系模式和政府导向的中央集权模式，并分别提到了代表性国家英国、瑞典和希腊的终身学习概况。

这些具有国别研究性质的期刊论文大致可以分成两类：一类是较为全面地介绍

和分析某个国家的终身学习政策的发展情况；另一类是着重研究某个国家终身学习政策制定或实施过程中的某个具体问题，如机会均等、立法、具体策略和背景等。

此外，国别比较研究也非常多见。与本研究旨趣有接近之处的成果主要有周晟的《日英终身教育政策的比较研究》（2007），该文提到终身教育政策的发展没有固定的模式，论文主要从两国政策的动因、政策目标和政策举措三方面进行了横向比较，尚未对终身学习政策推展模式进行研究。刘小强、李斌的《世界实践中的终身学习理解和实施策略比较——兼谈欧盟、日本和美国终身学习实施的特点》（2005），该文重点分析了欧盟、日本和美国对终身学习内涵的不同理解，比较了由此带来的不同实施策略。如欧盟更多地将终身学习作为综合策略，既有公民精神的培养，也有经济发展和欧洲一体化的考虑；美国则更强调经济，以市场主导为主；日本强调人的精神素质的提高，看重以政府为主导的做法，这些研究思路和成果已经暗含了政策推展模式的内涵和要素。其他更多的比较研究成果基本上也是以发达国家终身学习政策的发展和推进为主要内容，但以简要性的总体介绍为主，缺乏比较研究所要求的全面、具体，以及在政策推展模式理论上的基础研究。

已有的研究成果为我们了解国外主要发达国家的终身学习政策发展提供了基础，既勾勒出了国外终身学习政策发展的概貌，丰富了国内终身学习的研究资料，同时也提供了大量有关终身学习政策的信息与动态。但是，现有研究多处于描述和初步分析水平。为了进一步深化对终身学习政策相关问题的理论认识，更好地开发和推进有效的终身学习实践，研究需要在整体把握和分析的基础上继续深入，对终身学习政策及其推展模式等基本问题进行理论思考。

在论著方面，目前国内与本研究直接相关的主要专著有以下六部，分别是：

（1）吴遵民的《现代国际终身教育论》（1999）及其修订后的《现代国际终身教育论》（新版）（2007）。该研究按照基本理论结合国别介绍的思路，重点介绍了美国、英国、德国、法国和日本这五个发达国家终身教育的发展历史、政策结构、实施情况和特征认识或评价，但没有展开横向的比较，对导致终身教育在各国发展差异的影响因素也没有具体分析。

（2）黄富顺的《比较终身教育》（2003）。该专著主要遴选了中国台湾、中国大陆、韩国、日本、美国、英国、德国、法国、瑞典这九个国家和地区，主要对各自的终身教育实施情况进行介绍，进而作比较分析，指出了十四个相同点（至少在两个国家和地区之间归纳出来，如政府支持、法令发布、政府经费支持、加强回归教育、重视弱势群体、加强社区教育、重视成人教育和重视科技应用等）和七个相异点（单一国家和地区的较明显特征，如中国重理论先导、瑞典重视博雅与公民社会学习的营造等），并指出相同点多于相异点，但每个国家和地区在终身教育的政策实施上的确有不同的需求与发展模式。

（3）吴明烈的《终身学习——理念与实践》（2004）。该研究抛开了国别研究的基本范式，以理论和实践为撰写路径，主要就 20 世纪 90 年代后国际终身学习发展的主要议题，如数字落差、图书馆学习、成人学习周、新学习文化、迎接 WTO 和国际组织的推动等进行了专题式的探讨。在第十三章第二节当中谈及终身学习的未来发展趋势时，吴明烈认为，未来各国都试图构建适合自身的终身学习发展模式（这里所谈到的"发展模式"与本文所要讲的"推展模式"密切相关，都是从推动终身学习发展的角度提出的概念，"发展模式"可能更为常用，而"推展模式"是相对于终身学习作为政府或特定国际组织的政策角度来使用的）。

（4）高志敏等的《终身教育、终身学习与学习化社会》（2005）。该论著的下篇"实践运作策略"论述了推展终身学习的具体做法。研究的基本逻辑路线是：首先，从法律、组织、认证、财政、时间和舆论六个方面提出针对终身教育、终身学习和学习化社会这三大理念的整体性建议；其次，分别针对这三大理念的战略选择和实施重点从相应的角度一一展开对策思考。终身教育方面主要对教育资源、教育渠道、基础教育、职业教育和大学教育五方面的发展提出了相应的改革建议，并重点阐述了成人教育领域的发展方略。终身学习主要立足于学习力和教学两个方面。学习化社会则主要关注保障学习权利、提供平等机会、消除学习障碍、创建学习中介体系及评判标准等方面。

（5）吴雪萍的《终身学习的推进机制比较研究》（2010）。该研究主要回答为什么要推进终身学习以及如何推进终身学习这两个基本问题。作者以推进机制为核心概念，围绕法律和政策保障、经费资助、技术支撑、社会参与、激励五个基本方面就挪威、芬兰、瑞典和丹麦等四个国家的终身学习展开研究，较为完整地展现和分析了上述四国的终身学习推进经验。但是在后文的国别比较研究中，研究并没有明显地遵循上篇的思路和逻辑，而是从一般的角度就英国、美国、澳大利亚和加拿大的终身学习进行了分析和研究，主要探究这些国家推进终身学习的策略及其特点。此研究文献丰富，研究视野比较宽阔，较好地概括了上述五个基本方面的关系架构。例如认为法律和政策保障是推进终身学习的核心，经费资助是关键，技术是支柱，社会参与是基础，激励是动力，为本研究提供了参照信息。但是总体而言，它是从一般的角度论述一国如何推进终身学习活动，与本研究所要探求的该如何认识作为一项政策的终身学习及如何推展这一政策，存在哪些可发现、可用的模式等基本理论问题有所差异。

相比期刊论文，专著在国别比较研究上占据更多优势，如整体叙述更为完整，材料更为丰富，比较分析更为具体，开始从政策的角度关注各国的具体模式。但是，许多专著只是提到这一论题，并没有就相关问题展开针对性的理论研究。

总而言之，国内有关终身学习政策及其推展模式的研究开始受到关注，并有了初步的研究基础，如众多的前期研究既提供了较为丰富的信息资料，也开始从宏观层面关注各国推进经验的差异。但终身学习政策并没有得到与实践发展相匹配的重视，对其中的一些关键性问题，如终身学习政策的基本内涵、划分不同终身学习政策推展模式的基本维度、终身学习政策推展模式的本质、不同终身学习政策推展模式的影响因素等基本问题缺乏理论上的认识和反思，本书尝试在这些方面做出努力。

二、国外研究现状

在国外，由于终身学习实践的较长发展历史和现行（尤其是 20 世纪 90 年代以来）政策的大力推动，终身学习已基本进入了政策实践的层面。理论研究也随着实践发展拓展和丰富起来，有关终身学习政策的理论研究早已超越了教育学范畴，在社会学、心理学、政治学、人力资源管理、经济学和哲学等领域均有所渗透，理论研究也呈现多样化趋势。

与国内的研究相比，国外的研究直接提到了终身学习政策推展模式（更通用的说法是"终身学习政策模式"），一些基础性的研究成果也开始显现，这些研究成果大多来自西欧（尤其是英国）和北美的理论界。其中有代表性的研究主要有：

（1）英国萨里大学研究人员科林·格里芬（Colin Griffin）以英国的终身学习政策发展为研究对象，探讨了 1997 年新工党政府执政以来终身学习政策的变化，结合福利国家改革的基本背景和启示，总结提炼出了终身学习政策发展的社会民主模式和新自由福利改革模式，研究具有较强的理论参考价值。①

（2）英国经济与社会研究委员会 2000 年提出的学习型社会十种发展模式。笔者以为，尽管该组织探究的是学习型社会的发展模式，但终身学习政策是达成学习型社会的基本途径，不同学习型社会的发展模式必然蕴涵着相应的终身学习政策的制定与实施，因此考察这些研究成果与本研究拟探究的主题仍有密切关系。这些发展模式主要有技能成长模式、个人全面发展模式和社会学习模式。这是基于终身学习发展目的的一种划分，即通过终身学习政策的实施，最终要达成什么样的效果，是为了促进劳动者技能的提高从而带来国家经济的发展，还是为了人本身的全面发展，或是为了塑造一种社会学习文化。相比上述划分，这种发展模式划分更为丰富，为终身学习推展模式的研究打开了更宽广的视野。②

（3）英国伦敦大学教育学院教育学教授、国际著名比较教育学者安迪·格林（Andy Green）根据国家实施终身学习政策的基本组织原则，提出了终身学习与学习型社会的三种发展模式：国家主导模式、社会合作模式和市场导向模式。他比较了各模式的优势与不足，同时指出这种划分是理论上的，在实践中没有一个国家可以被精确地归入其中任何一种，只是在某一方面比较明显而已，而且随着历史的发展，终身学习的发展模式会发生改变。③

（4）澳大利亚学者大卫·阿斯平（David Aspin）和查普曼·约翰（Chapman John）提出了补偿教育模式、继续职业教育模式、社会创新模式和闲暇导向模式。这是研究者观察现实之后给出的一个描述性结果，但研究并没有提出明确的理论划

① Colin Griffin. Lifelong Learning and Social Democracy [J]. International Journal of Lifelong Education，1999，18（5）：329-342.
② 厉以贤. 学习社会的理念与建设 [M]. 成都：四川教育出版社，2004.
③ Andy Green. Lifelong Learning and Learning Society: Different European Models of Orgnization [M] // Ann Hodgson. Policies, Politics and the Future of Lifelong Learning. London: Kogan Page，2000：35-49.

分依据。①

（5）英国东安格利亚大学终身学习与教育系成人教育专业教授艾伦·罗杰斯（Alan Rogers）从社会转型的视角，提出了匮乏模式（认为社会的不平等是由于某些人缺乏基本的知识而导致的，因此教育的任务主要是为他们提供培训，使他们有能力与条件参与现代生活）、处境不利模式（不平等不是由于缺乏教育，而是由于一些人被社会主流或者精英阶层压迫，如保罗·弗莱雷（Paulo Freire）提出的"被压迫者教育学"）和多样化模式（尊重个体差异、相互理解与宽容，如联合国教科文组织提出的"学会共同生活"就隐含这种意思）。这种对社会转型背景的关注为研究终身学习政策的实施提供了另一个有趣的视角。②

（6）加拿大英属哥伦比亚大学高等教育政策研究中心教授、著名学者汉斯·舒尔茨（Hans G. Schuetze）与凯瑟林·凯西（Catherine Casey）提出了终身学习政策发展的四种模式——解放或社会公正模式、文化模式、开放社会模式和人力资本模式，为研究带来了新的思路。③

综上所述，自20世纪90年代以来，国外关于终身学习政策推展模式的理论研究逐步增多，有的来自纯理论的假设和推演，有的来自实践的观察和总结，探讨的具体维度也各具特色。总体来看，研究仍处在初期阶段，存在以下问题：其一，研究比较零散，相互之间缺乏横向的有效交流、比较和整合，因此很难为国际终身学习政策的发展提供系统的理论知识基础或认知框架。其二，对终身学习政策本身还缺乏必要的基础研究，如终身学习政策到底是指什么、应包括哪些具体内容、如何认识推展模式的本质等。其三，部分研究成果对各种模式的判断和划分仍没有给出明确的理论依据，尚需加强相关理论基础分析和研究。因此本研究以为，在把握这些已有研究成果的基础上，有必要进一步分析、提炼和整合，以深化对终身学习政策及其推展模式的基础性研究。

---

① D. Aspin, J. Chapman, M. Hatton, Y. Sawano. International Handbook of Lifelong Learning, Part 1 [M]. Dordetcht: Kluwer Academic Publishers, 2001: xxii.

② Alan Rogers. Escaping the Slums or Changing the Slums? Lifelong Learning and Social Transformation [J]. International Journal of Lifelong Education, 2006, 25 (2): 125 – 137.

③ Hans G. Schuetze, Catherine Casey. Models and Meanings of Lifelong Learning: Progress and Barriers on the Road to a Learning Society [J]. Compare, 2006, 36 (3): 279 – 287.

第三节 研 究 设 计

基于对国内外已有研究成果的把握和分析，本书将集中研究和解决以下具体问题：

（1）终身学习政策推展模式的内涵及其本质是什么？

（2）终身学习政策推展模式在理论上存在哪些较为合理的基本划分维度，每一种维度之下存在哪些可能的具体类型？

（3）国际范围内，终身学习政策推展模式中存在哪些普遍性经验和差异性表现？它们是如何形成的？有哪些因素在其中发挥作用？对于终身学习政策推展过程中的一些突出性问题，如何从理论上加以认识？

（4）如何在借鉴国际经验和把握国情的基础上进一步优化我国的终身学习政策推展模式？

一、研究思路

围绕上述具体问题，拟定以下基本研究思路：从现有的相关概念、判断或理论等研究成果出发，主要通过比较分析和理论研究的方法，进一步整合、提炼和提升，建构出有关终身学习政策推展模式的基本理论认识维度或分析框架，然后将其应用到几个不同国家的比较研究当中，既充实了对不同推展模式的具体现实认知，也为后续比较研究奠定基础，进而深入分析和探明不同模式之间的共同经验、差异及影响因素，并对终身学习政策推展过程中的突出问题展开思考，目的是深化对终身学习政策推展模式本质的认识。最后，结合国际经验和现实国情，提出当前我国终身学习政策推展模式进一步优化的可能方案。

由此，本书各章节及其基本内容安排如下：

绪论，主要包括研究缘起、研究基础及研究设计。

第一章——基本概念分析。鉴于终身学习、终身教育和学习型社会之间错综复杂的关系，首先对这三个基本概念进行了简要的阐述、分析与说明。其次，着重分析终身学习政策及其推展模式的概念，为后续研究奠定概念基础。

第二章——国际终身学习政策发展概述。终身学习政策的发展是一个国际性事件。本章主要是一个背景性支撑，从国际组织、国家及地区这两个方面对国际范围内终身学习政策的历史与现状进行考察与分析，目的是勾勒一个比较全面的国际终身学习政策发展图谱，并在这个基础上概括出国际终身学习政策整体发展的阶段性特征。

第三章——国外终身学习政策推展模式的理论分析。本章重点阐述和分析了国外终身学习政策推展模式的六项理论研究成果，通过理论分析与比较，进一步整合和提炼，尝试性地提出了划分终身学习政策推展模式的五个基本理论维度，从而为后续的国别比较研究及我国终身学习政策推展模式的构建奠定理论基础。

第四章——终身学习政策推展模式的国别考察。本章属于国别研究，有意识地选取了英国、瑞典、澳大利亚和日本这四个比较具有代表性的发达国家进行分析，从中归纳出各国独特的终身学习政策推展模式及其表现特征，从而部分地印证并充实上述基本理论模式及类型。选取这四个国家的主要理由是：第一，相比其他国家，这些国家推展终身学习政策活动的时间比较早，且有一定的特色，推展工作经验比较丰富，具有一定的考察与研究价值。第二，这些国家分别代表不同地域的发达国家情况，是各所属地域中比较具有典型性的国家，在一定程度上能够较好地体现国际视野，以进行有针对性的比较研究。①第三，从研究的便利性和资料的丰富性来说，目前有关发达国家终身学习进展情况的资料比较多，能够为笔者提供一个良好的文献研究基础，可以保障研究工作的顺利进行。

第五章——国外终身学习政策推展模式解析。依据第二章的国际性发展情况的整体性介绍及第三、第四章的理论模式和国别考察分析，本章着重对国外终身学习

---

① 其实，笔者还有意选取了一些发展中国家，以期体现国际范围所指称的"南方国家"与"北方国家"的比较，而且那些所谓的南方发展中国家的情况与我国的情况可能有更多的共同点。但遗憾的是，笔者在这方面未能找到合适的对象和相关研究基础，期望在以后的研究中能够对这些国家有更多的认识。有关这方面的研究可参见：Julia Preece. Lifelong Learning and Development：A Southern Perspective［M］. London：Continuum International Publishing Group, 2009.

政策的推展作一个总体性的理性分析。首先，归结出国外终身学习政策推展过程中的共同经验及其形成原因；其次，从政治、经济、社会、文化和教育等方面，撷取其中的实质性因素，分析它们是如何影响不同终身学习政策推展模式的选择或发展的；再次，重点选取国外终身学习政策推展过程中的五个关键问题展开理论反思；最后，归纳出终身学习政策推展模式的本质，以期进一步深化本研究的理论研究部分。

第六章——对我国终身学习政策推展模式的思考。在比较与借鉴国外终身学习政策推展模式的基础上，结合我国终身学习政策推展的现实情况及未来政策环境，从五个维度提出了进一步优化终身学习政策推展模式的基本设想。

二、研究方法的选择与运用

（一）理论研究

理论研究是科学研究的一种重要方法。"教育科学的理论研究，是在已有的客观现实材料及思想理论材料的基础上，运用各种逻辑的和非逻辑的方式进行加工整理，以理论思维水平的知识形式反映教育的客观规律"。[①]一般来说，理论研究具有抽象概括性、多样性、层次性、批判性和继承性等特点。

理论研究主要是运用逻辑思维方法，在分析与综合、归纳和演绎中得出基本判断与认识。如第三章第七节关于五个理论维度的划分，主要是在分析与综合前面六个方面的基础上，通过归纳和整合得出的。而演绎主要体现在最后一章，依据前述的理论分析框架和阐述的问题，结合我国的实际情况，从五个维度提出了我国终身学习政策的推展模式。

（二）比较研究

比较研究是教育科学研究中的一种常用方法，根据比较的目的、角度等需要搜集与整理尽可能全面的事实与材料，但其本质是要在相互比较分析中找到联系和差

---

① 裴娣娜. 教育研究方法导论 [M]. 合肥：安徽教育出版社，1995：313.

异，从而进一步认识研究对象的本质，发现教育活动的规律。具体来说，第二章主要体现了纵向比较的具体方式，在尽可能全面地把握世界范围内各国家和国际组织的终身学习政策发展基本情况的基础上，通过纵向比较，得出国际终身学习政策发展的三大阶段性特征。而横向比较主要体现在第三和第四章，通过不同理论之间的比较鉴别，得出终身学习政策推展模式的五个基本理论划分维度；通过不同国家之间的比较，探明各国的基本经验和差异表现，并在此基础上寻求对研究对象本质的客观认识。

（三）文献研究

文献研究一般包括查阅、收集、鉴别、整理和分析等几个过程。本书的文献收集和查阅主要集中于各国家和国际组织的相关终身学习政策文本及具体国家的终身学习政策实际发展情况等方面，并选取了重要的文本进行分析和解读。除国内已有的中文文献外，还查阅了大量的英语文献资料（主要是期刊方面的），并通过互联网搜集了部分国际组织、国家和地区有关终身学习的最新信息，为理论研究和比较研究奠定基础。

第一章
基本概念分析

在本书中，终身教育、终身学习、政策、终身学习政策、推展模式是关键概念。鉴于这些概念在历史发展中的复杂关系、内涵变化和已有研究对其理解的多样性，首先需要对它们作一个简要分析和界定。

第一节　终身教育、终身学习与学习型社会

一、终身教育

（一）终身教育的提出与发展

现有研究一般认为，终身教育的思想古已有之，其实践与人类历史一样久远，目前所探讨的现代终身教育思想实际上也早在 1965 年以前就已产生。

1789 年法国大革命胜利后不久，法国资产阶级在向议会提交的关于发展公共教育的提案中就已指出："若认为教育仅仅是限定于儿童和年轻人的活动，那绝对是社会的偏见"，"就教育而言，人类必须通过年龄的各个阶段来获取知识的全体系，并且任何人都可以通过终身的学习来确保知识的获得"。①这里明显地表达了"教育与学习都应是一个终身的过程"的思想。1919 年，英国重建部成人教育委员会发表报告，特别指明教育是一个终身的过程，是国家的重要工作。此后，"终身教育"这一名词频繁出现于各种文献和论著。1926 年，美国著名成人教育专家爱德华·林德曼（Eduard C. Lindeman）出版专著《成人教育的意义》（*The Meaning of Adult Education*），他概括了成人教育的本质，明确表明，"首要的是，教育应被视为一个终身的过程，把教育仅看作对未知将来的准备，会使教师和学生无奈地陷于知识停滞"。②1929 年，英国成人教育学者巴西尔·耶克斯里（Basil A. Yeaxlee）出版了《终身教育》（*Lifelong Education*）一书。该书不仅明确以"终身教育"一词命名，而且指出，"生活中所有的（个人、社会和工作的）资源和经验在个人的教育过程中都是相互联系的，是有意义部分，教育是真正终身的。学校教育仅仅是这个教育过程的开始……"③ 20 世纪初美国教育思想家、哲学家约翰·杜威（John Dewey）则以其实用主义教育思想——教育即生长、教育即生活、教育即经验持续不断的改造，从另一个角度向人们阐述教育本质上是一个持续终身的过程。由于这些教育家的倡导和推动，终身教育思想逐步得到发展，并在政策实践中体现出来，如 1944 年丘吉尔联合政府通过的《巴特勒法案》(Butler Act)④ 首次规定了继续教育制度，对结束了义务教育但未能升学的青年免费实施一般文化知识和职业技术类的教育。⑤ "二战"期间，法国的加斯东·巴舍拉尔（Gaston Bachelard）等人提出了"终身学校"的思想，并最终促成了这一思想于 1956 年在

① 王来圣. 终身教育——21 世纪的生存概念 [J]. 华中师范大学学报（人文社会科学版），1998（6）：57.
② Peter Jarvis. Twentieth Century Thinkers in Adult and Continuing Education（2ⁿᵈ）[M]. London：Kogan Page，2001：98.
③ 同上：33.
④ 该法案也称为《1944 年教育法》（The Education Act 1944），是英国战后教育改革和发展的重要法律基础。
⑤ 王天一，夏之莲，朱美玉. 外国教育史（下册）[M]. 北京：北京师范大学出版社，1993：14.

法国议会立法文件中得到确认。

　　然而，"终身教育"作为一个术语和国际议题被正式提出，要归功于法国著名成人教育家保罗·朗格朗。1965 年，他在联合国教科文组织在巴黎召开的成人教育促进国际会议上，正式提出了"终身教育"提案并做了报告。朗格朗的主要思想反映在他 1970 年的著作《终身教育导论》（*An Introduction to Lifelong Education*）中：数百年来人类将个人的生活机械地分为在学校接受教育和参与工作这两部分是没有科学依据的，教育应该是持续一生的过程，今后的教育应当在人有需要的时候，随时以合适的方式提供。不过，在朗格朗看来，此时的终身教育概念还不够详细，更多的是一种更为宽泛意义上的教育思想和教育总原则，后来的研究结论及朗格朗本人都承认了这一点。1976 年，联合国教科文组织教育研究所专任研究员莱文德拉·戴维（R. H. Dave）出版《终身教育的基础》（*Foundations of Lifelong Education*）一书，进一步发展了朗格朗的终身教育思想，并指出终身教育主要是为了个人和集团自身生活水平的提高，包括全部的正规（formal）、非正规（non-formal）和非正式（informal）的学习在内，是一种综合和统一的理念。1983 年，埃托里·捷尔比（Ettore Gelpi）出版专著《终身教育——压制和解放的辩证法》，[①] 再次推动了终身教育思想的发展，其贡献不仅在于他赋予了终身教育许多新的内涵（如教育范畴的扩大、终身教育的"两面性"、终身教育的"自律性"和"主体"自我形成理论），最重要的还在于他将终身教育从理念提倡阶段推向了实践展开阶段。

　　在国际组织层面，最主要的是联合国教科文组织于 1972 年发表的著名报告《学会生存——教育世界的今天和明天》。在该报告提出的二十一条改革教育建议中，第一条就明确建议各国把终身教育作为今后若干年制定教育政策的主导思想。一年之后，经济合作与发展组织提出"回归教育"（recurrent education）构想，并发表了研究报告《回归教育——终身学习的战略》（Recurrent Education：The Strategy for Lifelong Learning）。该策略打破了传统的"儿童期—教育期—劳动期—退休期"的惯常人生周期，提倡个人根据需要对这些时期进行灵活组合。此

---

①　捷尔比这本书的书名系从日文《生涯教育：抑圧と解放の弁証法》（前平泰志译，东京创元社，1983）转译而来。目前暂未看到对应的英文译名。

外，欧洲议会的校外教育委员会认识到终身教育日趋重要，也早在 1965 年就提出了"永续教育"（permanent education）的概念。

综上所述，现代终身教育的思想汲取了近代教育思想和改革的养料，在各重要国际组织和著名教育人士的大力推动下获得了长足的发展，使之成为当代重要的国际教育思潮之一。终身教育概念本身也在不断地拓展和深化。目前，有关终身教育概念的理论探究仍在继续，由于更多研究者和国际组织的介入，研究如今不再局限于教育学领域，也涉及心理学、社会学甚至政治学、经济学等领域，并且日渐和各种各样的教育思想、各级各类教育实践密切联系起来，共同支撑和推动着终身教育的深度演进。

（二）终身教育的概念分析

如上所说，终身教育的概念一直在变化。以下撷取一些具有代表性的定义，通过理解和比较分析，探明终身教育的基本内涵。

1. 代表性定义列举

（1）朗格朗的定义。朗格朗本人没有对终身教育下过一致性定义，他在不同时期对终身教育的描述也不尽相同。1965 年，他在《关于终身教育的提案》中指出，终身教育"并不是指一个具体的实体，而是泛指某种思想或原则，或者说是指某种一系列的关系及研究方法"，也即指"人的一生的教育与个人及社会生活全体教育的统合"。①1970 年，他在《终身教育导论》中指出："我们所使用的终身教育意指一系列非常具体的思想、实验和成就。换句话说，终身教育即教育这个词所包含的所有意义，包含了教育的各个方面、各种范围，包括从生命运动的一开始到最后结束这段时间的不断发展，也包括了在教育发展过程中的各个点与连续的各个阶段之间的紧密而有机的内在联系。"②

（2）联合国教科文组织的定义。1972 年的报告《学会生存——教育世界的今天和明天》认为："终身这个概念包括教育的一切方面，包括其中的每一件事情。整体大于部分的总和。世界上没有一个非终身的而又分割开来的'永恒'的教育部

---

① 吴遵民. 现代国际终身教育论（新版）[M]. 北京：中国人民大学出版社，2007：20—21.
② 保罗·朗格让. 终身教育导论 [M]. 滕星，等，译. 北京：华夏出版社，1988：16.

分。换言之，终身教育并不是一个教育体系，而是建立一个体系的全面组织所依据的原则，而这个原则又是贯穿在这个体系的每个部分的发展过程之中的。"① 1976年于内罗毕召开的第 19 届会议通过的《成人教育发展建议》(Recommendation on Development of Adult Education) 认为，"终身教育及终身学习，是作为现行教育制度的再构成，或者是对教育制度范围以外的所有教育的可能性予以开发，这是以实现双方面的目标而建立起来的综合体系。在这一体系中的男性和女性，通过他们各自不同的思想及行动间的不断相互作用，来推动自我教育的形成。这一教育或学习绝不仅限于就学期间，而是通过人的一生，通过所有的，包括技能和知识在内的所有可能的活用手段，并且是为了所有人的人格全面发展而提供必要的学习机会。这一机会提倡儿童、青少年及所有年龄的成年人，通过其一生中的各个时期去参加具有一贯性特点的教育过程及学习过程"。②

（3）戴维的定义。戴维 1976 年在《终身教育的基础》中提出："终身教育是个人及其社会为了提升生活质量，在个体生命历程中经历的个性、社会、职业等方面的发展过程。终身教育是一种综合性的、统整性的理念，包括正规学习、非正规学习和非正式学习，目的是为了获得启发，增加启发，使个体在人生的不同阶段和主要生活领域有可能获得最充分的发展。"③

（4）捷尔比的定义。捷尔比 1983 年在《终身教育——压制和解放的辩证法》中指出："终身教育应该是学校教育和学校毕业以后的教育及训练的统合；它不仅是正规教育和非正规教育之间关系的发展，而且也是个人（包括儿童、青年和成人）通过社区生活实现其最大限度的文化及教育方面的目的而构成的以教育政策为中心的要素。"④

（5）阿瑟·克罗普利（Arthur J. Cropley）的定义。阿瑟·克罗普利为加拿大教育心理学家，1980 年在其编著的《走向终身教育体系——一些实践的考虑》

① 联合国教科文组织国际教育发展委员会. 学会生存：教育世界的今天和明天 [M]. 华东师范大学比较教育研究所，译. 北京：教育科学出版社，1996：223.

② 贺宏志，林红. 当代世界终身教育的政策及管理与立法 [J]. 北方工业大学学报，2002，14 (2)：77.

③ Albert Tuijnman, Ann-Kristin Boström. Changing Notions of Lifelong Education and Lifelong Learning [J]. International Review of Education, 2002, 48 (1/2)：95.

④ 吴遵民. 实践终身教育论 [M]. 上海：上海教育出版社，2008：9.

（*Towards a System of Lifelong Education: Some Practical Consideration*）中认为，"终身教育是终身学习的制度，它具有四层含义：从时间的层面来看，教育与个人一生相伴始终，自出生开始至个体死亡为止，不限于生命期的某一阶段。从形态来看，终身教育在正规、非正规和非正式的教育情境中发生。……它需要三种教育形态相互统整、协调合作才能完成。从结果来看，终身教育可以导致个人获得、更新和提升知识，技能和态度的改变，最终的目的在于促进个人的自我实现。从实施的层面来看，终身教育的成功有赖于个体增进自我导向学习的动机和能力"。①

（6）日本学者持田荣一、森隆夫等的定义。终身教育"是教育权的终身保障，是专业和教养的统一，是不再产生未来文盲的途径"。②

2. 分析与界定

由上可见，终身教育概念的发展经历了一个由模糊到清晰、由笼统到具体的发展过程。无论是国际组织还是教育学者，对终身教育概念的理解既各有侧重，又不乏某些共通之处。例如，在终身教育的起步阶段，无论是朗格朗本人还是联合国教科文组织，都明确提出终身教育包含教育的一切方面，是一个终身的过程，但是其所指代的具体内容还不十分清晰，而是更多地把终身教育理解为一种组织全面教育的统一思想或指导原则。究其原因，本研究以为，此时终身教育尚处于发展的初步阶段，理论研究有待发展，相关的实践活动也刚刚起步，因此无论是个人还是组织，更多的工作还是通过大量的理念倡导来进行。

内罗毕会议以后，随着终身教育研究的深入和实践活动的推进，更多的学者对终身教育的内涵理解更为具体，论述涉及终身教育的目的、内容、形态、范围、作用等方面。例如，明确提出终身教育的最终目的是人格的全面发展、个人的自我实现；终身教育的范围包括正规教育、非正规教育和非正式学习活动；终身教育的内容既有知识的，也包括生活的和职业的过程。此时，更多的是从将终身教育作为一种教育体制或教育体系来进行建设（事实上，在 20 世纪 70 年代，终身教育主要作为一种教育改革的总体指导性原则，其意图也是对原有教育体系的重新改造），转

---

① 黄富顺. 比较终身教育 [M]. 台北：五南图书出版股份有限公司，2003：8.
② 高志敏，等. 终身教育、终身学习与学习化社会 [M]. 上海：华东师范大学出版社，2005：10.

到偏于中观、更为具体可见的教育行动的推进上来，终身教育制度被认为是教育权的终身保障，除包括学校教育，还应包括广泛的非正规教育和非正式学习领域。值得一提的是，从概念的内容发展来看，此时的终身教育概念逐步凸显了个体自我学习动机和能力（自我导向学习）的重要性。例如，内罗毕会议提出终身教育体系可以推动自我教育的形成，克罗普利也提到自我导向学习是终身教育成功的基础。由此可见，终身学习逐步从终身教育的概念发展中凸显出来。

综上所述，从终身教育概念的起源和发展来看，它的提出更多的是从教育作为一种体系或制度来说的，是教育制度的视角。它的主要贡献在于向人们说明，人仅仅接受一段时间的学校教育是不够的，在进入社会、职业生活以后，同样存在着大量的再次接受教育的需要和机会。教育不仅应该是终身的，而且再次接受教育也应该成为每个人的权利，对于飞速发展的现代社会生活来说，这非常必要。换句话说，终身教育概念的提出，扩大并充实了传统教育（尤指学校教育）的概念，使教育的内涵和外延都产生了新的变化。在内涵上，教育不仅指以学校教育为基本载体的接受知识为主的活动，而且包括以提升职业技能、提高个人教养等为目的的其他学习活动；在外延上，教育不仅有学校教育以内的活动，而且理应包括广阔而丰富的校外教育学习活动。终身教育观本质上是大教育观。

二、终身学习

（一）终身学习的提出与发展

与终身教育一样，终身学习理念也是古已有之。然而，终身学习理念真正受到国际社会普遍重视并成为一种重要的教育思想，则是在20世纪70年代以后。

根据笔者的文献搜集与分析，对于该概念出现的时间，有三种主要解释。第一种解释是，"20世纪40年代初，'终身学习'一词由美国加利福尼亚大学'大学开放部'首先使用。随着时代的发展，这个术语的使用频率越来越高。至20世纪80年代后期，有些国家的政策文件中已经开始用'终身学习'取代'终身教育'"。[①]

[①]　张国强. 演进与质变：从终身教育到终身学习［J］. 河南职业技术师范学院学报（职业教育版），2003（2）：51.

第二种解释是高志敏等人的研究，他们认为现代终身学习理念正式出现于埃德加·富尔（Edgar Faure）等人撰写的《学会生存——教育世界的今天和明天》研究报告中。因为该报告明确指出"虽然一个人正在不断地接受教育，但他越来越不成为对象，而越来越成为主体了"，因此教育过程的中心必须发生转移，应当"把重点放在教育与学习过程的'自学'原则上，而不是放在传统教育学的教学原则上"。因此，"每一个人必须终身不断地学习"。①第三种解释来自吴遵民的研究，他认为"终身学习概念的产生与终身教育理念的兴起密切相关，后者是前者的基础，而前者又是后者的延伸。……促使终身教育向终身学习转化的重要契机是哈钦斯的'学习社会论'的提出。由于'学习社会论'蕴涵了学习的理念，以致有学者指出：'至少从罗伯特·哈钦斯在 1968 年出版了《学习社会》一书之后，我们就已经被看作终身学习者了'。而《学会生存》报告书的发表，以及联合国教科文组织 1976 年 11 月召开的第 19 届总会，则为国际组织正式而明确地提倡终身学习的理念铺平了最后的道路。"②

笔者认为，后两种解释在本意上是一致的，即都认为联合国教科文组织是现代终身学习概念的最早倡导者。所不同的是，后者的分析更为细致，较好地说明了该概念产生的渊源。而且前述终身教育概念的发展也与此有很大的一致性。因此，笔者认为，后两种解释比较合乎历史，是更可信的。

自《学会生存——教育世界的今天和明天》大力倡导终身学习以后，联合国教科文组织自身不断发展并推展终身学习，在 1976 年的《成人教育发展建议》、1995 年的《学习权宣言》（Declaration of the Right to Learn）、1996 年的《学习——财富蕴藏其中》（*Learning: The Treasure Within*）和 2000 年的《达喀尔行动框架》（The Dakar Framework for Action）等具有代表性的报告中，一次又一次地强调发展终身学习。此外，经济合作与发展组织和欧盟等重要国际组织也为终身学习的发展作出了特殊的贡献。前者主要结合本组织自身的工作特点，将终身学习与知识经济等密切联系起来，进行相关的理论探究与实践推广。后者则立足

---

① 高志敏，等. 终生教育终身学习与学习化社会［M］. 上海：华东师范大学出版社，2005：5.
② 吴遵民，末本诚，小林文人. 现代终身学习论：迈向"学习社会"的桥梁与基础［M］. 上海：上海教育出版社，2008：19.

于欧盟各成员国之间各方面事务统整的目标，成为 20 世纪 90 年代后推展终身学习的主要力量。

如今，在全球许多国家，终身学习已经被列为一项政策，成为国家和政府的优先发展事项。在理论研究和实践发展的双重推力下，终身学习的内涵在不断地拓展和深化，终身学习的实践在不断地试验与革新，终身学习甚至被认为是"21 世纪的生存方式"，成为人们应对各种问题的必需。

（二）终身学习概念的辨析与界定

1. 主要定义列举

（1）联合国教科文组织的定义。联合国教科文组织 1976 年采用并一直沿用至今的定义为："终身教育和学习的术语是指，既致力于重建现存的教育体系，又致力于用成年男女都能决定他们自己的教育的方式来发展它的潜力的一个全面的计划。"[①]

（2）1994 年 11 月罗马首届世界终身学习会议的定义。"终身学习是 21 世纪的生存概念……是通过一个不断的支持过程来发挥人类的潜能，它激励并使人们有权利去获得他们终身所需要的全部知识、价值、技能与理解，并在任何任务、情况和环境中有信心、有创造性和愉快地应用它们。"[②]

（3）经济合作与发展组织的定义。"终身学习乃是个人从摇篮到坟墓的过程中，一切有目的的学习活动，目的在于增进所有学习者的知识与能力。"[③]

（4）欧盟的定义。欧盟在 2000 年《终身学习备忘录》（A Memorandum on Lifelong Learning）中的定义为："终身学习可被视为涵盖一切有目的的正式与非正式学习活动，其目的在于增进知识、技能与能力。"[④]2001 年，在《实现终身学习的欧洲》（Making a European Area of Lifelong Learning a Reality）中，欧盟对终身学习的目标有了进一步拓展，那就是促进"积极公民身份、个人自我实现、社会融

①　吴遵民，谢海燕. 当代终身学习概念的本质特征及其理论发展的国际动向［J］. 继续教育研究，2004（3）：35.

②　高志敏，等. 终生教育终身学习与学习化社会［M］. 上海：华东师范大学出版社，2005：11.

③④　吴明烈. 终身学习——理念与实践［M］. 台北：五南图书出版股份有限公司，2004：11.

合与就业相关工作。"①

2. 分析与界定

与终身教育的概念认识相比，终身学习的内涵认识相对较为统一。从上述列举的主要定义来看，可以对终身学习作出以下基本判断：其一，终身学习是一个持续不断的过程。其二，终身学习的主体是个人自己，个人不仅有学习的权利，而且应优先承担起自己的学习责任。正如瑞典国家教育委员会在 2000 年颁布的重要文件《终身学习和终生学习》（Life-long and Life-wide Learning）中指出的："终身学习意味着学习和教育的责任从公共领域转向私人和市民领域……终身学习意味着国家的责任转到了个人。"② 其三，终身学习所指向的学习是有目的的活动，但它的形态可能多样，既有原有的正规教育中的学习，又有非正规、非正式教育环境中的学习。其四，终身学习的目的多样，包括获得知识与技能、提升公民社会参与意识和能力水平、促进社会发展和融合等。

三、"终身教育"与"终身学习"在本书中的使用

如上所言，终身教育与终身学习是一对关系极为密切的概念，在目前的许多研究中，由于对它们的认识不太一致，呈现出多种多样的用法，在此总结如下：

（1）区分使用：明确将终身教育与终身学习分开论述，认为它们是一对有区别的概念。

（2）等同使用：行文时前后交替使用这两个概念，但没有给出特别说明，可视为等同使用。

（3）并列使用：采用了"终身教育和终身学习"的表达方式，可见态度慎重。

（4）融合使用：将两者合二为一，在行文中用"终身教育（学习）"的形式表示出来。但笔者以为，这种表现方式较易产生歧义：两者究竟是属于同一个概念，还

---

① Commission of the European Communities. Making a European Area of Lifelong Learning a Reality [EB/OL]. http：//www. europa. eu. int /comm /education /life /Communication /com ＿ en. pdf. 2001 - 11 - 00.

② Carl Anders Säfström. The European Knowledge Society and the Diminishing State Control of Education：The Case of Sweden [J]. Journal of Education Policy, 2005, 20 (5)：2.

是前者包含后者？

由此可见，终身教育与终身学习的关系实在难解难分，因此正确看待与处理这两者的内涵及其关系是开展任何相关研究的重要前提。本书拟采用第二种方式，即等同使用，将终身教育和终身学习看作对同一对象的不同称呼。采用这种使用方式的基本理由如下：

首先，终身教育与终身学习本质上是各方面都非常近似的一对概念。比如，从起源来说，它们是发展的连续体，终身学习是在终身教育的演进和深化过程中，在一定的机遇促发下破茧而生的，自然会保留着终身教育的一些重要"遗传信息"，如教育的终身观念、教育的全民主张、教育的空间开放、教育的时间灵活等。从提出时间、背景及初衷来说，终身教育和终身学习几乎出现在同一时期，所处的社会大背景大体一致，基本初衷都是为了应对社会的巨变，倡导反思并超越传统教育，促进人与社会发展的持续性和全面性，都明显地具有开放、主动和变革的基本精神。因此，"终身学习与终身教育的内涵几属一致"，① 它们事实上分享着许多共同观点，如高志敏所指出的那样：（终身教育、终身学习、学习型社会）共同主张教与学过程的延续性和终身性；共同主张教与学内容的广泛性和全面性；共同主张教与学空间的开放性和社会性；共同主张教与学目的的双重性。②

其次，尽管它们之间存在着目前比较公认的差异——两者提出视角和落实重点不同，终身教育更多的是从制度提供、教的主体、提供保障支持等方面来阐述，而终身学习将关注点转移到了学习者身上，以学习者为中心——但是笔者以为，究其深层意义，这点差异也是统一的。这是因为：

在教育学的视角下，教育和学习指向的都是教学，而不是理论上可以单独存在的教师的"教"和学生的"学"。教学是一个需要教师、学生都参与的过程，他们是共时、共场地在做同一件事，③ 教师和学生都是参与主体。因此，终身教育和终身学习所指向的实质是一个"教学共同体"——这是一个特殊的共同体，缺乏其中

① 黄富顺. 比较终身教育 [M]. 台北：五南图书出版股份有限公司，2003：11.
② 高志敏，等. 终身教育、终身学习与学习型社会 [M]. 上海：华东师范大学出版社，2005：21—23.
③ 从技术上来说，现代信息技术早已突破了这一点，即教学不一定是现时的在场。因此，这里的时空概念不仅有自然的层面，同时也包括师生之间心理上的虚化时空。

任何一方，这个共同体都将不复完整，从而失去教育学的意义和性质。对于教育教学这种特殊活动来说，"教"和"学"是相互支撑和依赖的，不存在孰轻孰重的问题，只是在个体不同的发展阶段或不同的情境活动中有不同的侧重点。虽然成人自我主导性的学习活动逐步增多，但是从现代心理学的角度看，人的学习是不能脱离社会情境的，其中就包括与其他学习者的交流、分享与合作，只不过这种向别人学习或求教的方式发生了改变。

同时，一直以来，现代教育思想倡导赋予学习者更多的学习自主权，激发他们的学习主动性和创造性。近年来，来自各个具体教育研究领域的学会学习、授人以渔、自我导向学习、主体性教育哲学、研究性学习、生成性课程等诸多重点论题都明确地表达了这种主张。终身教育也充分体现了现今各级各类教育中的这种变化，正如陈桂生所说："各阶段的'教育'（或'学习'）不再局限于掌握现在的知识，而在于'学会学习'，后来又提出'终身教育'的'四个支柱'问题。其中包括'学会认知''学会做事''学会共同生活'以及'学会生存'，成为对'学会生存'—'学会学习'的进一步的界定"。[①]这意味着，随着教育观念中这种认识的加深，教育的意义、功能和形式必将发生变化，逐步向关注学习者、发挥学习者的主体性、自我导向学习等取向转变，终身教育与终身学习概念的内涵也必将在这种变化情境中渐趋统一。而且，目前"终身教育"一词在国内外研究界的使用频率较"终身学习"低，尤其在政策研究方面更是如此。

因此，为使行文简洁与方便，除有特别说明外，本书不再区分终身教育与终身学习，并在行文中一律使用"终身学习"一词。

四、学习型社会

与终身学习相关的另一个重要概念是"学习型社会"，[②] 这个概念是美国学者

---

① 陈桂生. 终身教育辨析［J］. 江苏教育研究（理论版），2008（1）：5.
② "learning society"在国内有几种译法，有"学习型社会""学习化社会"和"学习社会"等，不同译法之间有些争论。本书认为这三种译法都可以，它们之间没有本质差别，如是直接引用别人文献的，则遵从其已有译法；除此之外，本书一律采用或转述为"学习型社会"。

罗伯特·哈钦斯（Robert Hutchins）在其 1968 年的著作《学习型社会》（*Learning Society*）中提出来的。哈钦斯认为，学习型社会"是一个能为每一个处于不同成长阶段中的男女提供部分时间制的成人教育的社会，不仅如此，这个社会还成功地实现了价值转型，认为学习、自我实现、成为真正意义上的人是社会的目的，而且这个社会所有的制度都导向这个目的"。①由此可见，在哈钦斯这个具有源头意义的概念中，学习型社会具有以下内涵：学习具有普遍性和终身性，包括所有的人，包含生命的每个阶段；社会的整体价值转型至关重要；社会发展的最终目的是个人成长和自我实现；所有社会制度的建设必须最终导向并保障这个目的的实现。

《学会生存——教育世界的今天和明天》继续提出"向学习化社会前进"，并清楚地表达了其对学习型社会的基本认识。例如"当前的社会——更不必说未来的社会——的前景已不限于建立一些可以任意扩大和分隔这栋教育大厦，把各种各类的教育加在一起并组合起来的体系。我们必须超越纯体系的概念，来考虑对事物的另一种安排"，②而这种安排就是"我们不仅必须发展、丰富、增加中小学和大学，而且我们还必须超越学校教育的范围，把教育的功能扩充到整个社会的各个方面。学校有它本身的作用而且将有进一步的发展。但是我们越来越不能说，社会的教育功能乃是学校的特权。所有的部门——政府机关、工业交通、运输——都必须参与教育工作"。③最终"在这一领域内，教学活动便让位于学习活动。虽然一个人正在不断地受教育，但他越来越不成为对象，而越来越成为主体了。……他是依靠征服知识而获得教育的"。④

1996 年的《教育——财富蕴藏其中》提出"应重新考虑和扩充的是继续教育的概念。因为，除了必须适应职业生活的变化外，它还应是培养人的一个持续不断的过程，使人有知识有才能，并有判断和活动能力。它应使人认识自己及其环境，

---

① Robert M. Hutchins. The Learning Society [M]. New York: Encyclopaedia Britannica Inc. 1968: 164 – 165.

② 联合国教科文组织国际教育发展委员会. 学会生存——教育世界的今天和明天 [M]. 华东师范大学比较教育研究所，译. 北京：教育科学出版社，1996：199.

③ 同上：200.

④ 同上：201.

并鼓励人在工作和社区中发挥自己的社会作用。在这方面，委员会提到了向'教育社会'迈进的必要性。的确，整个个人生活和社会生活都有要学的东西和要做的事情。……甚至让我们设想一个每人轮流当教员和学员的社会"。①

1998 年，斯图尔特·兰森（Stewart Ranson）的《处在学习型社会》（*Inside the Learning Society*）更是概括了学习型社会的基本内涵，即"学习型社会是一个需要了解其自身特点和变化规律的社会，一个需要了解其教育方式的社会，一个全员参与学习的社会，一个学会民主地改变学习条件的社会"。②

高志敏综合其他相关定义，对学习型社会的基本要义做了如下表述：学习是每个人的基本权利；奉行终身教育制度；社会共同参与教育；以学习者为中心；要求个体和群体都卷入学习；有利于个人和社会的共同发展。③

由此可见，学习型社会的内涵与旨趣和终身学习有十分接近之处。例如，它强调学习的普遍权利、学习的终身性、尊重学习者中心、追求个体人格的发展。但相比终身学习的个体倾向性特征，学习型社会更多地偏向社会形态变革和组织制度发展的视角，诚如兰森所言："许多研究学习型社会的人都把自己置身于一个有限的框架内，他们宁愿探讨个体学习的形式，而不愿意涉足新的社会形式的教育。但对我们来说，学习型社会这个短语指称的是一种不同的社会形式……学习型社会是一个不得不设法使自己成为一个不同的社会形式的社会，如果它要影响正在进行着的社会改造"。④

根据上述分析，本书认为，学习型社会是一个比终身教育、终身学习大得多的概念，它超越了学习的个体层面，从社会形态变革的视角，期许以作为社会基本单元的个体的终身学习为基本途径，最终带来社会价值和形态的成功转换。它所凸显的是学习在当前及未来社会发展中的重要作用和价值（这恰恰是"学习型社会"及相关术语一路风行的根本原因）。但是，我们需要客观地认识到，个体终身学习的实现并不是学习型社会达成的全部基础。毕竟，一个社会的建设和发展是包含各种

---

① 联合国教科文组织. 教育——财富蕴藏其中［M］. 联合国教科文组织总部中文科，译. 北京：教育科学出版社，1996：7—8.

②④ 顾明远，石中英. 学习型社会——以学习求发展［J］. 北京师范大学学报（社会科学版），2006（1）：7.

③ 高志敏，等. 终身教育、终身学习与学习化社会［M］. 上海：华东师范大学出版社，2005：18—19.

因素在内的，相互之间存有极其复杂的互动过程，学习只是社会发展中的诸多事项之一，并且"一个社会深层的组织原理不是学习，而是劳动分工"。①

第二节　终身学习政策

一、政策

和很多社会科学领域的概念一样，"政策"一词也有多种多样的定义，在不同的国家、不同的研究者那里都有不尽相同的阐述。关于中外学者对政策的基本认识，陈振明通过比较、分析与综合，作了较好的提炼。他认为，在中国，政策是国家机关、政党及其他政治团体在特定时期为实现或服务于一定社会政治、经济、文化目标采取的政治行为或规定的行为准则，是一系列谋略、法令、措施、办法、方法、条例的总称。而在西方，政策是由政府和其他权威人士制定的计划和规划，是一系列活动组成的过程，有明确目的、目标方向，不是自发和盲目的，是对社会所做的权威性价值分配。②

从理解政策的四个基本方面，即政策主体、政策活动、政策目的和政策的权威性来看，可以发现中外学者对政策理解的异同（参见表1-1）。

表1-1　中外学者对政策的基本理解比较

	中　国　学　者	西　方　学　者
政策主体	国家机关、政党及其他政治团体	政府和其他权威人士
政策活动	系列谋略、法令、措施、办法、方法、条例的总称	计划、规划、系列活动

---

① 厉以贤. 学习社会的理念与建设 [M]. 成都：四川教育出版社，2004：65.
② 陈振明. 政策科学 [M]. 北京：中国人民大学出版社，1998：58—59.

续　表

	中 国 学 者	西 方 学 者
政策目的	服务于一定目的	有明确目的和目标方向
政策的权威性	政治行为或规定的行为规范	对社会所做的权威性价值分配

相同方面主要是：第一，在政策主体方面，都认同政策主要是国家机关的行为，代表的是公共权力机构的意志。第二，在政策活动方面，都认同应包括一系列的实际行动，如各种策略、法令、计划、措施、规划、办法及系列活动等。第三，在政策目的方面，都认为政策不是盲目和自发的，而是有明确目的和方向的。第四，在政策权威性方面，都认同政策是规定的行为或规范，具有相当的权威性，不可以随意更改，它对政策所指定的目标群体具有指导、规范、抑制、鼓励甚至强制等作用。

差异方面主要是：第一，在政策主体方面，西方学者加入了"其他权威人士"的说法，中国则加入了"政党、其他政治团体"。这主要与中西方国家的政治体制、政权结构及其运作机制等有关。第二，在政策权威性的具体体现方面，中国学者强调的是行为规范，而西方学者突出了价值分配的观念。实际上，"任何一项政策，说到底都是关于利益的分配或再分配"，[①] 两者的不同在于运用了不同的代表性事物来进行表述。西方的政策概念中更多地使用和突出了"价值分配"的政策本质，这可能更多地与西方社会的现实多样性相关。政府的一项政策颁行之后，势必会导致各群体价值重分，这种价值既可能是物质层面的，也可能是非物质层面的。而且，西方国家基本上是多党轮流执政，每一个政党后面都代表了某一方的基本利益，因此，这种多政党轮流执政和为本政党谋福利的宗旨使得学者在研究中会对这种现象予以特别关注，并通过价值分配的说法表征出来。同时，这也与西方国家政策理论研究的普遍传统、习惯和水平等直接相关。例如，研究者们可能更习惯使用利益分配等术语。

综合上述分析，在此将政策定义为：国家机关、政党或其他政治团体在某一时期为实现或服务社会一定目的而制定的，具有权威性的各种形式的计划或规定及相

---

① 　袁振国．教育政策学［M］．南京：江苏教育出版社，2000：2．

关实践活动的总和。

二、终身学习政策

依照上述政策概念，本书将终身学习政策定义为：国家机关、政党或其他政治团体在某一时期为促进其社会成员的终身学习意识、观念、行为而制定的，具有权威性的各种形式的计划或规定及相关实践活动的总和。根据前述理解政策的四个基本方面和目前国际终身学习的发展情况，可以进一步将终身学习政策的内涵理解为：

政策主体：主要指国家机关、政党或政府间国际组织等公共权力机构。

政策目的：在表述上可以笼统地表达为，增强终身学习观念和促进终身学习行为。但目前各国实际情况很不一样，有的国家的终身学习政策甚至超出了教育领域，大有政策泛化之势，如"提高终身就业的能力""实现国家的经济复兴""促进社会各阶层的融合""培养积极的公民"等。

政策活动：包括一系列相关的措施、计划、项目或行动方案等。典型的如欧盟的"苏格拉底计划""达·芬奇计划"和"欧洲青年计划"，英国的"产业大学"和"学习账户"，瑞典的"学习圈"，日本的"公民馆"等。

政策的权威性：规定、指导或劝导人们应该怎么做，不应该怎么做。

另外，需要特别说明的是，考虑到前面所说的终身学习与终身教育基本等义的关系以及注意到"终身教育基本包含教育的全部"[①] 这种认识，本书认为，并不是以往、现在所有的教育政策都可以叫作终身学习政策。在外延上，终身学习政策包括某一国家、政府或政府间国际组织为推进与发展终身学习而在原有教育政策体系之外特别新增或颁布的专门的终身学习政策，同时还包括有意识、有目的地明确以终身学习思想为基本理念和指导原则，对原有各级各类教育政策所进行的各种不同程度和

---

① 如朗格朗所说，"终身教育即教育这个词所包含的所有意义，包含了教育的各个方面、各种范围，包括从生命运动的一开始到最后结束这段时间的不断发展，也包括了教育发展过程中各个点与连续的各个阶段之间的紧密而有机的内在联系"。见朗格让. 终身教育导论［M］. 滕星，等，译. 北京：华夏出版社，1988：16.

范围的修订、改进后的成果。也就是说，本书中的终身学习政策指的是各政策主体在明确以终身学习为基本指导思想或接受该思想之后有意识地作出的行为决策。①

第三节　终身学习政策推展模式

一、模式

"模式"是现代科学研究中的一个重要概念，无论在自然科学还是在社会科学研究中，模式的使用都相当普遍，但人们对它的理解不一。例如，在计算机科学研究中，模式指的是一套方法和程序的组合，彼此之间的逻辑联系相当强；在数学科学研究中，人们经常采用"建模"的方法，通过建立一个可见的模型将抽象的理论观念及其之间的复杂联系直观化；在人文社会科学领域，模式的用法与自然科学领域类似，即通过模式的提炼将抽象理论直观化。

在此借鉴和认同的是："所谓模式，就是在一定的思想或理论指导下，在实践中建立起来的围绕完成特定的目标所形成的稳定而简明的结构理论模型及其具体可操作的实践活动方式、方法、途径和手段的综合。模式是理论的具体化，又是经验的抽象概括。它既可以直接从丰富的实践经验中通过理论概括而形成，也可以在一定的理论指导下提出一种假设，经过多次实验后形成。"② 由此可见，模式既可来自理论的演化，也可来自实践经验的概括，但模式必定同时内含理论基础和实践操作。

需要注意的是，政策研究中的模式使用也会有一些问题。例如，政策模式只是一定客观经验和事实的抽象反映，并不能与现实直接等同。政策模式更多的是反映研究对象中本质和主要的方面，忽略了细节。政策模式构建中还包含研究者本人的

---

① 现实中也可能存在以下情况：那些没有明确表明自己接受或实施终身学习思想或政策的国家，可能正在做着与终身学习思想相一致的事情；而另外一些明确标榜自己正在努力实施终身学习政策的国家，可能恰恰违背了终身学习思想的某些基本精神。

② 叶忠海. 面向 21 世纪中国成人教育发展模式研究 [M]. 北京：高等教育出版社，2002：3.

主观偏好、理论认识、观察角度等因素。不同政策模式之间会存在技术策略近似而价值取向不同甚至完全相反的情况。在研究终身学习政策推展模式的过程中，笔者会谨慎地考虑这些风险。

二、推展模式

推展，简要地说就是推进和开展，是政策的实施过程。考虑到本书是站在国家层面进行分析和思考，采用"推展"的说法主要是为了保持词语搭配的一致性。推展即指国家的公共权力机构是如何面向其公民及各社会组织等推进并展开各种相关政策实践活动的。因此，推展模式指的就是：国家机关、政党或其他政治团体在推进和展开某一政策事项的过程中，依据对该事项的一定认识、理解及其价值取向而采取的，具有较为明显特征或相对稳定的行为方式或方法的组合。

三、终身学习政策推展模式

根据上述对终身学习、政策、模式及推展模式的理解，在此将终身学习政策推展模式定义为：

国家机关、政党或其他政治团体在终身学习政策推进和展开的过程中，对终身学习思想或观念所持有的较为稳定的基本理解与价值取向，以及为体现这一理解和价值取向而在实践中所采取的相对明显和稳定的具有可操作性的各种途径、方式、方法、措施或行动策略的组合。

上述定义是从政策推展模式的主体选择性、可控性等主观层面进行界定的，这与政策制定及发展的主体意向性密切相关。实际情况是，很多政策推展模式最终都会与政策主体的主观预见有不同程度的差异。也就是说，政策推展模式在实践中到底如何，还会受政策环境等因素的影响。政策主体在选择推展模式时当然也会关注现实的社会环境，但环境毕竟不是那么稳定，夹杂着诸多变动，因此从政策推展的过程来看，通常还会有阶段性的政策模式调整或变化。

第二章
国际终身学习政策发展概述

　　"终身教育的概念是国际合作的产物。……只是由于这个事实，它才得以仅在几年之中，或者说在瞬息之间，就征服了整个世界。"① 要研究和分析具体国家或地区的终身学习政策推展模式，首先必须对相关的国际背景与发展趋势有一个基本的了解和分析。

第一节　国际组织的终身学习政策

　　在终身学习政策的发展历程中，联合国教科文组织、经济合作与发展组织及欧盟是三大主要推动力量。自 20 世

---

① 　查尔斯·赫梅尔. 今日的教育为了明日的世界 ［M］. 王静，赵穗生，译. 北京：中国对外翻译出版公司，1983：24.

纪 70 年代以来，它们先后积极倡导终身学习理念，发布了许多有影响力的报告和文件，同时致力于推动各种政策实践的发展，引领并促进着国际终身学习政策的进程。我国台湾学者吴明烈对此有过专门研究，[①] 以下在其研究的基础上进一步充实了资料，旨在作一个更为全面和系统的阐述。

一、联合国教科文组织的终身学习政策

（一）主要政策概览

《学会生存——教育世界的今天和明天》（1972）。这是联合国教科文组织下属的国际教育发展委员会提出的报告。报告认为："如果学习包括一个人的整个一生（既指它的时间长度，也指它的各个方面），而且也包括全部的社会（既包括它的教育资源，也包括它的社会的、经济的资源），那么我们除了对'教育体系'进行必要的检修以外，还要继续前进，达到一个学习化社会的境界。""唯有全面的终身教育才能够培养完善的人，而这种需要正随着使个人分裂的日益严重的紧张状态而逐渐增加。我们再也不能刻苦地一劳永逸地获取知识了，而需要终身学习如何去建立一个不断演进的知识体系——'学会生存'。"人的生存"是一个无止境的完善过程和学习过程"，"人是一个未完成的动物，并且只有通过经常地学习，才能完善他自己"。"教育不再是一种义务，而是一种责任。"

《成人教育发展建议》（1976）。该报告再一次正式明确地提出了终身学习的概念，并同时使用了"终身教育"和"终身学习"的术语，不仅使"终身学习"与"终身教育"并列成为联合国教科文组织正式提倡的教育用语，而且也向人们表明国际社会对终身学习这一强调以学习者为中心，并从学习者的立场出发而建立起来的教育新理念的关注和重视。其中特别提到的终身学习发展建议有三项：将终身教育与成人的受教育权联系起来；重视扫盲教育的重要性；基于学习者中心的教育制度的重建。

《乌兰巴托宣言》（Ulan Bator Declaration，1987）。这是联合国教科文组织为

---

① 吴明烈. 终身学习——理念与实践［M］. 台北：五南图书出版股份有限公司，2004：27—91，263—274.

迎接联合国大会将 1990 年定为"国际扫盲年"而在一次前期准备工作讨论会上的成果。该宣言明确提出，"扫盲年应该强调终身教育的概念，这是一个开始于扫盲前状态，并通过扫盲扩展到更高级的学习水平和一生都学习的机会的连续统一体"。

《世界全民教育宣言》（World Declaration on Education for All，1990）。"全民教育"的概念于 1990 年在泰国宗滴恩（Jomtien）举行的世界全民教育大会上正式提出，成为 20 世纪 90 年代以后终身学习政策发展的一项重要内容。该宣言强调全民教育的目的是满足人们的基本学习需求，包括基本的学习手段和内容，它们是满足人们基本生存、有尊严地生活、充分发挥自己的能力、有能力参与发展并作出决策的基本条件，并认为基础教育是终身学习和人类发展的基础。至 20 世纪末的具体目标有三个：普及初等教育；降低世界成人文盲率至 1990 年的一半，男女识字率相等；为全民提供更多的各种形式的受教育机会。

《学习权宣言》。这是联合国教科文组织第四次国际成人教育会议的报告，对学习权的概念进行了具体化。它指出，学习权包括阅读书写权、提问与分析权、想象与创造权、了解环境与编写历史权、接受教育资源权、发展个人与团体技能权，并认为学习权是人类生存权必不可缺的一部分，是人类基本权利之一，具有普遍合法性。

《学习——财富蕴藏其中》。这是联合国教科文组织继《学会生存——教育世界的今天和明天》之后的又一重要报告，序言中明确提出，"与生命有共同外延并已扩展到社会各个方面的连续性教育称为'终身教育'"，"终身教育是进入 21 世纪的一把钥匙"，要将终身教育放在社会的中心位置。鉴于生活传统的深刻变化，报告提出了终身教育的四大支柱：学会认知、学会做事、学会共同生活和学会生存，认为应从"整体观"来重新审视教育。其中，学会认知是终身教育的基础。学会做事不仅指要从事一种具体的职业，更要获得现代社会所需要的广泛能力。学会共同生活是为因应社会冲突而对教育提出的新期许，旨在发现他人和尊重世界多元，学会合作与共同发展。学会生存是对十四年前报告主题的延续，即教育应当促进每个人的全面发展，同时也是前三种学习活动的直接结果。

《终身学习政策比较研究》（Comparative Studies on Lifelong Learning Policies，1997）。这是国际组织最早论及终身学习指标的文件，比较系统和完整地提出了终身学习五大层面（基础教育、高等教育、成人教育、学习环境、全球转变）的 29 项指标。其中，基础教育指标包括学前教育的实施水平、基础教育的不平等以及改革基础教育的内容与方法等 3 项；高等教育指标包括入学机会、教学、大学教师教育、学校—企业—社会之间的合作以及经费等 5 项；成人教育指标涵盖扩大成人教育需求、提高成人教育质量、成就认可、减少工作时间、重视生活中的质变学习、改变投资模式等 10 项；学习环境指标主要有多样化、信息化和开放性等 5 项；全球转变指标则关注正规教育制度的改革，终身学习政策合法化，改变教育与劳动和文化等的关系，合作及发挥终身学习政策的影响等 6 项。

《成人学习汉堡宣言》(The Hamburg Declaration on Adult Learning，1997) 与《成人学习未来议程》(Agenda for Future of Adult Learning，1997)。这是第五次国际成人教育大会的重要成果。宣言明确表明，成人教育不仅仅是一种权利，也是通往 21 世纪的关键，目的是加强个人和群体的独立性和责任感，加强应对外界环境的能力，促进和谐共处、宽容相待和对社会生活的积极参与，倡导"每天学习一小时"和"联合国成人学习周"等活动。议程主要从民主化、学习的条件和质量、基础教育权利、性别平等、职业变化、环境与健康、信息技术、全民学习、经济和国际合作这九个方面对宣言进行了详尽阐述。

《达喀尔行动框架》(2000，亦称"达喀尔全民教育行动纲领")。这是联合国教科文组织召开的世界教育论坛上的报告。报告以实现年限和对发展水平进行量化的形式，提出了全民教育的 6 大目标：① 扩大和改善综合性的幼儿保育工作，尤其要面向最容易受伤害和处境不好的儿童。② 确保在 2015 年以前，所有儿童（尤其是女孩、生活困难儿童、少数族裔儿童）有机会获得并完成高质量的、免费的义务初等教育。③ 确保所有的年轻人和成年人拥有平等的机会，参加有关的学习和生活技能计划，从而满足其学习需求。④ 确保到 2015 年，成年人（尤其是妇女）的识字率提升 50%，并使全体男女有平等机会参加基础教育和继续教育。⑤ 在 2015 年以前，消除中小学教育中的性别差异，达到教育中的性别平等，重点是确保女孩有平等机会充分参与高质量的基础教育，并获得成就。⑥ 提高各个方面的教育质量，使所有人都能达到可测量的、公认的学习结果（尤其在读写算和基本生活技能方面）。框架还提出了 12 项行动策略：① 实施政治承诺，开发国际行动计划，提高对基础教育的投资。② 建立一个可持续的、各部门整合良好的框架，并且要和消除贫困、发展策略联系起来。③ 确保公民在社会教育发展策略的制定、实施和监测过程中的参与度。④ 开发一个具有反应性、参与性、负责任的教育管理和行政系统。⑤ 满足教育系统的要求，并以促进相互理解、和平和宽容，有助于防止犯罪和冲突的方式指导教育项目。⑥ 实施整合性的教育性别平等策略，认识到态度、价值和实践变化的需要。教育内容、过程和背景必须和性别歧视脱钩，鼓励和支持平等与尊重。⑦ 实施教育项目和行动以抗击艾滋病是一个紧急事件。⑧ 建立安全、健康、全纳、平等、资源丰富的教育环境，有助于学习卓越，为所有人清晰界定成就水平。⑨ 提高教师的地位、道德素养和专业水平。⑩ 掌握新的信息和通信技术，帮助实现全民教育的目标。⑪ 系统地监督地区、国家、国际等各级层次上的全民教育目标及其策略进程。⑫ 在现有机制基础上，加快全民教育的进程。

《开发宝藏：愿景与策略 2002—2007》（Nurturing the Treasure：Vision and Strategy 2002‐2007，2003）。该报告认为，有必要增加教育的第五个支柱——"学会改变"，以促进个人、组织与社会顺应与引导变迁的能力。

《贝伦行动框架》（Belém Action Framework，2009）。这是联合国教科文组织于巴西举行的第六次国际成人教育大会的重要成果，以指导人们借助成人学习和教育的力量走向美好的未来。该框架以为，终身学习在应对全球教育问题和挑战方面具有重要作用，终身学习是一种哲学、概念框架和各种教育形式的组织原则，以包容性、解放性、民主性和人性为基础，内涵广泛。在成人扫盲、政策统整、共同治理、扩大融资、教育公平、提高质量、进展监测等方面提出了许多具体的建议。

（二）政策行动要点

1. 保障每个人的基本学习权

在联合国教科文组织看来，教育不仅是知识与技能的传授与更新问题，更是一个事关全人类文明发展和社会民主进程的关键事情。换句话说，联合国教科文组织更多地将推展终身学习政策视为一个推进社会民主进程的重要途径，将学习权看作（尤其是知识社会背景下）基本生存权的一部分。从上述各政策宣言或计划中，我们可以清楚地分析出它保障基本学习权的具体策略，如强调扫盲的持续性，倡导和积极推动全民教育，重视现代社会所需要的基本知识与能力的获得，关注学习中的性别问题等。

2. 强调教育的整体性发展

尽管联合国教科文组织在推展终身学习政策的过程中一直重视成人教育并明确其地位，如坚持发展成人扫盲教育，发展成人学习周活动，但这并不代表它就不考虑其他各类教育的发展。事实上，联合国教科文组织的教育发展战略是全方位的，在许多文件报告中，我们都可以看到它对其他各级各类教育的关注。比如，它认为基础教育是发展终身学习的基础，由此强调推展全民教育的战略意义。高等教育机会的增加和教师教育的适时改进也一直是其考虑的重点。

3. 认同国家或政府的主导作用

联合国教科文组织一直坚持认为国家和政府在终身学习政策推展中应发挥主要作用。因为它认为教育是国家和政府的事业，发展教育是其基本权利，因此不管市场化程度如何，国家和政府都不能回避责任，只不过在不同的社会环境中，这种主导作用的发挥方式会有所差异。作为一个政府间国际组织，维护各国政府在各自事务上的主权和基本责任是第一位的，因此，尽管联合国教科文组织后期陆续吸收了市场和合作的因素，但它从来没有放弃国家、政府在终身学习政策推展中的主要责任。这种做法可以理解为：教育本就是现代国家和政府合法干预和管理社会的一种手段。诚如当代著名社会理论学家齐格蒙·鲍曼（Zygmunt Bauman）所认为的那样，"从一开始，教育就是现代国家本身控制前现代时期自发的与无教养文化的一种方式"。①

联合国教科文组织的政策体现出了持续一生的终身学习观，它不仅认同和发展了一体化的综合教育观，而且将学习看作全民的基本权利，包括全部的社会经济、教育资源的利用和开发。其次，从政策目的来说，联合国教科文组织一直被认为是终身学习政策"人本"取向的典型代表，多份文件都表达了这一基本价值认同。如《学会生存——教育世界的今天和明天》指出，只有全面的终身教育才能培养出

---

① Colin Griffin. Lifelong Learning and Social Democracy [J]. International Journal of Lifelong Education, 1999, 18 (5): 332.

"完善的人"。《成人教育发展建议》也进一步提出，要建立以学习者为中心的教育制度，以人的基本需求为出发点，满足其多样的需要，使人在不断地教育和学习过程中完善自身，适应社会的发展变化并有能力引导社会的变迁。1983 年，该组织在巴黎召开的国际专家会议的总结报告也认为"终身教育是追求解放、自我实现和自我完善的教育"。由此可见，联合国教科文组织的终身学习政策坚持了教育本身所内含的取向——促进人的全面发展，这种发展不仅来自哲学的理性思考和心理学的科学认识，而且与人自身所处的环境息息相关。正因为如此，联合国教科文组织一直坚持充分保障每个人的学习权，并在 1996 年提出教育的"四大支柱"之后，又增加了第五个支柱——"学会改变"，鲜明地体现了学习和接受教育为公民的基本人权的思想以及对学习者主体性的尊重。

二、经济合作与发展组织的终身学习政策

（一）主要政策概览

《回归教育：终身学习的战略》（1973）。回归教育主要是针对义务教育之后的各种教育和培训领域，主要特点是使教育以循环的方式在个人生命周期中与工作、休息、退休或其他活动交替发生。它的主要原则和目标是，[1] 促进学校学习与其他生活情境学习的补充；义务教育结构与课程要适合学生在继续学习与从事工作之间的客观选择；教育政策、公共政策与就业劳动力市场政策之间要有调整和统合；在各种学校中广泛实施补偿教育；通过传统大学的开放扩大成人高等教育机会；教育要尽可能随时随地满足成人的学习需求；承认工作与相关经历并将之视为一项入学资格；摒弃传统的一次性教育模式并确立真正的终身继续教育模式；在高等学校与工作场所促进工作与教育的轮替发生。

《全民终身学习》（Lifelong Learning for All, 1996）。该报告书明确指出，终身学习的目的是促进个人发展、社会凝聚与经济增长。每个人都应具有均等的终身学习机会，终身学习应与生活和工作结合。为实现全民终身学习的理想，进而建立

---

① 吴明烈. 终身学习——理念与实践［M］. 台北：五南图书出版股份有限公司，2004：56—57.

学习型社会，必须开发充分的资源，筹措教育经费，各政策部门也须密切合作。

《以知识为基础的经济》（The Knowledge-based Economy，1996）。该报告强调知识与科技在未来经济发展中的作用与角色，认为它们是经济发展的核心，具有很高的价值，进而强调知识管理的重要性。知识经济提出了教育与培训的效率与公平性问题，由此又产生了一种学习经济，即考虑如何使个人和组织的学习更为有效。

《教育政策分析 1998》（Education Policy Analysis，1998）。《教育政策分析》是经济合作与发展组织有关教育的系列重要研究文件。《教育政策分析 1998》在第一章以"终身学习：监测框架和参与趋势"为题，就终身学习的含义、终身学习政策的基本原则、各成员国及国际组织推展终身学习政策的基本情况、终身学习的参与问题进行了重点研究和分析。报告认为：终身学习是"从摇篮到坟墓"的过程，包括以提升知识、技能和能力为目的的各种学习活动。必须重视为终身学习和成人的第二次学习机会建立基础，并承认正规教育以外的环境同样对学习有帮助。这种新的终身学习观有四个特征：以学习者及其需求为中心；强调自我导向学习，学会学习是终身学习的关键基石；认识到学习发生在各种环境中；坚持长远观点，从个体的整个生命历程来考虑。成功参与终身学习也具有四个特征：个体有动机继续学习；个体具备自我导向学习的基本技能；个体有机会获得继续教育；个体能获得财政和文化方面的激励，继续参与学习。而终身学习的监测框架需要重点考虑以下方面：终身学习的范围或覆盖面；利益相关各方（如个体、政府、雇主、社会、家庭）观点的多样性；各种输入性资源的类型（如人力、财力、技术）；学习结果的特征（如考虑到非正式学习、学习者的情感和动机行为）；不同教育层次、不同教育部门、不同教育资源和结果之间的连接和沟通；学习发生的背景。

《学习型社会中的知识管理》（Knowledge Management in the Learning Society，2000）。该报告首度将终身学习型社会与知识管理结合起来进行详细探讨，提出在学习经济中，有些知识明显会快速衰退，个人和组织需要决定哪些知识需要更新，哪些知识需要持久记忆和存储。由此，知识管理和终身学习产生了密切的联系，个人与组织必须不断地淘汰旧知识，获取新知识，以获得智慧，促进经济的繁荣。该报告主要探讨的议题是：将焦点从教育扩展到知识，发展更为宏观的资本的概念；了解学习的情境与组织，缩小大家的学习差异；改变地缘政治环境，全球化、民主、平等与教育机构及政策决定密切相关。

《教育政策分析 2001》(Education Policy Analysis, 2001)。该年度报告用两章继续阐述了终身学习政策的发展问题。第一章为"全民终身学习：政策导向"，基本观点是：经济合作与发展组织的许多国家已经掌握了终身学习框架的许多方面，但是还没有哪个国家能够全面地将各方面整合起来。虽然许多国家在观念上认同了终身学习的思想，但是实际的政策制定与实施仍是反应不一，缺乏系统的政策目标，多数是将终身学习作为背景对教育服务进行改革。最后，该政策分析报告总结了使终身学习更为系统化和更好地发挥整体效益的五个建议：认同所有形式的学习；提供必要的基础技能；从终身教育角度看待学习机会与公平问题；评估资源并进行有效配置；协调部门政策。第二章为"全民终身学习：考虑"，在比较不同国家终身学习政策的基础上，重点分析了终身学习的基础、支付能力和评价等问题。基本观点是：各级教育对终身学习的发展都有重要的基础作用，必须重点发展终身学习所需要的基本能力；通过增加投资、积聚更多资源、减少个体的学习支出，提高终身学习的可承担性；终身学习必须实行系统的评价。

《新学习经济中的城市与区域》(Cities and Regions in the New Learning Economy, 2001)。鉴于知识经济日益重要，该报告着重阐明了学习经济的理念，分析了不同的学习形态与经济成就的关系，通过个案比较研究，揭示社会资本影响个人与组织的学习。

《教育政策分析 2003》(Education Policy Analysis, 2003)。报告第四章"成人终身学习的可持续性投资策略"认为，终身学习是走向知识社会和保证利益公平分配的关键策略，但相对初始教育（initial education）[①] 来说，成人终身学习一直存

①　经济合作与发展组织在该分析报告中指出，初始教育指的是儿童和青年人以大致连续的顺序所进行的小学、中学和高等教育。原文为：This chapter uses initial education to refer to primary, secondary and tertiary education carried out as a more or less continuous sequence by children and young adults.

　　英国终身教育研究者彼得·贾维斯（Peter Jarvis）1990 年出版的《国际成人与继续教育辞典》中收录的"初始教育"指的是个人在生命历程中首次接受的正规教育。初始教育可能在义务教育结束之时，也可能在义务教育结束之后，直到学习者的正规全日制教育首次中断。但不同学者和国家的初始教育内涵有差异，总体来说，初始教育比学校教育稍微宽泛一些，有可能包括学生在继续教育和高等教育中的教育经历。见 Peter Jarvis. International Dictionary of Adult and Continuing Education [M]. London：Kogan Page, 1990：166.

在经济可持续性和财政可持续性不足的情况。解决这些问题的建议是：缩短成人的正式学习活动；承认先前的学习经验；为带来实质性的社会收益，有必要为低技能者提供必要的支持；实行学习经费共担机制。

《教育政策分析 2004》（Education Policy Analysis，2004）。报告共分四章，其中第三章、第四章都涉及终身学习的事项。第三章的主题是"学校如何促进终身学习"，报告进一步指出终身学习"是贯穿人生的过程，包括在学校的学习"。经济合作与发展组织认为这个定义有四项原则性的内容，均和学校教育有关：有组织的学习应该是系统和相互联系的，学校教育应和其他各阶段的学习联系；学习者是学习过程的核心（这在义务教育阶段仍旧是一个挑战）；重视学习的动机；教育目标具有多重性，不仅是经济或工具主义的。教育体制要满足终身学习的需求，需要学生个体、学校和教育系统本身作出改变。例如，学校要成为学习的组织并且以学习者为中心；要教给学生必要的知识和技能；重新考虑初始教育不断延长是否理想等。第四章探讨了"税收与终身学习"，指出通过税收政策影响终身学习投资的关键是社会、雇主和个人能分享学习所带来的利益，对学习销售收入征税和对学习支出进行税收优惠是税收政策作用于终身学习的两个基本途径。

（二）政策行动要点

1. 倡导回归教育

经济合作与发展组织 1973 年的报告《回归教育：终身学习的战略》的一个重大成果就是"回归教育"的诞生。回归教育这一概念具有深刻的历史影响，其基本含义是：为保持个人知识技能的不断更新，鼓励和倡导个人在工作和学习之间轮流交替，且这种交替是一个连续的过程；要使学校教育和劳动世界保持必要的联系，并在制度和政策上保持必要的协调。尽管报告没有明确讲明回归的是什么样的教育，但笔者经过分析以为，回归的基本是学校教育。从以下表述中可以窥探一二。如"在各种学校中广泛实施补偿教育，通过传统大学的开放扩大成人高等教育机会，确立真正的终身继续教育模式，在高等学校与工作场所促进工作与教育的轮流交替发生"，即利用现有教育制度内的各种教育机构，更快更好地获得工作所需要的新知识与新技能，从而保证员工的高素质，进而源源不断地为国家经济的发展提供动力。

2. 推崇工作场所中的学习

尽管《教育政策分析2004》已经提到了学校教育在终身学习中的作用，但整体来看，经济合作与发展组织主要推崇和提倡的还是重视和加强人们在工作中的不断学习，并引入了知识管理、学习经济等新概念。经济合作与发展组织所理解的学习活动明显走出了传统学校教育的视野，转向了人力资源开发、工作场所中的学习、学习和经济与社会发展的关系等更为广泛的研究范畴。它倡导更开放、更多样化的学习，比如重视在各种场合中进行的非正规学习和非正式学习，承认学习的结果，就是近年来经济合作与发展组织推进终身学习的一项重要内容。

3. 强调个人和组织的责任

受其成员国奉行的自由经济和市场制度的影响，经济合作与发展组织在终身学习政策的推进过程中，一直强调学习者中心，但我们在理解这个观点时需要特别注意。学习者中心除了认同学习要满足学习者的需求以外，其实还蕴涵着学习者既然分享了学习所带来的利益，那也必然要承担部分甚至大部分学习投资的责任这一含义。同样，个体的终身学习为组织带来效益，因此雇主也要承担部分责任。而国家和政府在这方面的责任和义务尽可能简化。这种观念尤其体现在经济合作与发展组织为开展终身学习所设计的各种财政政策中。

1996年的《全民终身学习》报告提到了终身学习政策的三大目标：促进个人、社会和经济的成长；关注人人参与和获得成功的机会；倡导学习与工作、生活的结合。但除此之外，经济合作与发展组织的许多其他终身学习政策的表述，基本上都是在知识经济的话语下展开的，主要关注的焦点是如何通过发展终身学习来促进成员国的经济成长，提高经济全球化时代国家的经济竞争力。其倡导和组织的重点策略就是在义务教育之后，开展与工作密切相关的各种教育和培训活动。这种学习不仅倡导个人的学习，而且倡导组织的学习，以此为经济的持续成长夯实人力资本的基础。由此可见，经济合作与发展组织推展终身学习政策的基本目的是成员国的经济成长和全球竞争力的提高，具有明显的经济发展和人力资本投资导向。

三、欧盟的终身学习政策

（一）主要政策概览

《成长、竞争与就业：迈向 21 世纪的挑战与途径》（Growth, Competitiveness and Employment：The Challenges and Ways Forward into the 21st Century, 1993）。该白皮书首次明确指出了终身学习在欧盟的重要地位，认为推行终身学习是欧盟应对新的社会与经济挑战的战略性思维和策略，各国的教育团体应致力于发展终身学习。

《教与学：迈向学习型社会》（Teaching and Learning：Towards the Learning Society，1995）。这是欧盟最重要的教育与培训政策，指出了来自信息社会、全球化、科技变化的主要挑战，提出应将扩大知识基础和建立就业能力作为应对策略，确定了五个具体目标：① 建立欧洲职业技能水平鉴定系统，鼓励人们持续学习；② 加强学校和企业的联系，鼓励学徒和实习者流动；③ 建立青年补习学校并给予资助；④ 掌握三种语言以强化联系和沟通，巩固共同体，应对社会排斥；⑤ 认为资本投资与培训投资同等重要，鼓励企业对教育与培训的设备进行投资。基本目的是协调成员国之间的教育和培训政策，推动欧洲迈向以终身学习为基础的学习型社会。

《阿姆斯特丹条约》（Treaty of Amsterdam，1997）。尽管该条约只是作为其他政策领域的一个组成部分，但它明确表明支持终身学习，并将终身学习奉为教育和培训的指导原则。

《博洛尼亚进程》（Bologna Process，1999）。这是欧盟在高等教育领域促进终身学习目标的重要举措，主要是重组各成员国的学位制度，使之更具可比性和协调性。

《里斯本战略》（Lisbon Strategy，2000）。《里斯本战略》的目标是使欧洲成为世界上最具竞争力与活力的经济体，维持经济的持续增长和欧洲社会的高就业率，提高社会融合程度，策略之一就是大力开展全民终身学习，使欧洲成为学习型社会。

《终身学习备忘录》（A Memorandum on Lifelong Learning，2000）。该报告引发了欧洲各国对终身学习实践策略的大范围探讨，综合各国意见与情况，拟定具体的政策与实践措施，作为 21 世纪欧洲社会全民终身学习的理想蓝图。报告认为，终身学习是一种有目的的学习活动，能够促进知识、技能与能力的获得。这种学习可以增进就业能力、积极公民身份（active citizenship）和加强社会统整。终身学习不再是教育与培训的一个层面，而是提供与参与继续学习的指导原则。所有欧洲人都应有平等机会适应社会经济变迁的要求，积极参与塑造欧洲的未来。在终身学习体系之下，统整各类教与学活动。报告探讨的六个议题是：人人具备新基本技能；更多人力资本投资；教学革新；学习评估；学习辅导与咨询；在社区中使用信息技术，为居民提供更多的终身学习机会。

《实现终身学习的欧洲》（Making European Area of Lifelong Learning a Reality，2001）。这份计划书是欧盟终身学习政策的重要蓝图。计划书认为，终身学习是贯穿终生的，旨在实现提高个体公民精神、促进社会融合、提高就业率等多方面目标，使欧盟终身学习的目标有了拓展。为此，该计划书提出实现终身学习的基本构件：建立合作伙伴关系，正规教育系统以外的所有相关行动者都必须实地合作；了解学习者（含潜在学习者）、组织、社会和劳动力市场的学习需求；保障充分的资源，并对资源进行有效和透明的分配；使学习者和学习机会与其需求及兴趣匹配；开发教育资源，提供学习机会，使学习者时时可学，处处可学；认同非正规和非正式学习的价值；通过增加学习机会、提升参与水平、刺激学习需求等多种策略来发展终身学习文化；建立质量保障、评价和监测机制。

《欧洲终身学习战略实施》（Implementing Lifelong Learning Strategies in Europe：Progress Report on the Follow-up to the Council Resolution of 2002）。这份政策文件提出，终身学习作为欧洲教育和培训发展的指导性原则，显得越来越重要。在实际运作中，欧盟目前比较重视的问题及策略是：终身学习和全体公民有关，但重点还是初始教育和劳动人口；强调基本能力的重要性；在促进终身学习文化的过程中，认识到各种利益相关者都有不同的作用，强调财政上的责任共担；克服影响终身学习的各种障碍，发展多样化的学习路径。这份文件主要强调欧盟各国政府要加强对不同年龄阶段人群终身学习机会的关注，同时呼吁各政府加强对终身学习教师和培训人员的管理，建立各种学习的相互认证制度。

《欧洲终身学习质量指标报告书》（European Report on Quality Indicators of Lifelong Learning，2002）。该报告书从技能与态度、途径与参与、学习资源和策略、制度四个方面提出了最具代表性的十五项终身学习质量指标：识字、算术、学习型社会新技能、学习如何学习、积极公民身份文化与社会能力；终身学习途径、参与；终身学习投资、教育人员及其学习、学习咨询与信息技术；终身学习策略、整合供给、辅导与咨询、学习成就认证和质量保障。

《哥本哈根宣言》（Copenhagen Declaration，2002）。此文件是欧洲各国和欧盟教育部长在丹麦首都哥本哈根重点讨论职业教育和培训领域合作的成果，目的是跟进欧洲委员会（European Council，简称 EC）在 2002 年 3 月于西班牙巴塞罗那（Barcelona）签署的一个工作推进计划，确保在 2010 年以前使欧洲的职业教育和培训质量达到世界性水平。宣言提出，通过合作预期使欧洲的职业教育和培训达成以下四个基本目标：促进职业教育和培训在欧洲范围内的统一、合作和人员的流动；通过信息工具和网络的合理化使用，提高职业教育和培训的透明度，并强化政策的监管；加强不同国家在各层次职业教育和培训的能力与资格之间的比较与互认；促进不同国家在职业教育和培训质量保障和方法之间的交流与合作，建立共同的职业教育和培训质量标准和原则。

《2002 年教育与培训工作计划》（Education and Training Work Programme，2002）。这是欧盟 2002 年制定的教育工作计划，以终身学习为基本指导原则，涵盖范围很广，包括不同类型和层次的教育和培训，目的就是实现终身学习。[1]该计划确定了提高教育质量和效益、保障全民的学习机会和开放教育三大战略目标。其中，保障全民终身学习机会的具体要求就是要根据终身学习的基本原则，为公民接受各种教育提供便利。为此，该计划提出了开放学习环境，使学习和个人、社会、家庭、工作等联系起来，以增强学习的吸引力，让学习成为增进公民意识和社会凝聚力的重要支持的建议。2004 年，该计划出版了第一份临时联合报告，要求在三个领域优先实施终身学习，"实现终身学习的欧洲"是其中之一。[2]

---

①② 耿润. 欧盟终身学习战略的发展、影响和启示 [J]. 现代教育论坛，2007（8）：65.

《2007—2013 终身学习整体行动计划》（Action Programme in the Field of Lifelong Learning：2007－2013，2006）。该计划发布于 2006 年，简称"终身学习计划"，是对 2004 年临时联合报告中提出的"实现终身学习的欧洲"优先发展目标的直接回应。该行动计划赞同采用综合的方式，反对将不同教育进行明显区分，努力将各种教育纳入一个整体计划。该行动计划明确终身学习包括基础教育、高等教育、职业教育和成人教育四大支柱，分别对应四个具体计划，即（包含学前教育、小学教育和中学教育的）"夸美纽斯计划"（Comenuis Programme）、（包含普通高等教育和高等职业教育的）"伊拉斯莫斯计划"（Erasmus Mundus Programme）、（包含高等职业教育以外的职业教育和培训的）"达·芬奇计划"（Leonardo da Vinci Programme）和（包含成人教育的）"葛隆维计划"（Grundtvig Programme）。另外还有两个辅助计划，即"横向跨部门计划"（Transversal Programme）和"简·莫内计划"（Jean Monnet Programme）。①该行动计划的主要目标是促进欧洲成为发达的知识经济社会，促进经济增长，增加工作岗位，促进社会融合，并促进各国教育的合作与人员流动。②

《欧洲终身学习资格框架》（European Qualification Framework for Lifelong Learning，2008）。该框架由欧盟委员会建议，最终经欧洲议会和欧盟理事会批准通过。终身学习包括基础教育、高等教育、职业教育和培训，主要目的和特点是：使教育和培训更好地与劳动力实际需求联系起来；有助于承认非正规学习和非正式学习的成果；有助于不同教育体制之间实现学习成果的互认和互换。③各成员国可

---

① "夸美纽斯计划"的具体目标包括促进欧盟内部青少年和教师的流动性，加强学校之间的合作，鼓励语言学习和以信息技术为基础的教育革新，提升教师队伍质量，改进教学方式和学校管理等。"伊拉斯莫斯计划"鼓励欧洲大学生的跨国流动性学习，吸引欧盟以外的师生来欧洲大学交流，加强欧盟内部成员国之间高等教育机构的合作和学术交流，提升欧洲高等教育的质量和竞争力等。"达·芬奇计划"的主要目的是增强职业教育和培训对青年人的吸引力，资助欧盟各国学习者的跨国流动培训。"葛隆维计划"的目标是提高欧盟内部成人教育机构的合作，研究和推广成人教育和实践管理的经验，保障弱势群体有效参与成人教育，支持以信息技术为基础的各种成人教育改革等。"横向跨部门计划"的主要内容是加强欧盟国家内部终身学习的政策合作、语言学习、经验交流等。"简·莫内计划"主要包括促进欧洲一体化研究的教学、科研等活动，支持现有相关组织将工作重点转向欧洲教育和培训一体化的研究和开展。
② 中国驻欧盟使团教育文化处. 欧盟终身学习计划及其对我国的启示［J］. 世界教育信息，2009（1）：36—37.
③ 马燕生. 欧洲终身学习资格框架获批准［J］. 世界教育信息，2009（1）：41.

自愿采用欧洲终身学习资格框架，以鼓励公民学习和跨国流动。

《欧盟教育和培训 2020 工作计划》（EU Education and Training 2020 Work Programme，2009）。该计划重申坚持欧盟推进终身学习战略的四个基本目标，即促进个人发展、积极公民身份、促进就业和经济发展、促进社会融合。在指导原则中，再次明确运用终身学习统整各级各类教育。四大战略目标之一就是使终身学习成为现实。与之相关的测量标准是，到 2020 年，使欧洲的成人学习参与率达到 20%。[1]

（二）政策行动要点

1. 认同政府的主导作用

在欧盟这个组织内部，制定及实施终身学习政策及其他相关事宜的基本方式是开放式合作，即各成员国先组织讨论并形成初步协定，然后在欧洲理事会的框架内经各成员国首脑或部长签署后形成最终意见，再在各成员国推行。它的主要职责是鼓励成员国之间积极合作和交流，定期回顾、评估，互相促进。

2. 促进各级教育的整体发展

终身学习是欧盟教育和培训领域的一个总战略，因此在其终身学习政策之下，兼顾了各类教育的改革和发展。例如，在 20 世纪 90 年代中后期，欧盟就积极开发了为期五年的面向学校教育和高等教育的"苏格拉底计划"（Scorate Programme）和面向职业教育和培训的"达·芬奇计划"（Ⅰ期）。之后，高等教育再次成为"博洛尼亚进程"的重点，关注欧盟内部成员国高等教育的发展和互认。进入 21 世纪以后，欧盟在推展终身学习政策方面更是明确采取综合和统整的方式，依据各类教育的特点和发展目标，分别设定了相应的计划。

3. 积极建立数字平台

应用信息通信技术建立数字平台是欧盟推进终身学习政策的一个主要举措，主要目的是通过改善学习环境，为人人有平等参与终身学习的机会提供条件。因此，这可以看作欧盟视终身学习为主要机会的积极反映。这方面的主要行动项目有：① 1996 年的"信息社会中的学习：欧洲教育行动计划"。该项目延续到 1998 年，

---

[1] 王华轲，杨晓庆. 欧盟重大终身学习政策综述 [J]. 中国成人教育，2010（20）：16—17.

主要目标是加速学校教育尤其是初中等学校和职业学校的信息化，建立良好的信息化学习环境。② 数字欧洲系列计划，包括 2000 年的"数字欧洲：全民信息社会"计划。该计划的具体目标是使每个个体和组织都有上网机会；以企业文化为重点，提高欧洲的信息素养；确保整个过程中的社会融合，增强社会凝聚能力。该计划采取了十大优先行动策略，如电子政府、网上医疗、智慧卡、青少年教育信息化、为研究人员与学生提供上网便利等，为中小企业提供风险资本、加速电子商务等。此外，数字欧洲系列计划还包括 2000 年的"数字欧洲 2002"和 2002 年的"数字欧洲 2005"。后者的目的是进一步巩固"数字欧洲 2002"所带来的成功改变，以使用者为中心，提供一个适宜的私人投资与创造新工作的环境，增进生产力和公共服务的现代化水平，使人人具有参与全球信息社会的能力。

欧盟对终身学习的理解较宽泛，涉及个人发展、积极公民身份、社会融合、提高就业能力四大方面。从 1993 年欧盟将终身教育作为教育领域整合的战略性思维开始，欧盟的终身学习政策基本上坚持了多样目标的模式，其推展终身学习政策不仅是为了加强教育和培训领域的整合与改进，而且重视与经济、社会统合方面的协调，不仅强调终身学习对实现个人目标的潜在作用，而且有目的地将民主政治建设纳入议程，重点发展公民教育，为民主国家的建设夯实基础。换句话说，在欧盟，终身学习与其说是一项教育与培训政策，不如说是实现大欧洲统一联盟的基本途径，在终身学习思想和学习型社会建设的愿景之下，通过在教育和培训领域的统合，逐步走向欧洲的全面一体化。

第二节　部分国家和地区的终身学习政策

总体来说，终身学习政策在世界范围内的发展非常多样但又不平衡。鉴于现有资料的可获取性，以及现有研究对一些主要国家的关注较多，以下对世界范围内部分国家和地区的终身学习政策推展状况作一简要论述（具体情况参见附录一）。各洲地区划分仅依据地理因素，不涉及政治经济层面。每一地区各个国家终身学习政策介绍主要按发展先后顺序排序。

一、欧洲主要国家的终身学习政策

（一）西欧国家

西欧是现代终身学习思想的发源地，其中尤以德国、法国、英国（具体见第四章）为代表。以下主要介绍法国、德国和荷兰的基本情况。

在终身教育思想的熏陶和促进下，法国国民议会于 1971 年制定并通过了《终身职业教育法》（Loi de la Formation Professionnelle Permanente）。这是一部以终身学习思想指导职工继续教育的法律。它明确指出，接受终身的职业继续教育是每一个公民的权利；任何继续教育的创办与实施必须秉持自由参与、平等竞争的原则，不得以任何形式进行垄断和控制。该法律所提出的两个重要支持举措是："1%"事业（凡雇员在 10 人以上的企业，每年必须拿出一年职工工资总额的 1% 用作企业职工继续职业教育的费用，这是企业的一项法律义务，是国家规定企业出资发展终身职业教育的制度）和"带薪教育休假制度"（凡符合规定条件的企业职工可以申请规定的带薪假期，以鼓励并保证员工在职期间有继续学习的机会）。1984年，该法案经过补充修订后被重新颁布，进一步明确和重申带薪教育假，保障雇员接受培训期间得到全部或部分的工资，并强化对继续教育实施情况的检查和监督制度。同年，法国政府颁布了一部重要的高等教育法案，即《萨瓦里法案》（Savary Bill），将与终身学习有关的思考纳入高等教育领域的改革计划中，比如要求把继续教育纳入高等教育范畴。[①]1989 年，法国公布了《关于教育指导法的附加报告草案》（The Additional Report on Education Guidance Act），明确提出：介入终身学习是学校、大学及其工作人员的一项使命。草案明确了继续教育的地位和作用，明确了政府、地方集团、公共机构、公立和私立教育机构以及职工个人、集体、企业主等各方面的义务和权利，并对经费来源和使用办法作了具体的规定。进入 20 世纪 90 年代以后，随着知识经济的兴起并受欧盟综合性终身学习战略的影响，法国推出了一些新

---

① 陈跃. 法国高教改革的历史性尝试——《萨瓦里法案》回顾 [J]. 西南民族大学学报（人文社科版），2003（28）：95—99.

的终身学习政策。例如，2002 年的《社会现代化法案》（Social Modernization Act）提出，个人有权利回归高等教育，并开始实施先前经验学习认定制度。2004 年，有关继续教育的新法律《终身职业培训和社会对话法》（Lifelong Vocational Training and Social Dialogue Act）颁布，规定每一个不定期合同的劳动者都有培训权，每年的培训时间为 20 小时，并可以连续 6 年累加为 120 个小时，同时开始实行新的职业合同。这类合同主要针对非熟练工人和失业的年轻人，使他们在接受企业培训的同时，获得国家法定最低工资一定百分比的报酬，使培训和就业结合起来。①

德国的终身学习政策开始于 20 世纪 70 年代初，德国教育审议委员会制定的《教育制度结构计划》（Education System Structure Plan）明确了以"为学习而学习"（learning for learning）为核心的终身学习原则。该计划提出，青少年除了从学校获得知识与技能之外，还应通过学识的持续发展、对社会变迁的理解与把握、自我继续学习来获得知识和技能。继续教育被认为是终身学习推展的重要领域。继续教育应作为教育制度的一部分，发展成为教育的第四领域，并与学校教育具有同等重要的地位和价值。在 20 世纪 70 年代中期，德国一些州先后出台法律，推行带薪教育假期制度，针对成人的"第二条教育道路"（进入职业生活的成人如需继续接受教育，则为他们提供接受大学教育的机会）也开始实施。这些认识和措施对后期德国终身学习政策的发展产生了影响。但 20 世纪 80 年代，德国终身学习政策发展迟缓。②20 世纪 90 年代以后，德国终身学习政策有了新的进展：1990 年，德国联邦议会发表了德国终身学习政策的重要文献《未来的教育政策：教育 2000》（Future Education Policy：Education 2000）。作为德国未来教育政策的蓝图，这份涉及广泛的政策文件特别提到了继续教育与终身学习的议题，并提出继续教育在未来具有重要的意义，将发展成为德国教育体系中独立的、和其他教育具有同等价值的一部分，被称为"第四教育领域"。该报告从财政、学习形态、质量保障、信息技术等多方面进行了具体的论述。此后，继续教育作为德国第四教育领域的思想得

① 丁晨玥. 法国终身教育政策的特点与发展趋势探析［J］. 河北大学成人教育学院学报，2010（4）：60—62.
② 宋孝忠. 德国终身学习政策述评［J］. 华北水利水电学院学报，2009（3）：94—97.

到重视和实施。1994 年，德国联邦政府提出《联邦法令规章与联邦、州、地区共同发展继续教育使之成为第四教育领域基本原则》(Principles of Federal Law Regulations and a Joint Initiative of Federal, State and Local Authorities for the Development of Continuing Education as the Fourth Education)，就德国如何发展继续教育提出了更详细的陈述，包括坚持强调继续教育是一种公共责任，重视继续教育的整合，重视继续教育的研究，重视继续教育机构之间的合作与协调，保障学习者的参与等。1995 年，为了迎接信息社会和知识经济的到来，德国研究、科技与革新审议委员会 (Council for Reaearch, Technology and Innovation) 发表《信息社会：机会、革新与挑战》(Information Society: Chance, Innovation and Challenge)，强调通过发展与应用信息通信技术来发展自我导向的终身学习理念。1996 年，为激发在职人员的终身学习动机，德国联邦议会通过了《晋升进修教育促进法》(Upgrading Training Assistance Act)。两年之后，德国联邦议会再次就继续教育颁布文件《终身学习的新基础：发展继续教育成为第四教育领域》(Lifelong Learning on a New Basis: The Continuing Education to Develop the Fourth Education)，提出继续教育卡的使用及继续教育在欧洲的交流和合作事宜。2000 年，社民党与绿党联盟以《全民终身学习：扩展与强化继续教育》(Lifelong Learning for All: Widen and Strengthen Further Education) 为题，明确表示全民终身学习是德国未来教育发展与改革的目标。21 世纪以来，终身学习在德国继续得到重视和发展。如从1998 年起，德国每年举办全国范围的"学习节"，年参与人数达到 10 万左右；民众高等学校进一步发展，2001 年达到 987 所，除了在夜间开展教学，还根据学习者的需要在白天或假期开展教学。①为了更好地掌握本国教育发展情况，德国每两年进行一次监测并发布相关报告。2010 年的《国家教育发展报告》(National Education Development Report) 在分析各种教育具体情况的基础上提出预测性思考：教育的重心应从学校教育转到成人教育和在职进修，为此，需要扩大成人教育和继续教育的规模，并提高其专业化水平。②

---

① 张建平，王华轲. 德国终身教育的发展及其对我国的启示 [J]. 继续教育研究，2004 (2)：21—24.
② 俞可. 德国《发展报告》：教育的重心将由学校教育转向终身学习 [J]. 上海教育，2010 (9B)：71—72.

在 20 世纪 80 年代早期，由于失业问题严重，荷兰成人教育发生了转变，从以社会—文化与社区教育（social-culture and community education）为主到以成人普通教育和职业教育与培训（adult genral education and vocational education and training）为主，政府那时几乎所有的政策都是提倡"工作，工作，再工作"（Work, Work, and again Work），这对后期的教育和学习的发展产生了影响。20 世纪 90 年代，经济导向与知识经济话语在荷兰终身学习政策中占据主体地位，例如 1998 年的《终身学习：荷兰行动》（Lifelong Learning：Dutch Action Plan）就是基于全球劳动力竞争的背景，将政策的重点放在就业能力上。荷兰政府终身学习政策经济导向的一个基本假设是，工作是促进社会融合的最有力机制，因此有关终身学习的政策和实践多由各种强有力的经济行动者（如国家雇主协会、行业协会、经济与社会事务部）来联合决定。荷兰的终身学习政策实行分工负责，政府主要负责基础教育和普通级别的资格，资助学生学习到 30 岁。年龄大一点的劳动者要想继续学习和接受教育，则必须依照市场原则，按照市场价格自行购买教育和学习服务。基于个人特殊兴趣和公司要求的学习也必须是个人或公司负责支付。2001 年的一项实验研究表明，雇主提供的学习和培训主要发生在工作时间内，主要目的是提高工作所要求的技能。就业能力提高目标其次，占 16％左右。在初始教育阶段后的终身学习实践中，私人领域提供方占据主导位置。这种责任明确的发展模式也存在问题：忽视了个人工作发展外的其他诸多方面，将生活简化为工作；加大了男女学习的差距；强调学习更多的知识、更多的技能，忽视了学习在改善生活方面的更高价值等。①2004 年，在《里斯本战略》的基础上，荷兰政府制定了一项全国性的终身学习行动计划，对荷兰劳动力的教育、培训水平及相关资格的获得提出了具体的量化目标，比如提出 74％—80％的人应该获得进入劳动力市场的起始职业资格，2020 年至少有 50％的人获得更高级别的资格。在设定具体目标之外，该行动计划还为职工的技能升级和失业人员的再就业提出了一个重要的工具，称为"双通道学习"（dual learning），即工作中的学习（learning at work），也就是我们惯常所说的工作场所学习（learning in the workplace）。特别是在使更多的人获得高级别

①　F. J. Glastra, B. J. Hake, P. E. Schedler. Lifelong Learning as Transitional Learning [J]. Adult Educational Quarterly, 2004, 54（4）：291 - 307.

资格方面,荷兰政府于 2005 年开展全国性的学习和工作项目,并成立理事会进行指导。理事会的主要任务是将 2004 年的终身学习行动计划具体化,提出并制定了先前学习认定、定制性教育项目、学习和工作信息服务台等具体措施。这些措施的根本目的在于强化企业和教育机构之间的合作,对接雇主和雇员之间的需求,并希望通过双通道学习路径来开发一种需求驱动型的教育体系。①

(二)北欧国家

与西欧国家以职业继续教育为终身学习政策基本推进策略的传统特色相比,北欧的终身学习政策推展呈现出另外一种景象:除了像西欧国家那样重视就业能力和国民经济的增长外,北欧的终身学习政策推展还将社会融合、民主发展等因素嵌入终身学习政策的进程,期望在社会的物质与精神层面保持平衡。北欧国家多有良好的成人教育传统,终身学习政策的发展基本上就是在这一基础上发展起来的,不仅重视职业技术教育的发展,而且重视成人普通教育的发展。

丹麦于 1968 年制定《成人教育法》(Adult Education Act),从此以后,扩大成人学习和培训的机会成为其终身学习政策的重点。如 1993 年的"新课程计划",旨在增加更多的培训点,方便并鼓励公民参与学习。1995 年教育部的《回归教育的十点计划》(10-Point Programme on Recurrent Education)提出的原则之一是,所有人都有权参与成人教育和继续职业培训。1997 年,丹麦政府为未来十年丹麦教育的发展制定了计划《作为领导型国家的丹麦》(Denmark as a Leading Country),提出必须努力提升丹麦的整体教育水平,回归教育应该成为社会生活的一个重要组成部分,并且在教育和培训当中要尽可能地给予正规职业资格,提升具有高中教育和大学教育水平的人数比例。1998 年出台的行动计划《教育和私人部门》(Education and Private Sector),提出改革资格体系、强化终身学习、加强与企业合作的基本内容。2000 年,丹麦颁布《成人教育与继续培训改革法》(The Adult Education and Continuing Training Reform),提出为所有成人提供相关教育与培训,为受教育程度低的人提供更多的受教育机会,更充分利用教育资源、改革

---

① Marja Van Den Dungen. Lifelong Learning within HE in the Netherlands [J]. European Journal of Education, 2009, 44 (3): 339 – 350.

教育资助体系这三个基本目标，以及实施提供更多选择机会、改革资助体系、加强信息通信技术、激发动机和提高社会参与度等基本策略。①

挪威在其 1976 年颁布的《成人教育法》（Adult Education Act）中正式使用了终身学习的概念。该法以终身学习为基本原则，主要目的是鼓励和支持私人领域提供的各种形式的成人教育活动，促进成人教育的均衡发展。进入 20 世纪 80 年代，终身学习在挪威获得持续关注和发展。1989 年，挪威教育部提交了报告《给更多人更多知识》（More Knowledge to More People），重点关注全民教育的发展，随后又强调了远程教育在终身学习中的意义和价值。20 世纪 90 年代以来，终身学习更是成为挪威政府的优先发展事项。例如 1992 年新修订的《成人教育法》创新性地提出了"实践考生"的概念，使有相关工作经验但没正规教育资历的学生可以有机会参加中学和大学的考试。1996 年，挪威政府开始以"新能力"开发为主题，继续探讨终身学习的推进，为此特别设定的布尔委员会（Bure Commission）在 1997 年提交的报告《新能力》（New Competence）指出，需要重点关注教育和工作场所之间的联系，建议可采取的措施有成人先前学习认定、确定学习休假制度、加强资助等；最终在 1998 年形成《能力改革》（Competence Reform）报告，提出终身学习涵盖了人一生中一切有组织、无组织的学习活动，包括正规教育、工作和其他活动里的非正规教育。终身学习是现代人的一种生活方式，人是发展的目的，不仅要努力学习知识，也要重视情感、思想、社会性的发展。报告指出要通过教育资助改革、加强信息技术、改革各类教育体系、促进工作场所的学习等方式推进本国终身学习的进程。②2001 年，为回应欧盟《终身学习备忘录》，挪威教育部也发表了《挪威终身学习报告备忘录》（Memorandum on Lifelong Learning Report from Norway），回顾了挪威整个终身学习讨论和咨询过程，阐述了国家层面上终身学习的概况、推进终身学习的策略，具体行为的理念，并提供了好的实践案例。

芬兰在 1995 年将终身学习定为教育发展的基本原则，1996 年成立终身学习委员会，1997 年正式出台报告《乐在学习：终身学习的国家战略》（The Joy of Learning：A National Strategy for Lifelong Learning），提出以下五项具体目标：支

---

① 吴雪萍，史占泓. 丹麦终身学习政策探析 [J]. 比较教育研究，2006（3）：73—78.
② 史甄娟. 挪威的终身学习政策 [J]. 比较教育研究，2004（2）：60—65.

持个人的个性发展；强化民主的价值观；维护积极的社区和社会团结；为国际主义的发展努力工作；进一步提高创新能力、生产力和国家竞争力。终身学习的主要发展策略是增加选择的机会和激发学习动机。①同时，在芬兰每四年制定一次的《教育和研究发展计划》中，都会重点阐述终身学习的内容。例如 1999—2004 年度的发展计划指出，终身学习的目标是完善学前教育、中等教育、职业教育等；重视各阶段学生的学习技能；提供更多非大学高等教育的机会；扩大成人获得高等教育学位的机会；提高成人的工作能力和继续学习的能力；设计学习（含正规学习和非正规学习）成果鉴定的方法。1999 年，芬兰教育部发布《2000—2004 年信息社会教育、培训和研究发展计划》(Information Society Programme for Education, Training and Research 2000 - 2004)，该政策文件以信息技术在教育中的应用为重点，提出建设知识社会必须发展终身学习。进入 21 世纪以后，芬兰在《教育部 2015 年战略》(Mininstry of Education Strategy 2015) 中再次强调终身学习的重要性，提出终身学习必须为所有人提供积极灵活的学习途径，保障平等的学习机会，基础教育有责任为终身学习奠定基础。

（三）南欧国家

相比西欧和北欧的主要发达国家，南欧国家的终身学习政策发展较为滞后。但是，随着欧洲一体化的进程及其系列发展援助计划的开展，这些国家的终身学习政策也在逐步启动。

希腊在 20 世纪 80 年代后加入了欧洲经济共同体（欧盟的前身），接受了欧洲社会基金 (European Social Fund，简称 ESF)② 的资助，开启了终身学习的发展之路，主要措施是改革继续职业教育体系，建立开放大学（1997 年成立了第一所开放大学），在大学中设置终身教育机构（2001 年开始）。目前，欧洲社会基金资助的非正规教育培训活动主要在私人机构进行，所实施的项目基本上是应对社会排斥

---

① 吴雪萍，赵传贤. 终身学习在芬兰：政策与问题 [J]. 外国教育研究，2003 (7)：59—62.
② 欧盟人力资本投资战略的一个主要财政资助工具，采用联合资助的原则帮助成员国改进其国民的工作期望和发展技能，主要任务是保护和应对失业问题，并特别关注求职者、在业人员和重新回归工作岗位人员的技能发展。所支持的学习领域具体包括技术更新、职场学习、企业文化、资格互认、职业培训、职业信息及指导等方面。

和失业问题，普通成人教育几乎没有得到重视。而在高等教育机构进行的终身学习改革主要由政府部门负责，主要经验是拓展大学入学机会。不幸的是，由于经验不足，大学设置的终身教育机构面临诸多非议，如影响原有大学结构、自身发展需求分析不足和影响大学的公立性质等。①2010 年，希腊政府发布了新的终身学习政策《终身学习的发展和其他教育提供》(Development of Lifelong Learning and Other Provisions)。该法案颁布的目的直指希腊经济发展，希望通过对正规教育以外的其他各种教育学习路径的认定、通过建立各种学习机构网络和终身学习质量保障机制来促进终身学习的发展，对正规教育、非正规教育的发展都作出了规定，并且特别强调非正式学习的作用及其结果的认定。②

西班牙终身学习概念的提出始于 20 世纪 80 年代。但有研究者认为，终身学习在西班牙从来都没有成为一个政策目标，政府和大学对此都没有专门的类似宣言性质的政策文件，只是在一些相关的教育政策中有所涉及。尽管如此，该国的终身学习实践在不断进行，尤其是西班牙的大学，目前正以终身学习为指导对大学教育进行全方位的改革，包括机构设置、学生资助体系、学习评价、质量保障、资格认证体系等各方面。但西班牙的终身学习更多地被认为是有利于提升毕业生就业前景的策略之一，是专业再培训的一种方式，同时也可以使知识更适合劳动力市场的需求。比如在许多大学的终身学习课程和项目中，明确提出学习的目的是获得制度教育（regulated education）之内无法提供的知识，提供有助于学生进行学术训练和进入劳动力市场的技能技巧，对通用培训进行补充以使学生有机会获得具体领域的知识或开发综合性的技能，为学生提供概念要素使他们深化对工作及其实施过程的理解，为学生提供实践性项目和外部工作经验，更新专业知识和工作方法。因此，大学终身学习的课程基本上就是根据劳动力市场的需求来设置的，缺什么就补什么。③

---

① Thanassis Karalis, Dimitris Vergidis. Lifelong Learning in Greece: Recent Development and Current Trends [J]. International Journal of Lifelong Education, 2001, 23 (2): 179 - 189.
② Eleni Prokou. Adult Education/Lifelong Learning Policies in Greece in the Early 2010s [J]. European Education, 2014, 46 (1): 34 - 35.
③ José-Ginés Mora. Lifelong Learning Policies in Spanish Universities [J]. European Journal of Education, 2001, 36 (3): 317 - 327.

（四）东欧国家

作为世界上第一个社会主义国家，苏联早在 20 世纪 60 年代就宣称成人识字率为 100%，这主要得益于苏维埃政府 1921 年之后对全国性大规模成人扫盲教育事业的积极推展。20 世纪 60—70 年代，继续教育思想兴起，原先概念清楚的成人教育（主要指夜校和函授学校）开始变得模糊起来，实施机构从原来的政府机构拓展到了自愿组织。20 世纪 80 年代开始，终身教育和终身学习思想开始传入苏联，但被换成了"连续教育"的称呼，"连续教育是统一的、完整的过程，它包括两个基本阶段：就业前的教学与教养（儿童和青少年教育）以及随后在专门机构中学习的阶段（成人教育）同在社会生产领域的社会实践活动交替进行的教育"。[①]1991 年之后，俄罗斯终身学习政策有了新的发展：[②]观念上，突破了原来只集中于成人教育的视域，接受了国际上广泛认同的"从摇篮到坟墓"的终身观念；许多成人教育工作者开始接受全面的终身学习思想，这不仅有经济、社会的原因，也有个人发展的理由；在实施策略上，采取了选择自由、机会开放、学分转换、成人教育权力下放、开展与工商业的合作等与发达国家相类似的做法；在终身学习的主要实施机构——成人教育中心，开始强调终身学习的社会维度，即关注处境不利人群，使他们借助终身学习的机会重新融入社会。1993 年，俄罗斯颁布《教育中心（草案）》(Draft on Education Centres)。教育中心是对各种成人教育机构（青年教育中心、成人教育中心、社区教育中心、继续教育中心）的统称，主要是面向因各种原因离开学校的辍学者及成人，这些中心由地方出资和管理，比传统的夜校具有更高的社会认可度。这主要得益于该政策文本为俄罗斯各种成人教育机构的存在合法性、教学组织结构和目的等方面的统一提供了制度基础。1994 年，俄罗斯政府颁布《夜间普通教育机构》[Tipovoe Polozhenie o Vechernom (Smennom) Obshcheobrazovatelnom Uchrezhdeii，英文翻译为 Model Regulations on the Evening (Shift) General Education Established]，承诺政府为公民提供基础教育和完全中等学校教育。该政策在 1996 年得到修订，对

---

① B. 奥努什金. 连续教育的理论基础 [M]. 杨希钺，叶忠海，王恩发，译. 北京：中国劳动出版社，1992：3.

② Joseph Zajda. Lifelong Learning and Adult Education：Russia Meets the West [J]. International Review of Education，2003，49（1-2）：111-132.

夜校办学合作伙伴、学年、课程等事项进行了规定。比如，在职成人（参加学习）可以缩短周工作时间，并且可获全额工资；学生混龄组班学习；课程内容要根据学生的需求来决定；所有机构必须提供俄语教学等。

东欧其他国家在1989年以前基本上是苏联模式的复制者，根据国家的政治和意识形态标准来发展教育优先事项（包括成人教育）。但1989年之后，情况有了很大的变化：成人教育从国家、企业和社会获得的支持都大大下降，更多地转向了自由市场，成人是否参与继续教育明显地成为个人的事情，即使是在原有成人教育发展较好的波兰、捷克等国都是如此。20世纪90年代以后，多数国家都对成人教育进行了改革，积极筹办了与终身学习有关的国际会议，设置成人教育中心，并对成人教育予以立法保障，但是终身学习的理念在实践中似乎没有走多远——即使是在成人教育领域，仍旧缺乏统一的规划，并较多偏重就业导向（这种情况在积极申请加入欧盟的国家中表现尤其明显，如匈牙利）。就目前来说，斯洛文尼亚是其中最有可能首先发展出全国性终身学习政策的国家，这种可能来自这个小国在实践中的较好表现：①在20世纪90年代末期，该国就已在全国范围内建立了500个学习圈；成立了与终身学习相关的多个中心，如学习交换中心、自我导向学习中心、信息与指导中心、年轻人的项目学习中心、先前学习经验鉴定中心；建立了近20所第三级教育大学；吸引了企业和公民的参与；开展了终身学习周活动。

二、美洲主要国家的终身学习政策

（一）北美国家

美国是世界上最早开始制定并实施终身学习政策的国家之一。1976年，美国政府在增修《高等教育法案》时，加入"B"部分，亦即《终身学习法》（Lifelong Learning Act）（也称《蒙代尔法案》，Mondale Act），确立了终身学习的法律地位。该法案提出的终身学习含义极为宽泛，包括成人基础教育、继续教育、独立学

---

① Zoran Jelenc. Lifelong Learning Policies in Transition Countries [M] // D. Aspin, J. Chapman, M. Hatton, Y. Sawanor. International Handbook of Lifelong Learning, Part 1. Dordetcht: Kluwer Academic Publishers, 2001: 271 - 274.

习、农业教育、商业及劳工教育、职业教育及工作训练方案、亲子教育、退休前及老人与退休人员教育、补救教育、为特殊群体开设的课程、职业及专业晋升教育，以及协助各机关团体运用研究的结果或创新的方法为家庭的需求及个人的发展服务等。①20 世纪 80 年代初，美国政府重视继续教育，联合社会机构，通过多样化的途径发展继续教育，主要政策文件有《中学后继续教育法》（The Continuing Post-secondary Education Act，该文件强调教育的连续性和校外教育机构的重要性）和《工作培训合作伙伴法》（The Job Training Partnership Act）。20 世纪 90 年代以后，终身学习思想在美国得以深化发展，政府在有关教育的许多重要政策中都表达了对促进终身学习和建立学习型社会的重视。如，布什总统 1991 年发布的《美国 2000：教育战略》（America 2000：An Education Strategy）中提出成人脱盲和终身学习是美国教育振兴的六大奋斗目标之一，不仅儿童和青少年需要接受教育，所有成年人也需要有机会参与学习，要把美国建设成一个学习者的国度，一个学习型社会。克林顿总统 1993 年发布的《目标 2000：美国教育法》（Goals 2000：Educate America Act）提出美国教育改革的八大目标，其中有一项就是明确规定美国各级政府在教育改革和终身学习中的责任。1997 年，克林顿总统又在国情咨文中重提每一个美国成人都要坚持终身学习，并且指出，21 世纪的教育必需扩展为终身教育。②1998 年，考虑到国际经济形势的新变化及其对劳动力市场提出的新要求，美国国会新颁布了《职工投资法》（The Workforce Investment Act），取代 1983 年的《工作培训合作伙伴法》。《职工投资法》的目的非常明确，即积极增加面向职工的投资活动，提升职工职业技能，提高职工队伍质量，提高就业率，减少福利依赖，最终提高整个国家的生产率和国际竞争力。该法案具体包括五方面的工作：由美国劳工部主管的职工投资体系建设；落实美国教育部主管的《成人教育和家庭扫盲法案》（Adult Education and Family Literacy Act）；组织各种与面向职工投资有关的活动；颁布《康复修正法案》（Rehabilitation Act Amendments）；提供普通准备金用于相关活

---

① "自学考试与终身学习体系建设问题的研究"课题组. 美国对终身学习战略的推行 [J]. 中国考试，2006（6）：60.

② 吴遵民. 现代国际终身教育论（新版）[M]. 北京：中国人民大学出版社，2007：233—234.

动。①2008 年底，巴拉克·奥巴马（Barack Hussein Obama）担任美国总统以后，美国政府继续推行终身学习战略，在早期教育、基础教育、高等教育等方面都有不同程度的具体改进策略和财政支持。例如，在早期教育阶段提出了"0—5 岁"计划，保障儿童接受完整的、公平的早期教育。在基础教育方面，于 2010 年发布《改革蓝图——对〈初等与中等教育法〉的重新授权》（A Blueprint for Reform — The Reauthorization of the Elementary and Secodary Education Act），强调基础教育的质量和公平，为终身学习打下基础。在社区教育方面，通过了《美国毕业行动：通过社区学院加强美国的技能》（The American Graduation Initiative：Stronger American Skills through Community College），力求通过改革帮助学生获得工作技能和证书，使社区教育在实现美国成为世界上高等教育毕业生比例最高的目标过程中发挥重要作用。②

加拿大的终身学习政策始于 20 世纪 90 年代。1992 年，加拿大联邦政府提出的教育报告《学习好，生活好》（Learning Well，Living Well）指出，20 世纪末加拿大的目标是创建一流的终身学习体系。2001 年颁布的重要文件《关于终身学习的国家政策》（National Policies Concerning Lifelong Learning）开篇即表明，在知识社会中，"一个国家最宝贵的资源是其人民"，"我们的人民——他们的技能、才干、知识和创造力——是未来成功的关键。学习必须贯穿一生，包括学龄前期、学龄期、工作期，以及老年阶段"。文件指出，满足国民的教育和学习需求与发展国家经济、保持竞争力的目标是一致的，为国民提供教育和学习机会是国家的优先政策。③在实践运作上，主要采取增强全民终身学习意识、优化教育投资、加速信息化建设和发展社区教育等主要策略。加拿大本土学者认为，加拿大终身学习政策具有明显的经济工具取向，主要目的是为了保持加拿大在所谓的"新经济"环境下的世界竞争力和引领力，因此主要关注的是技能挑战，终身学习政策也以技能议程为主，并重视各级教育和培训组织等提供方的改革和创新。加拿大联邦政府 2002 年

---

① Jin Yang, Raúl Valdés-Cotera. Conceptual Evolution and Policy Developments in Lifelong Learning [R]. Hamburg：UNESCO Institue for Lifelong Learning, 2001：71 - 73.

② 李玉奇，林泉孚，张燕军. 美国奥巴马政府终身学习政策探究 [J]. 世界教育信息，2016（13）：35—39.

③ 王艳玲. 加拿大发展终身学习的策略及启示 [J]. 开放教育研究，2005（8）：92—96.

的政策报告《知识至关重要：加拿大人的技能和学习》（Knowledge Matters：Skills and Learning for Canadians）也阐述道：为了保持竞争力和跟上技术发展的快速步伐，加拿大必须不断地更新和升级劳动力的技能。我们不能再假设，年轻时期所获得的技能将会伴随个人一生，大多数成人的工作生活必然是一个不断学习的过程。为了进一步凸显技能的作用，2003年12月，加拿大人力资源发展部机构重组，被划分为人力资源与技能发展部和社会发展部。人力资源与技能发展部部长乔·沃尔佩（Joe Volpe）就曾明确指出，"有技能的劳动者是创新的源泉——是新经济中经济持续成长的关键。加拿大劳动者将变化的技能需求进行资本化的能力支撑了加拿大公司在前十多年间的生产力和竞争力"。①

墨西哥是一个发展中国家，尽管政府已表明重视终身学习，但是由于墨西哥原有社会不平等现象严重、经济发展缓慢、教育体系不完善等问题，终身学习政策议程受到不少牵制。有研究者以为，墨西哥的终身学习政策是片面的。按照理想的研究来看，墨西哥更多的是需要一种趋向宽容或解放的终身学习政策推展模式，但可惜的是，为了应对目前的经济问题，其当前的政策取向是一种狭隘的人力资本模式，即认为只要增加工人的收入就可以达到实现终身学习的目的。更为糟糕的是，许多终身学习项目和方案制定不完善，更不用说付诸实施。②

（二）其他美洲国家

终身学习思想在20世纪60年代后期就影响到拉美国家，当时主要以扫盲教育为主。如巴西1967年就颁布了《巴西关于青少年和成年人实用读写能力训练及终身教育法》（Brazil on the Training of Practical Literacy and Lifelong Education for Adolescents and Adults Law），该法律以成人教育为终身学习政策实施的重点，阐述青年人和成年人的实用读写能力训练及他们的终身教育问题将是巴西今后文化教育工作的重点。1972年2月，玻利维亚、哥伦比亚、智利、厄瓜多尔、秘鲁和委内

---

① Cruikshank, Jane. Lifelong Learning and the New Economy：Limitations of a Market Model [J]. International Journal of Lifelong Education, 2008, 27 (1)：51 - 69.

② Germán Álvarez-Mendiola. Lifelong Learning Police in Mexico Context：Challenges and Comparisons [J]. International Journal of Lifelong Education, 2006, 36 (3)：379 - 399.

瑞拉等国家的教育部长会议提出，在各国教育部中设立终身教育办公室。其中，秘鲁还在该年制定的《总教育法》（General Education Act）中明确表明以终身教育为基本指导原则改革本国教育。该法案第二十六条规定：国家应采取一种终身教育政策，保证个人的教育过程不断延续和国家共同体内所有成员不断前进。作为第三世界中经济比较发达、发展速度比较快的地区，拉美地区在早期就积极顺应了国际教育发展的趋势，适时地推动了本国终身学习政策的发展。但是 20 世纪 80 年代后，由于过于重视经济、工业和高度依赖外资等主要因素，拉美地区陷入了严重的经济危机，这"失去的十年"给教育带来了严重影响——教育投资减速，效益下降，教学秩序混乱，绝对文盲数量上升，终身学习政策的发展也遭受严重挫折。20 世纪90 年代以后，拉美地区的教育基本上走出了困境，有了新的发展：①统计数据显示，1997 年第一、第二、第三级教育的毛入学率分别为 113.6%、62.2% 和19.4%，部分国家适当地延长了义务教育年限，逐步增加了教育投资，普及或重点发展初中等教育（尤其是中等职业教育），开展扫盲教育、加强高等教育的质量管理等，基本上是以教育的现代化、制度化为基本目的，以适应社会发展工业化、现代化和城市化的要求。但是，拉美地区的终身学习政策推展仍旧存在巨大挑战。以巴西为例，2008 年的一项调查数据显示，成年人文盲现象甚至在 21 世纪都没有得到很好的解决，2008 年巴西成年人文盲人数甚至和 1964 年持平。在全民教育发展指数（Education for All Development Index）排名中，巴西 2008 年在全球 128 个国家中排名第 88 位，而 2007 年在全球 125 个国家中排名第 72 位。不进反退，成为拉丁美洲推展终身学习政策的新困境，其中既有教育资源短缺的因素，也有因政府管理不利，无法发动社会力量参与的因素。②

三、亚洲主要国家和地区的终身学习政策

东亚是亚洲终身学习发展最为迅速的地区，其中日本（第四章有具体论述）、

---

① 周满生. 世界教育发展的基本特点和规律［M］. 北京：人民教育出版社，2003：286—330.

② Moacir Gadotti. Adult Education as a Human Right：The Lation American Context and the Ecopedagigic Perspective［J］. International Review Education, 2011（57）：9‐25.

韩国表现尤为突出。早在 1980 年，韩国进行宪法修订时，就在第 31 项中加入了
"国家有责任推进终身教育发展"的条文。1982 年，韩国政府颁布实施《成人教育
法》（Adult Education Law），明确规定向社会处境不利群体提供非正规教育和社区
成人教育。20 世纪 90 年代以来，韩国终身学习进入实质性发展阶段，通过立法，
规定自学可以获得学位，倡导建设随时可自由学习的学习型社会，以信息化来提高
终身学习机会的获得等，这些都成为发展终身学习政策的有力措施。1997 年亚洲金融
风暴爆发，面对许多的破产企业和居高不下的失业率，韩国政府意识到必须更快地推
进终身学习。在政策上的一个直接结果就是，1999 年颁布了《终身教育法》（Lifelong
Education Law），取代了先前的《成人教育法》。[①]2001 年和 2007 年，韩国政府先后
两次推行"国家终身学习促进计划"（National Lifelong Learning Promotion Plan），
提出和实施的具体措施有提供公平的终身学习机会，调动地方政府发展终身学习的
积极性，强调终身学习机构之间的合作，保障弱势群体的学习机会等，将韩国终身
学习发展带入全面和深化发展的阶段。2009 年《终身教育法》修订，增加了重视
终身学习成果的认定和管理的内容。[②]这一举措为韩国终身学习政策的发展带来了
新的契机。如今，韩国学分银行体系已成为国际终身学习政策领域颇受关注和有借
鉴价值的基本经验之一。

新加坡的终身学习政策同样兴盛于 20 世纪 90 年代中期，背景是为了应对正在到
来的知识经济社会。新加坡政府从一开始就坚持实用和理性的态度，将终身学习政策
的发展视为促进经济发展和提升就业能力的驱动器。相比其他国家，新加坡的社会融
合程度较高，初始教育水平好，经济比较发达，政治制度较完善，因此为了应对知
识经济和全球化较为单一的挑战，它把重点放在了经济发展上。1997 年，新加坡
教育部提出"思想型学校，学习型国家"（thinking schools，learning nation）的理
念。有思想的学校意味着学校是一个学习型组织，是培养有思想的孩子和有思想的
成年人的摇篮；而学习型国家意味着国家需要在人民当中创建促进终身学习的文化

---

① Soonghee Han. The Lifelong Learning Ecosytem in Korea: Evolution of Learning Caplisim [J].
International Journal of Lifelong Education, 2008, 27 (5): 517 - 524.

② 葛喜艳，孟霞光. 韩国终身教育政策的选择及其实施成效研究 [J]. 山东广播电视大学学报，
2013 (4): 66—70.

和社会环境。1997 年的亚洲金融危机促使新加坡政府更加重视终身学习事业的发展。不久，新加坡劳工部改名为人力资源部，与此同时新加坡竞争力委员会（Committee on Singapore's Competitiveness）成立。不久，该委员会就制定并发布了一份重要的政策报告《21 世纪人力计划》（Manpower 21 Plan），该计划被认为是一个整体性的问题解决方案，旨在解决人力资源价值链上的所有问题，立志把新加坡建设成人才资本强国，一个融思想、创新、知识及其交换为一体的中心。该计划总共提出了六大策略，其中第二条是"为终身就业力而发展终身学习"，具体建议包括：建立终身学习学校；建立国家技能认证体系；鼓励雇主和个人投资终身学习；设置一站式职业中心。①

菲律宾在 20 世纪 70 年代发展非正规教育的基础上，于 1987 年在《宪法》第二部分第十四条指出，"国家鼓励非正规的、非正式的、本土化的学习系统和自我学习、独立学习和校外学习项目"。印度在 1992 年修订的《国家教育政策》（National Education Policy）中指出，终身教育是教育过程的理想目标，强调普及扫盲、开放与远程学习等内容。泰国政府在 20 世纪 90 年代提出建设"以学习者为中心"的学习型社会，促进和支持非正规教育，认为教育是一个终身的过程，需要各方的合作。中国政府以和谐社会构建为平台，大力发展和推进终身学习体系和学习型社会建设（具体见第六章）。中国香港 1997 年回归祖国之后成为特别行政区，特别行政区长官 1998 年就提出了终身学习对香港社会发展的重要性，1999 年又提出需要采用终身学习的理念和战略使香港成为创新型社会和知识经济社会，并于 1999 年开始在多次报告中特别提出以终身学习为改革的基本目标和重点，展现了地区政府层面对终身学习政策的积极支持。目前以终身学习为基本指导思想的香港资格框架已初步建立，正在逐步扩展和完善。中国台湾将 1998 年定为"终身学习年"，并于同年发表《迈向学习社会》，2002 年颁布了有关终身学习的规定（该规定于 2014 年 6 月经修订后重新颁布），引领和指导台湾的新一轮教育改革与发展。尤其值得一提的是，台湾地方虽小，终身学习推展的场面却相当热烈，全民学习外语、发展学习型组织、建构信息网络、推广学习型家庭、社区大学和回归教育、关

---

① Prem Kumar. Lifelong Learning in Singapore: Where Are We Now [J]. International Journal of Lifelong Education, 2004, 23 (6): 559 – 568.

注弱势群体和开展老年教育等各种活动如火如荼，为台湾政治民主、经济发展、社会开放等提供了新的支持。

四、大洋洲主要国家的终身学习政策

澳大利亚和新西兰是大洋洲的两个主要国家。前者在第四章有详细阐述，于此不再赘述。

根据国外学者的研究，① 新西兰的终身学习政策推展也是在国际组织大力倡导和推动的背景下逐渐开始的。1972 年，新西兰联合国教科文组织全国委员会下属终身教育委员会出版报告，宣称其目标是必须对以下事实达成一致认识，即人民的任何一个重要部分之潜能如果在整个生命历程中没有达到，那么整个社会（包括但不限于经济）将会更贫穷。此后，新西兰将宣言付诸了实践：1974 年修正教育法案，拓展教育法律定义；对继续教育作出职业教育与非职业教育的划分；拓展社区学院的功能；建立法案允许成人回归学校；资助自愿组织，等等。但 20 世纪 70 年代后期的资本主义经济危机使上述很多改革措施被中止，直到 80 年代中期以后，在新西兰第四届工党政府的努力推动下，终身学习又回到了公共政策的话语中，并成立了终身学习特别小组。可惜的是，一系列新的行动并没有产生预期的效果，原因在于，新西兰此时的政治经济开始了新自由主义的转向，政府把许多责任推向了市场。20 世纪 80 年代末，一些有识之士就对此提出了意见和批评，但新西兰政府只是在理念上认同学习者不仅是消费者，也是公民，公民有实现自己个人发展目标的权利。实际情况是，政府在新自由主义思想的影响下，在社会、教育等领域进行了福利削减策略，如取消高等教育中的学生标准学费，改为各高等学校可自行设置学费，减少对年长学生的资助水平等。最终，新西兰的终身学习政策在应对所声称的全球化、信息技术发展的背景下，日益呈现出自由化、市场化、商品化和管理主义的特征。例如 1994 年颁布的《21 世纪的教育》（Education for the 21st Century），提出建立无缝的终身教育体系，但焦点是初始教育和与工作有关的技能培训的

---

① Robert Tobias. Lifelong Learning Policies and Discourses: Critical Reflection from Aotearoa, New Zealand [J]. International Journal of Lifelong Education, 2004, 23 (6): 569 - 588.

发展。

太平洋岛国也在力推终身学习政策的发展，根据斐济大学学者的研究，① 目前主要推展策略是强化扫盲（包括劳动者的功能性扫盲）和改善正规学校基础教育，但面临巨大挑战，如缺乏教育体系的整合、非正式学习发展不够、高层次的学习机会稀缺、教育机构及所提供的教育服务质量参差不齐、缺乏国家层面的指导和管理等。但无论如何，这些国家旨在加强本土文化教育的终身学习政策的基本目标值得称赞。

五、非洲部分国家的终身学习政策

在有关非洲国家的终身学习政策研究方面，南非是一个重点。1993 年南非临时宪法颁布之前，还不能被称为一个民主的现代国家，那时的南非经济发展滞后，社会不稳定，盛行白人统治下的种族隔离制度，被南非本土学者称为"黎明前的黑暗"，故终身学习只是黑暗中的一个梦想。1993 年南非临时宪法颁布及 1994 年多民族统一的民选政府成立以后，南非各方面的事业都开始重建。在重建伊始，南非政府就将终身学习作为一个远景式的概念加以应用，用以模糊教育和培训之间的差别，终身学习很快成为南非政府教育改革政策中的一个便捷术语，引领并指导着南非在教育培训、国家资格框架、高等教育、扩充教育、早期教育和未来教育等多方面的改革。重要的政策有：②1993 年《成人教育报告》（Adult Education Report），这份报告对教育采取了以下分类方式：成人教育、非正规教育、继续教育和终身教育。认为终身教育与继续教育类似，但终身教育更多的是一个综合性的、远景式的概念，包括个体一生中为获得最充分的个人、社会和专业发展而进行的正规学习、非正规学习和非正式学习。教育是完整的，包括发生在家庭、学校、社区、工作场所甚至大众媒体和其他环境中获得与提升智慧的学习活动。1995 年的《教育白皮书》提出的基本原则是教育和培训应被看作一个整体，并且其中蕴涵着这样一种学

① KEDI Journal of Educational Policy© Korean Educational Development Institute 2007, Electronic version: http: //eng. kedi. re. kr.

② 朱敏. 南非终身学习政策的发展与问题 [J]. 中国远程教育，2008 (10)：74—78.

习观点：反对"学术"与"应用"，"理论"与"实践"，"知识"与"技能"，"头"与"手"的严格区分。报告提及了学习者权利问题，但基本态度是教育和培训要服务于人力资源开发，普遍赞同将终身学习作为国家人力资源开发战略的基本原则。1999 年颁布两个重要政策：《终身学习发展：走向学习型国家》(Lifelong Learning Development: Towards a Learning Nation) 和《南非的开放学习：普通与扩充教育和培训》(Open Learning in South Africa: General and Further Education and Training)，后者认为诸如学习者中心、移除学习障碍、对先前学习的认定、学习中的弹性等许多教育原则都可以根据终身学习的概念聚集起来。2001 年，南非劳工部颁布《国家技能发展新战略》(New National Skills Development Strategy)，策略的第一个目标就是"发展高质量的终身学习文化"。但总体而言，南非的终身学习虽然广受政府政策重视，并配合大规模的行动，但实际并未取得多大成效，几乎可以说以失败告终，尤其是普通成人教育继续处于边缘化状态，这与南非将终身教育等同于终身学校教育，盲目借鉴发达国家经验及普通成人教育贫乏密切相关。①

第三节　国际终身学习政策推展的总体性阶段特征

综合分析上述世界范围内部分国家、地区和三大国际组织的终身学习政策基本情况，可以看出，国际终身学习政策总体上是在稳步发展中不断前进的，形成了三个较为明显的发展阶段：20 世纪 70 年代的关键起步期；20 世纪 80 年代的平缓发展期；20 世纪 90 年代以来的高峰发展及深化期。表 2-1 是对国际终身学习政策文本数目的基本统计，从数量方面印证了上述判断。以下结合对上述两节基本情况的把握，具体分析各历史发展阶段的整体性特征，以期把握和理解国际终身学习政策的发展脉络。

---

① John Aitchison. Lifelong Learning in South Africa: Dreams and Delusions [J]. International Journal of Lifelong Education, 2004, 23 (6): 517-544.

表 2‐1　三大国际组织和主要国家及地区的终身学习政策数目变化简表

（单位：个）

	20 世纪 70 年代	20 世纪 80 年代	20 世纪 90 年代	2000 年以来
三大国际组织	3	1	14	19
主要国家及地区	7	16	65	41
总　　数	10	17	79	60

资料来源：笔者根据本章内容及文后附录表等资料统计而成。

一、20 世纪 70 年代——关键起步期

（一）主要特征

（1）理念认识：终身学习主要是成人的一项权利。主要在联合国教科文组织的积极推动下，这个时期的国际社会普遍开始认同并接受这样一种观点：教育和学习是一个终身持续的过程，不应该随着正规学校教育的结束而停止。终身学习是个人生存的基本权利，也是人权的重要组成部分，因此国家和政府有责任通过各种措施对此予以保障，保障的重点是成人继续参与学习的机会。例如，1971 年法国颁布的相关法律是《继续职业教育法》；挪威等北欧国家则在终身学习思想的影响下致力于促进本国成人教育的制度化，以满足成人学习的需要，保障继续学习的权利和机会；经济合作与发展组织的"回归教育"也是明确针对学校义务教育之后的教育和培训，尤其是在职工作者与工作有关的继续学习。

促成这种导向性认识的主要原因是：第一，提出终身学习的初衷即是要重视正规学校教育之后的继续学习，因此关注成人阶段的继续教育和职业教育成为最直接的回应。第二，早期积极推展终身学习政策的这些国家在现代终身学习思想出现及其影响力辐射之前，就有着比较悠久的成人教育和继续职业教育传统，只不过这种传统还游离在正规国民教育体系之外，政府也没有从国家政策上给予有目的的关注。终身学习的发展促进了政府对成人教育和职业继续教育的反思。换句话说，在终身学习的背景下，传统的职业教育和成人教育的地位和角色得到了重新认识，在新的社会条件下，它们不再是无关紧要或只存在于民间或社会的自由行动，而是被

国家和政府纳入了战略考虑，以应对 20 世纪 60 年代末以来社会各方面的深刻变化。

（2）行动特点：积极改革与发展多种形式的成人教育。与对终身学习的理解相对应，这个时期国际终身学习政策的基本策略是大力发展成人教育和职业教育，倡导成人扫盲、以成人工—读结合形式为主的继续教育模式，而且多以传统的正规学校教育为主，如北欧国家成人教育市立学校的发展。一些主要发达国家开办广播电视大学、空中大学，借助信息通信技术的兴起实现传统学校教育的变革。换句话说，这个时期的终身学习政策发展实质是传统成人教育和职业教育在终身学习理念背景下的政府政策化进程。

（二）背景分析

20 世纪 70 年代国际终身学习政策推展的上述特征与当时的社会背景息息相关。人口数量突增、生活方式改变、科技迅猛更新与政治民主化进程（如"新社会运动"）等诸多方面，不仅要求人们重新思考教育组织的方式，而且使人们进一步认识到继续教育的重要性及其作为基本人权的体现。而它之所以能够进入多个国家的政府政策议程，最根本的推动力是来自联合国教科文组织在 20 世纪 70 年代的主导性倡导和引领，将学习权作为人权的组成部分正是当时联合国教科文组织的基本主张。

二、20 世纪 80 年代——平缓发展期

（一）主要特征

这个时期的终身学习政策总体呈现出一种平缓发展的态势，各国家和地区的相关活动略多于各国际组织。总体发展的情况是：其一，部分发达国家进一步补充和强化原有的基础，如法国、德国都先后对 20 世纪 70 年代的继续职业教育作了补充，美国延续其 1976 年《终身学习法》的基本精神，强化了对成人教育发展的重视。其二，终身学习在传播范围上有了新的发展，进一步促进了日本、韩国等地的政策推进，并开始传播到了澳大利亚和新西兰等国家。在欧洲一体化的背景下，西南欧部分国家也逐步关注并接受终身学习思想，开始了终身学习的政策化进程。

（1）理念认识：终身学习既是权利，也是人力资本投资。在国际终身学习政策发展过程中，20世纪80年代是一个具有过渡意义的时期。综观美国、法国、德国、北欧等主要国家的终身学习政策，这时期的终身学习理念继承与保留了前一时期更多地将终身学习作为个人权利予以保障的政治民主性特征，同时由于社会背景的变化，尤其是西方资本主义国家普遍经济衰退，终身学习政策开始对市场经济发展的需要作出回应。如，西欧发达国家仍在强调和发展继续职业教育，完善带薪教育休假制度，既保障了成人继续学习的权利，又促进了劳动者的知识技能更新，使劳动者能更好地适应经济和市场发展的需要。美国1980年的《中学后继续教育法》认为，国家的经济发展和强大与高等教育的质量密切相关，应加强社区教育的开发。澳大利亚终身学习政策在20世纪80年代的复兴，也和当时经济复苏的需要紧密相关。日本政府当时也有借终身学习实现经济振兴的期望，并且将通产省作为推进终身学习政策发展的合作管理机构。

（2）行动特点：这一时期终身学习政策的策略具有双重特点。首先，继续完善有关终身学习的法律。如法国进一步细化了对职业技术教育的经费来源、使用办法、各方利益主体（包括个人、政府、各类教育机构甚至地方集团）的权利和义务等方面的规定。挪威的终身学习政策开始重点关注全民教育。联合国教科文组织在终身学习的理念下加强了对扫盲教育的重视。其次，人力资本投资模式开始彰显。为了走出低迷的经济处境，使刚走出学校的新生劳动力和在职劳动者的技能知识更加契合劳动力市场的需求，这个时期的终身学习政策也在同步回应社会经济发展的需求，采取学习的经济主义策略。例如，更多地强调个人对于学习投资的责任，提倡学习市场，减少国家的直接支持，鼓励私人和企业的终身学习活动和责任承担。

（二）背景分析

对作为权利的终身学习给予保障是20世纪70年代三大国际组织积极倡导和继续推进终身学习的结果，对经济和人力资本的关注则主要和该时期两次石油危机给西方许多国家带来严重的经济"滞胀"问题（低经济发展速度、高失业率、高通胀）密切相关。为应对危机，政府连续实施需求限制政策，结果使情况进一步恶化，现实迫使政府将精力转到应对失业和经济危机上来。因此不难理解，除了政治民主的事项，终身学习的作用和潜能得到了进一步挖掘，利用终身学习政策解决经济问题成了这个时期新的关注点。兴起于20世纪60年代的西方现代人力资本理论恰巧为此提供了适宜的理论依据。该理论突破了传统经济学的研究视野，将人自身的力量作为资本的一种特殊形式引入经济生产活动，认为人力资本是重要的资本形式，会带来比一般物质资本投资更多、更大的利益。作为开发人力资源重要途径的继续教育与培训理所当然地成了关注的重点。既然继续教育和培训学习活动能有此重要功能，那么终身学习当然更为重要。

三、20世纪90年代以来——高峰发展及深化期

20世纪90年代以来，国际终身学习政策迎来了发展的高潮，不仅有更多的国家和地区加入了推展终身学习政策的队伍，而且实施终身学习政策的力度加大，种种不同的纲领性价值诉求（如社会民主、个人发展、文化提升、经济成功、促进就业）也在终身学习政策中激烈争斗，呈现出多样化发展的局面。但需要注意的是，以追求经济发展为基本目标的终身学习政策推展在其中占据着主流位置。在这方面，与20世纪80年代的过渡和隐蔽相比，90年代则显得更为鲜明和直接。

（一）主要特征

（1）理念认识：终身学习是一种全面、多样化的社会政策。横向分析20世纪90年代以来许多国家发布的终身学习政策可以发现，随着全球知识经济和信息社会的到来，在国家层面上各国政府对终身学习的认识有了拓宽，终身学习不仅包括原来的成人教育、职业继续教育的学习活动，而且陆续囊括了学前教育、基础教育、大学教育和制度外教育的各种学习活动。例如，在澳大利亚、南非和瑞典，我们都可以看到这方面的变化，由此促进了全民终身学习的发展。

但与此同时，终身学习政策开始展现出多样化的目标取向，这种多样化既体现在不同国家的不同政策中，同时也体现在一个国家的具体政策中。关于前者，基本的情况是，各国政策因不同国家经济发展程度和当前社会、教育问题的不同而有所差异。如有的国家仍旧将终身学习政策作为解决经济发展与应对全球化挑战的基本对策之一，有的国家则将终身学习作为提升国民精神素养的主要策略。后者更多的是将终身学习政策作为一种综合战略，以此来同步解决社会诸多弊病，期待能达到协调发展与进步的目的。

（2）行动特点：采取与目标多元化相适应的多种推展策略。基于目的与价值导向的多样化，政策推展的行为方式、方法也丰富起来。从行动的载体来说，有的国家是以社会文化教育的发展来促进人们的终身学习，另一些国家则仍然热衷于人力资本投资的基本策略；从组织层面来说，有的国家坚持国家对全体国民终身学习负有主要责任，更多的国家则积极发挥社会与个人的力量，以缓解公共部门的诸多压力，降低巨大成本。从实施领域来说，有的国家把制度内教育作为终身学习政策实施的主平台，而有的国家大力发展社会教育、校外学习活动和个人自主学习。

（二）背景分析

第一，全球化的加速与风险社会的到来。美国著名专栏作家托马斯·弗里德曼（Thomas L. Friedman）的《世界是平的》（*The World Is Flat*）让我们深刻而又生动地感受到了全球化的进程与力量——个人和国家之间的联系变得更为紧密，信息传递更准确及时，竞争也进一步升级。与此同时，现代社会的风险也较之前更容易迅速蔓延，从而产生更直接、更大范围的危害，民间和个体的类似生物反应的自动适应行为不再适合急剧变迁的社会。为此，国家必须将终身学习提升为一项战略和基本政策，通过政府的宏大力量和有序组织的支持，统一应对新的挑战。由此，越来越多的国家开始加入实施终身学习政策的行列。

第二，20世纪90年代以来，西方许多国家都处在一个政治转型的关键时期，保守党政府重新倡导盛行于20世纪80年代的自由经济思想，社民党、工党当政的国家也在大力吸收自由主义的某些思想，将以前的消极福利国家模式转向所谓的积极福利国家改革计划,一种被称为"第三条道路"(the Third Way)① 的政治改革路线在欧洲、美洲甚至亚洲的许多主要国家逐步获得认同和发展。在这种背景下,终身学习政策开始追求全面的政策目标,以实现社会经济问题的整体解决和协调。随着知识社会和新经济的兴起,追求经济的发展和成功仍是终身学习政策的主要目标。

---

① "第三条道路"是西方国家 20 世纪 90 年代流行的政治术语,在国家领导人当中以克林顿和布莱尔为代表,是西方左派在新形势下标榜自己区别于传统左派和新右派的"创举"。在学术理论研究上以英国伦敦经济学院安东尼·吉登斯(Anthony Giddens)为先锋。作为一种政治哲学,其主要内涵是:倡导建设新型的包容型社会关系,确立能够团结各种理想的新政治中心,变政府管理为治理,积极建立社会投资型的福利国家。对它的批评主要有:在观点和价值判断上折中多于创新,拿来多于内生;本质是人性化的自由主义等。杨雪冬,薛晓源."第三条道路"与新的理论 [M]. 北京:社会科学文献出版社,2000:9—15.

第三章
国外终身学习政策推展
模式的理论分析

　　国外有关终身学习政策推展模式的理论研究大致起步于 20 世纪 90 年代后期，至目前为止，相关研究成果还不甚多见和成熟。本章依照时间先后顺序对其中较为重要的研究工作及其成果进行阐述，目的是通过具体的分析、比较、整合和凝练，提出划分终身学习政策推展模式的基本理论维度与分析框架。

第一节　格里芬关于社会民主与
福利改革的两种模式

　　将终身学习政策的推展置于福利国家改革的背景下来研究具有明显的西方社会特质。的确，研究者科林·格里芬就是以此为基本背景，提出了终身学习政策的进步主义社会民主推展模式（progressive social democracy approach）和新自由主义①福利改革推展模式（neo-liberal welfare reform approach）。

一、研究背景

格里芬是英国萨里大学教育学院的教师，终身学习研究中心研究人员，《国际终身教育杂志》（*International Journal of Lifelong Education*）编委会成员。他的主要研究领域为成人教育、继续教育和高等教育，近年来将研究主题转向终身学习的课程理论与政策分析。1999年，格里芬在《国际终身教育杂志》第五期和第六期上连续发表了两篇论文：《终身学习与社会民主》（Lifelong Learning and Social Democracy）和《终身学习与福利改革》（Lifelong Learning and Welfare Reform），集中阐述了进步主义社会民主和新自由主义福利改革这两种模式的基本思想。

在研究一开始，格里芬就明确提出，尽管现实中许多国家和国际组织更多地使用"终身学习"这一术语，但是目前对终身学习政策的争论基本上延续了传统教育政策分析的路线，并没有将之作为一种真正的新政策看待，终身学习政策所指代的仍旧是传统教育政策所包含的事项。在格里芬看来，"教育"与"学习"并不是简单的等同关系，它们是有区别的，相比"教育"概念的明朗，"学习"一词显得更为武断和模糊。国际社会之所以更多地使用"终身学习"而非"终身教育"，主要是基于对当前西方福利国家改革所面临的两大基本社会背景——社会与技术的快速变化和有关国家作用的争论——的考虑。用终身学习替代终身教育本质上掩盖了国际、国家的教育和学习发展体系在上述两大背景中的某些重要转变。格里芬所提出的两种模式就是对这些转变的提炼与概括。

---

① 此"新自由主义"（neo-liberalism）不同于彼"新自由主义"（new liberalism）。虽然两者都是西方政治经济思想领域中的基本流派，但前者是古典自由主义经济思想在现代的复兴，所以又被称为"新古典自由主义"，以哈耶克（F. A. Hayek）、弗里德曼（M. Friedman）及其思想为主要代表，重新提倡市场作用、反对国家干预是其基本主张；后者则是对古典自由主义思想的修正，认为要在市场和国家之间取得一定平衡，提倡框架内的自由，因此也叫"社会自由主义"。但正如某些研究学者所言，这种强调国家和个人相互结合补充的新自由主义思想，其本质上仍以继承古典自由主义经济思想的精髓为多，也就是说市场仍是最高原则，国家的作用主要还是维护使市场发挥良性作用所需要的正常秩序。

二、终身学习政策的两种推展模式

(一) 终身学习政策的进步主义社会民主模式①

1. 主要观点

第一，教育是国家的一项基本福利。历史上，教育总是与国家的福利发展与改革联系在一起的。如前所述，格里芬认为"教育"和"学习"应是两个概念，就政策来说也应如此，否则对终身学习政策的讨论就是多余的。他认为，教育作为一种公共政策，是国家和政府有能力进行干预的传统领域，而终身学习政策从本质上来说处理的却是个人化的学习而非制度化框架下的教育问题，为了继续行使管理和控制的权力，国家和政府将终身学习政策纳入了传统教育政策的范畴。一个典型的例子就是，目前许多国家的终身学习政策都非常热衷于关注和解决以下问题，即如何使终身学习和学校教育有效衔接（如先前学习经验的认定），并大力推行国家资格框架，将广泛的终身学习纳入国家教育管理的范围。从这个意义上来说，格里芬认为现行的终身学习政策基本上是传统教育政策的延伸，所不同的是教育的范围扩大了。因此，终身学习政策应当仁不让地承担教育在促进社会民主上的伟大任务，即教育或者说学习更多的是属于国家提供的福利事业，且负有发挥一系列社会民主功能的职责。

格里芬认为，联合国教科文组织的终身学习政策就比较典型地体现了这一政策取向（关于这一点，第二章对该组织终身学习政策的分析中也有论述）。终身学习政策的制定主要是为每个人平等、公平地接受基本的教育提供必要的权利保障。这一教育权利的实现不仅是为了个人能够学会认知、学会做事，更是为了能够在越来越具有变化和冲突特征的人类社会中学会与他人共同生活，促进世界和平，并最终学会生存，即每个人全面发展，并拥有充分发挥自己的才能和尽可能地掌握自己命运所需要的思想、判断、行动、情感和想象等方面的自由。这个宏伟目标中所体现的群体广泛性、人的全面发展性、鲜明的自治性正是现代社会民主化的基本特征。

另外，格里芬以为，终身学习中的成人参与模式（adult participation model）

---

① Colin Griffin. Lifelong Learning and Social Democracy [J]. International Journal of Lifelong Education, 1999, 18 (5): 329 - 342.

也具有社会民主模式的特征。成人参与模式强调对成人参与学习的各种障碍进行探讨，这些障碍通常涉及社会文化方面的限制，也和文化资本公平分配有着密切的关系。此外，成人参与终身学习的水平也经常被认为是终身学习政策推展是否顺利，学习型社会是否实现的重要标志。

第二，国家对终身学习负有主要责任。依据第一条的逻辑，既然推进终身学习是国家的一项重要福利政策，承担着完善社会民主的重要职责，那么国家就应对终身学习政策的推展负有主要责任。同样，以联合国教科文组织为例，在它看来，政策本身就是每一个主权国家具备的职能，"目前教育之所以经常凭偶然性确定方向，受到盲目的指导，在无政府状态下发展，这主要是因为人们没有坚持这个从政策到策略，再从策略到计划的逻辑过程，以保证从上一阶段到下一阶段所作出的决定之间的连续性和关联性"。①终身学习既然被作为今后许多国家教育政策制定和发展的基本指导思想，国家就要在其中承担基本责任，不仅要认真研究和制定终身教育政策，而且要在机构设置、管理方式、经费支持、人员配备、标准评估和科学研究等诸多方面提供指导和支持，发挥引领和导向作用。即使在20世纪90年代以后，随着西方所谓的后福利、后工业和后教育等时代的到来，许多国家和政府在教育政策中引入了分权、自治和利益相关者的概念，但是这种模式仍旧坚持国家在终身学习发展中的作用，"不论教育系统的组织情况如何，其非集中化程度或多样化情况如何，国家都应对公民社会承担一定的责任，因为教育是一种集体财产，不能只由市场来调节。特别是在国家一级，要在教育问题上达成共识，确保总体的协调一致，并提出长远的看法"。②

2. 基本途径

第一，着力扩大受教育的机会，确保教育和学习的公平。进步主义的社会民主模式认为，教育和学习是国家提供的一项基本福利，因此首先必须保障每个人都能平等地获得教育和学习的机会，这种机会不因学习者个人的社会地位、经济状况、

---

① 联合国教科文组织国际教育发展委员会. 学会生存——教育世界的今天和明天 [M]. 华东师范大学比较教育研究所，译. 北京：教育科学出版社，1996：212.

② 联合国教科文组织. 教育——财富蕴藏其中 [M]. 联合国教科文组织总部中文科，译. 北京：教育科学出版社，1996：154.

教育背景、民族和性别等差异而不同，它还尤其关注社会弱势群体终身学习机会的弥补和获得。

第二，消除参与终身学习的种种障碍。这种障碍表现在许多方面，客观方面，如学习时间与工作安排或家庭生活的冲突，学习者没有获得各种继续教育信息的途径，学习者所在组织缺乏支持终身学习的氛围，没有较好的经费或制度支持等激励措施，个人从学习活动中没有获得预期的效益等。主观方面的因素则有学习者本人对学习缺乏积极的态度，缺乏接受继续教育的学习基础，早期学校教育经历的不愉快体验等。为了保障学习者继续参与学习，必须努力采取各种措施为他们消除各种障碍，如提高学校基础教育的质量，为学习者奠定终身学习的态度和知识技能基础；成立专门机构或网络及时收集、整合并发布各种终身学习信息；实现教学安排的弹性化，配合成人的时间安排；对积极参与终身学习的人给予一定的经费支持或税收优惠；承认先前的相关工作和各种非正式的学习经验，并与目前所参加的继续学习活动在成果上加以联系；倡导新的学习文化，等等。

（二）终身学习政策的新自由主义福利改革模式①

1. 主要观点

第一，将学习看作个人和社会的一项自然发生的功能。与第一种模式相反，终身学习政策的福利改革模式关注的是"学习"而不是"教育"。该模式认为，学习不等同于教育，不管是什么学习，它都有一个社会的维度，终身学习中的学习是个体与社会生活的一种功能，目的是寻求个体生存和社会发展。这种观点存在的现实基础是，随着全球化、技术进步及市场的浸润，个人和社会为了在这种新的环境下获得持续发展，没有其他选择的余地，只能不断地学习。对于个体而言，就是要具有终身学习的意识和能力，对于社会来说，则是要努力构建学习型社会，因此终身学习本质上是个人和社会适应外部环境变化的自然结果。这种观点与德国著名社会学家乌尔里希·贝克（Ulrich Beck）在论述风险社会理论时所阐述的"学习型社会是社会结构变化的结果，没有教育过程"的观点有着内在的一致性。

---

① Colin Griffin. Lifelong Learning and Welfare Reform [J]. International Journal of Lifelong Education, 1999, 18 (6): 431-452.

第二，终身学习更多的是个人和社会的事情。基于学习主要是个人和社会的一项自然功能这一认识，新自由主义福利改革模式下的终身学习更多地被认为与个人生活方式、文化背景、对社会变化的敏感度、消费习惯等因素密切相关，它不再（事实上也不太可能）成为国家的一项社会政策或教育政策。格里芬认为，终身学习政策中倡导的文化/生活方式模式（cultural/lifestyle model）和英国约翰·菲尔德（John Field）提出的成人教育中的休闲/消费模式（leisure/consumption model）就属于此类。国家和政府的职责在这种模式中被弱化，学习服务及相关产品主要交给了市场（更确切地说是教育市场）来完成。不过，格里芬认为，这个教育市场是一个被管理着的市场，由政府组织，并由法律条文来界定参与者的相对权利与合约责任，这种模式使国家角色更具有策略性特征。这种模式巧妙地隐藏了福利国家改革过程中的以下事实：教育作为一项国家的基本福利在逐步缩减，学习成为一种商品的意识正在逐步提高，学习产品的开发与提供也同时被交与了市场，国家的责任减少，而个人责任在增加。

2. 基本途径

第一，以倡导、鼓励终身学习为主。既然终身学习是个人和社会的一种功能，是个人的一种生活状态，具有高度的私人性，无法成为国家和政府的公共政策目标，无法管理、规划和控制，那么这种模式下的终身学习政策更多地只能通过鼓励、倡导有时甚至是说服的方式来督促人们自觉地进行终身学习。比如，积极宣扬终身学习的态度和精神，创造鼓励终身学习的良好氛围，表彰或树立终身学习的先进个人及组织典范等。

第二，国家的责任转变为主要为人们的终身学习创造条件。为了使人们更好地进行终身学习，国家和政府除了倡导和鼓励之外，还有一个重要的职责就是尽可能地创造有助于终身学习的各种社会条件，这些条件主要是通过改进一些相关制度及组织建设来提供。比如，通过法律规定实行带薪休假制度、在职进修制度等；组织机构全面获取各种学习机会信息并及时发布；采取有助于刺激终身学习的各种财税政策等。

三、分析与思考

格里芬对终身学习政策推展模式的研究立足于西方福利国家改革的大背景，具有很强的现实意义。20 世纪 70 年代中后期开始，西方福利国家制度的弊端逐步显现，加上新科技的发展及第二次石油危机的影响，福利国家开始陷入全面危机。此时，新保守主义和新自由主义经济思想在抨击约翰·梅纳德·凯恩斯（John Maynard Keynes）的国家干预理论之后，趁机逐步摆脱了原有的被压制地位，获得了重新发展的机会并较快地登上了政治改革的前台。新自由主义虽然对抑制通货膨胀和刺激经济增长起到了一定的作用，但付出了极大的社会代价，如社会贫富加剧、失业率上升，由此导致"市场原教旨主义"神话破灭。"新中间派"即所谓的"第三条道路"应时出现。以英国为例，以英国伦敦经济学院院长、当代著名社会学家安东尼·吉登斯（Anthony Giddens）为代表的自由主义思想者提出"积极福利"（positive welfare）和"社会投资型国家"（social investment nation）构想，意将国家和个人责任进行有益结合，开创西方福利国家制度改革的新蓝图。

基于对上述现实背景的认识，格里芬的研究从政治学视角出发，视福利国家为一种基本国家形态和社会安排，将教育看成国家的一项基本福利，探讨了国家和政府在终身学习政策推展过程中职能主体的定位及其变化，通过认识与区分"教育（提供）—学习（功能）""国家—市场"这两对基本关系，概括出了终身学习政策推展的进步主义社会民主模式和新自由主义福利改革模式。

上述两种模式的区分实质上反映了西方福利国家改革的基本问题，即对作为福利国家基础的公民权利的来源的认识。在第一种模式中，公民权利（包括学习权）来自福利国家的分配，享有权利在先，因此国家和政府是责任的主体，它们要以福利形式对公民权利进行公平分配。而在第二种模式中，公民权利主要来自市场，个体只有积极参与社会经济建设，提供服务，作出贡献后才有资格享有更多的权利，也即强调个人责任在先。

据此，可以抽离出终身学习政策推展模式的一个基本维度，即终身学习政策的责任主体维度——国家还是市场（或者说个人）。同时，还可以逻辑地从这两端之间推演出社会分担模式，即终身学习政策的推展不完全是国家的责任，也不可能完全推给个人承担，而是需要社会多方共同分担与合作。除了国家和个人以外，还需要考虑社会其他方面的组织或机构（这一点目前正成为终身学习政策推展策略研究及相关实践运作中的热点）。

第二节　英国经济与社会研究委员会提出的十种模式

一、研究背景

1994 年，英国经济与社会研究委员会（Economic and Social Research Committee）① 启动了一个名为"学习型社会：就业的知识与技能"（The Learning Society：Knowledge and Skill for Employment）的系列研究项目，直至 2000 年 3 月项目结束。其中一项工作内容就是考察学习型社会的概念。研究结果发现，在所考察的 14 个项目中，"学习型社会"一词至少有十种理解方式和方法模型。

该委员会的研究主题是"学习型社会的概念"，但正如本书第一章所指出的，尽管学习型社会是比终身学习更为上位的一个概念，但终身学习与学习型社会的内涵和旨趣都十分接近，终身学习是学习型社会的基本特征，构建终身学习体系也被认为是建设学习型社会的基本途径之一。因此，所持有的学习型社会理念中，必然蕴涵着相应的终身学习发展的价值取向和实施途径，也即内在地认同了某种推展终身学习政策的模式，因此它们之间的研究有着紧密联系。换句话说，学习型社会理念及其建设模式的发展和终身学习政策推展模式之间存在一定程度的内在一致性。而且，从该委员会对学习型社会概念研究的实际成果来看，这十大模式的具体内容也确实和学习的本质认识、学习的功能定位、学习的价值取向、学习的管理运作密切相关。因而笔者认为，该委员会对学习型社会概念的考察结果，对本书探讨与分析终身学习政策的推展模式同样具有理论参考价值。

---

① 该组织成立于 1965 年，是英国研究经济与社会问题的重要机构。研究问题包括经济竞争、公共服务、政策效率以及人们的生活质量，目的是为商业部门、政府、公共部门提供高质量的研究。

二、学习型社会的十种模式①

（一）技能成长模式

技能成长模式（skill growth model）潜在的理念基础是：劳动力技能是国家竞争力的一个决定性因素，教育对此有着重要的作用。受此理念的影响，技能成长模式下的终身学习政策尤为强调与经济成长密切相关的工作技能培训。典型的实施途径包括重点发展职业技术教育；强化工作本位的继续教育和工作场所中的学习；制定和推行国家职业资格框架；积极实现劳动世界和教育世界之间的沟通和衔接等。

这种具有明显经济工具主义取向的终身学习政策推展模式引来了众多批评。比如，有研究者认为，教育投入与经济水平之间的联系可能更多的只是一种信念而非实证的研究结果，两者之间的关系不一定就是直接的，高水平的教育与培训是国家经济成功的必要条件之一，但不是充分条件，而且很多人参加继续教育培训，更为直接的目的是保住或改进目前的工作，而不仅是增加收入。②

（二）个人发展模式

个人发展模式（personal development model）是人本主义教育哲学思想的直接体现，旨在通过各种形式的学习达到人的自我实现。在这种模式中，个人是学习的主体，对自己的学习负有主要责任，而其他人员和机构主要是提供技术支持和制度保障。个人学习账户（Individual Learning Accounts，简称ILA）、个人学习需求评估和个人制定学习计划通常都是这种模式所推崇的基本方法。

但是，这种模式仍有以下问题值得进一步探讨：个人的学习需求是否会因为学习机会的增加而增强？个人如何维持长久的学习动机并知晓自己所学能有所用？学习职责基本转移到个人身上之后，是否会影响终身学习政策预期目标的实现？比如，那些最需要帮助、最需要额外提供学习机会的人可能因为对终身学习认识不

① 厉以贤在其著作《学习社会的理念与建设》（2004）中简要介绍了这十种模式，本节在阐述和分析中参考并部分地吸收了其研究成果，特此说明。
② 厉以贤. 学习社会的理念与建设 [M]. 成都：四川教育出版社，2004：59.

足，经费和时间不够，反而更没有学习动力与需求。由此一来，终身学习政策没有解决预期的减少社会不公和缩小差距的目标，反而离目标越来越远。

（三）社会学习模式

社会学习模式（social learning model）强调的是学习活动本身的社会属性，它认为学习主要是通过个人和机构间的合作与竞争而进行的。这种模式所倡导的学习观和近年来有关学习理论的新发展有着某种联系，如 20 世纪 90 年代以来逐步发展成熟的成人情境学习理论。该理论认为学习不是一个真空的过程，学习的发生与质量的改进受所处情境的影响。在这种模式中，强调社会网络关系和人与人之间的合作、信任的社会资本是一个颇受青睐的概念。

但是，约翰·菲尔德对此有不同的意见，他认为社会资本同样具有内在的狭隘性和局限性，仅仅由一个地方现有的有限资源提供社会资本，很难建立桥梁性的纽带。①

（四）学习市场模式

学习市场模式（learning market model）是市场经济主义对教育领域渗透的结果。在这种模式中，市场的原理被一一应用于教育和学习领域——学习者是顾客，市场的职责是根据顾客的要求提供合适的教育与学习产品及服务。个人学习者被假定为具有充分的理性和自主性，能在丰富的教育服务市场中选择适合自己需要的教育和学习产品。自由选择伴随主要责任，学习者成为责任的主要承担者。教育提供者则借鉴市场运营的方法，通过预算、成本、业绩、投入和产出等进行运作。

对于国家和政府而言，这种模式的好处是可以刺激和活跃原有体制下的教育和学习系统，引入的竞争机制盘活了现有的各种资源，并有很大可能将人的潜力激发出来，市场教育提供者的多样化也会对已有教育体制照顾不到的特殊教育需求给予回应，也就是说，需求多样、多层次的学习者有了更大的选择空间和自由。但是，我们应同时看到，由于市场的趋利性，它很难兼顾到内含在教育和学习事业中的道德立场，师生关系也极有可能在这种环境的影响下变得商业化。

---

① 厉以贤. 学习社会的理念与建设［M］. 成都：四川教育出版社，2004：62.

（五）地方学习型社会模式

地方学习型社会模式（local learning social model）将终身学习活动定位在义务教育之后，它的基本考虑是发展终身学习要和当地的产业、劳动力市场及就业情况紧密联系起来。尤其在类似中国这样的发展很不平衡的国家，更要注意因地制宜。筹建符合当地各方面发展需求的地方教育机构、社区学院以及开放的学习网络都是最为常见的发展策略。

但笔者以为，地方责任和自由的增加，并不意味着中央政府可以减少责任，而是要求中央政府在政策制定和管理方式上进行有效转变，从以前的指导具体事务转变为从更宏观、更高层次上把握政策的制定和指导，尤其是提高各地有效合作的意识和能力。毕竟，地方学习型社会模式也容易陷入狭隘的地方视野，在身处全球化时代的背景下，终身学习更需要广泛的合作和交流。

（六）社会管理模式

社会管理模式（social control model）具有现代社会行政管理的特征。该模式认为，通过在全社会广泛实施终身学习政策，可以对令人头痛的社会问题如社会排斥、社会不公、贫困等进行有效的管理，而且这种管理几乎不易被察觉，拥有广泛支持的完美外表。对于西方资本主义国家而言，这种方式有时甚至可能掩盖阶级之间的利益冲突。

对于这种模式，存在以下批评：①一方面，终身学习极有可能变成一种强制性的义务，强制"非参与者"参与学习是一种非理性的行为，结果可能导致他们更加拒绝学习，开明的政治只处理人们想要的东西；另一方面，终身学习可能掩盖了社会阶层之间的利益冲突，如"学习型组织"的概念就掩盖了雇主和雇员之间的基本利益冲突。

（七）自我评估模式

自我评估模式（self-access model）可以被看作一种偏重技术操作的模式。该

---

① 厉以贤. 学习社会的理念与建设［M］. 成都：四川教育出版社，2004：65.

模式认为终身学习是一个规范性概念，是国家未来发展的一个目标，有许多可供追求的具体参数指标。该模式的通常做法是：通过反省、找差距，确定一个国家在教育方面需要努力实现的目标，然后制定合适的规划，循序渐进地推进社会的终身学习，并不断地以预先设定好的目标指标体系评估进步情况。在国家的行为示范之下，各级组织和机构甚至个人都可以作类似安排。

对于国家和政府来说，这是一个最简单的模式，既有一致的远景目标，又有可供操作的程序。然而问题是，如何以及在多大程度上能就一个国家的终身学习目标达成一致。另一个问题是，收集这种进展及设计目标达成体系需要科学和严谨的数据统计和处理工作，尽管借助信息科学技术我们可以解决诸多数据处理问题，但对于教育和学习领域这个颇为复杂的研究领域来说，这也不啻为一个大挑战。

（八）学习中心模式

学习中心模式（learning centrality model）的根本特征是强调学习本身的重要性，因此在政策实施过程中，有关学习本身的问题变得尤为重要，如"什么是学习""什么是学习文化""学习如何学习""什么是学习力"等。为了推进终身学习政策和建立学习型社会，需要将学习本身作为焦点重新进行思考与构建。只有这样，家长、教师才会更关注学习的过程（而非仅关注学习的结果）、关注学习者本身的发展（而非仅关注预期效益的获得，如工作升迁），而且要深刻认识到工作场所的学习和非正式学习的重要性。在一些国家，倡导这种模式的一个基本策略就是倡导学习文化的建设，发起有关学习文化的大讨论，改变个人的传统学习观，同时在各级机构和组织重塑学习文化等。

（九）教育体制改革模式

教育体制改革模式（educational system reform model）认为，要持续推进学习型社会的建设，发展终身学习，最重要的是要对当前的教育体制进行全面改革和重组。该模式以为，现行的教育体制是一个比较封闭的系统，过于重视文凭，而终身学习的范围是广阔的，切实推进终身学习的进程，需要改革现有不合适的教育体制。如将学校教育以外的学习也纳入教育体制，加强学校内外学习的沟通和联系，改革一些不合适的入学条件限制（如年龄），允许以相关工作经验抵扣相应的前期正式课程学习等。总而言之，不应是人去适应或屈从现有的教育体制，而是相反。

（十）结构转型模式

结构转型模式（structural transformation model）是这十种模式中最具有社会结构变迁视野的模式。正如麦克·杨（Michael Young）所认为的，"一个学习型社会应该包括一种由教育领导的经济（an education-led economy），而不是一个由经济领导的教育体制"。①终身学习有一个突出的优点，即可以把教育、培训和就业结合起来，使它们形成一个相互关联的系统，终身学习为社会整体的变迁提供了一个必要的刺激。②

该模式以为，目前的教育更多的是市场导向，对经济因素考虑较多。例如如何提高国家的全球（尤其是经济）竞争力，如何有效开发人力资源以促进、维持经济的持续增长。可以说，对经济因素的考虑引领着教育改革与实践，但经济不应该是唯一要考虑的因素，为创造一个更为和谐、民主、进步的社会，需要加强公民社会建设。正是基于这样的思想，在目前许多终身学习政策中，除强调教育和学习本身之外，有关提升民主、改善社会和重视积极公民身份的措施也开始彰显。

三、分析与思考

上述十种学习型社会模式向我们展示了学习型社会建构及其内涵之下的终身学习政策推展模式的多样可能性。鉴于研究目的、对象、视角及研究者背景的多样性，需要注意到，这十种模式并不是简单的并列关系，有以下几方面值得分析和思考。

第一，各种模式之间有较明显的区分，但同时也存在理念和实施途径等方面的交叉或重合现象。比如，个人发展模式和学习市场模式都强调个体对学习负有主要责任，但显然它们立足的哲学基础迥异。同样，社会学习模式、学习中心模式和学习市场模式关注的焦点都是学习的问题，强调学习活动本身的重要性。社会学习模式强调的是学习的社会维度，是对学习本质的探讨；学习中心模式强调的是有关学

---

① 厉以贤. 学习化社会的理念与建设 [M]. 成都：四川教育出版社，2004：69.
② 同上：69—70.

习文化的培育，提醒人们应该真正思考终身学习到底需要怎样的学习；学习市场模式是经济学在教育领域中的演绎，三者在价值偏向、实现途径上都存在差异。再比如，结构变迁模式和教育体制改革模式都从较为宏观的角度论述体制变迁的重要性，但前者的视阈显然比后者要宽广得多。

第二，各种模式在现实中的地位不同。目前，技能成长模式、学习市场模式、社会管理模式、自我评估模式等占据较为主流的地位，结构变迁模式、个人发展模式则处于较为边缘化的位置。由此我们可以看到，终身学习政策在当前社会中受经济和技术方面的影响较多。

第三，大多数模式中所谈论的学习基本上都是价值中立的，几乎不论及政治或权力，也较少关注社会情境（除社会学习模式、地方学习型社会模式以外）。而众所周知的是，教育历来和一国的文化、政治、社会传统、主流价值体系等密切关联，政策更是主权国家和政府意志与选择的直接体现。

由上可以得出如下基本启示：

（1）依据"技能成长模式""个人发展模式""学习中心模式""社会管理模式"和"结构转型模式"等这些具有明确推展目的及价值取向的模式，可以引申出政策的"目的价值取向"维度，即终身学习政策推展的主要目的是为了促进国家经济的成长、个人生命的发展和完善，重塑社会新文化，还是为了解决诸多令人困扰的社会问题或寻求社会整体的结构性变迁。实质上，这个问题关系到我们对教育与其他社会子系统关系的认识，以及对教育所具有的多重社会功能和价值的选择。

（2）依据"地方社会学习模式"中对地方差异性的敏感及认同和"自我评估模式"中对目标一致性的理解，可以引申出终身学习政策推展过程中目标要求一致性问题，即是按照基本的要求全国同步发展，还是考虑地方发展与环境的多样性设定不同的步骤和方案，本研究将此划分维度理解为政策的"目标要求一致性程度"。

（3）受"教育体制改革模式"和"结构转型模式"主要都是促进体制转型的启发，笔者发现，终身学习政策除了具有促进社会转型的作用外，可能还存在相反的情况，即维持并强化原来的体制。因此，可以将之认定为终身学习政策"促进教育或社会转型方式"的维度。

（4）"学习市场模式"则和第一节中的新自由主义福利改革模式有相近之处，

推崇市场机制和个人主体责任，进一步印证了上述责任主体划分维度的可行性。

第三节　格林提出的三种组织模式

一、研究背景

安迪·格林是英国伦敦大学教育学院终身教育与国际发展系教授，国际著名比较教育学者，曾任英国教育与技能部学习广泛利益中心（Research Centre Wider Benefits of Learning）主任，并为英国贸易工业部、国际开发部等政府部门以及欧盟委员会、经济合作与发展组织、联合国教科文组织等国际组织承担过多项研究项目和咨询工作。他的代表著作主要有《教育与国家形成》（*Education and State Formation*，1990）、《教育、全球化与民族国家》（*Education, Globalization and the Nation State*，1997）、《扩充教育与终身学习：为了 21 世纪而重新调整》（*Further Education and Lifelong Learning: Realigning the Sector for the Twenty-first Century*，1999，合著）等。

2000 年，在安·霍奇森（Ann Hodgson）主编的《终身学习的政策、政治与未来》（*Policies, Politics and the Future of Lifelong Learning*）一书中，格林发表了《终身学习与学习型社会：不同的欧洲组织模式》（Lifelong Learning and Learning Society: Different European Models of Organization）一文。[①]在文章开头，格林明确指出，当前关于终身学习的理念，在对其提出背景的认识方面有许多一致看法。例如，快速的技术变化要求人们有更新的知识和更高水平的技能来应对工作环境的变化，成人休闲时间的增加和工作时间的缩短以及失业率的升高催生了新的学习需求，人口寿命延长与老龄社会的出现使更多的退休老人需要在新的学习

---

① Andy Green. Lifelong Learning and Learning Society: Different European Models of Orgnization [M] // Ann Hodgson. Policies, Politics and the Future of Lifelong Learning. London: Kogan Page, 2000: 35 – 49.

形式中寻找乐趣。但除此之外，其他方面很少有共同的认识，各个国家实现终身学习远景的目的和途径大相径庭——有的国家将终身学习政策目标定为个人的发展和生活质量的提高，而更多国家将其定为提高生产率和国家的经济竞争能力。达成这些目标的途径也是五花八门，有的强调市场和个人责任，有的倡导多方利权人和社会合作，还有的（尽管越来越少见）强调国家的主要作用。不同的模式会带来不同的结果，就像目前发达国家多样的教育与培训体系一样。

基于以上认识，格林探究了不同组织模式的内涵。首先，他从不同的政策立场中抽离出核心要素，建构出理论模型，然后演绎性地检视预期会产生什么样的学习型社会。其次，审视一些不同的国家体系，这些国家体系属于不同的类型，评价它们倾向于哪一种终身学习安排。为了分析的可控性，格林将终身学习政策范围限定在义务教育之后，主要是高中后教育和初始职业教育（initial vocation education，即首次接受的正规职业教育）、继续教育与培训领域，较少涉及高等教育和失业培训领域。

此外，格林还特别提到，很难将一种终身学习的一般政策文件或备忘录归入单纯的、特色分明的类别，因为这些政策文件的内容展现了不同的重点，且通常相互交叉。在一个具体的情境中实施一种具体的政策通常会产生许多不同的结果。例如，我们可以容易地确定，经济合作与发展组织 1996 年的《全民终身学习》更多地强调经济竞争力和市场在终身学习提供方面的作用，而联合国教科文组织 1996年的《学习——财富蕴藏其中》更为强调生活质量、社会融合与平等，并且认为终身学习根本就是一项公共的责任。然而，这两个组织都赞同终身学习目标与实现方式的多样化。各种不同的模式在推进终身学习政策的过程中都会面临许多相同的具体问题。例如，如何找到合适的方法来确定个人、组织和社会当前和未来的学习和技能需求，如何刺激各方对终身学习进行长期、有效的投资，如何满足各种不同的学习需求。依据各自奉行的理念，不同的模式在实施上会有不同的行动回应。

二、终身学习政策的三种组织模式

（一）市场主导模式

在市场主导模式（market-led model）下，终身学习和学习型社会的建设被认为是一种草根式的活动，在很大程度上依赖于个人和市民社会（civil society）的行动；学习是需求导向性的，个体对自己的学习负有主要责任，国家更多的是倡导和指导；各种私人机构和组织在开发终身学习环境方面也具有重要作用，它们依据一般的物质商品经济来对学习产品进行投资并获取相应利润。格林认为，这种模式在20世纪80年代英美等发达国家都没有建立起来，但在20世纪90年代后期得到了快速发展。促成这种发展的原因有很多，除了网络及各种新技术提供的契机和支持以外，西方发达国家在政治经济上的自由主义改革思潮具有很大的影响作用。这种自由主义思想所坚信的理念前提是：个体都是有理性的存在，会在充分自由的市场中作出符合个人利益的选择，市场有其自身的发展规律，会自动淘汰赝品，保留精华。

这种模式的不足之处是：第一，尽管市场可以满足即时的学习需求，但是市场本身不具备远景规划能力，它只顾眼前利益，不能满足个人、公司与国家经济的长期需求。第二，这种模式可能会带来严重的社会不平等，那些原本教育与学习背景良好的人会得到越来越好的发展，而原本不具备基本教育素养的人将会越来越远离教育与学习。一个可怕的结果是，由于学习者之间信息获得不平等、雇主或教育与学习机构提供者的歧视，社会将会产生新的不平衡，而且在知识经济社会里，这种不平衡比以往的物质不均更为可怕，从而为社会的安定团结埋下隐患。第三，既然是市场导向，竞争是一个基本的规则，谁先占据先机和资源，谁就有可能挖得第一桶金，获得更高的利润回报。效率优先，有可能会牺牲公平，表现之一是使学习质量和资格的透明度下降，学习者没有获得更好的学习效果。另外，市场竞争的多样化未必是件好事，就像如今"证出多门"现象，各种证书种类繁多，真假难辨，使求职者和用人单位都难以判断和选择，证书的多发甚至滥发反而影响了设计本意良好的证书的使用价值。第四，投资不足问题。既然归入市场，国家责任大大减轻，再学习的投入成了学习者和雇主自己的事情，而在这两者中，个人又成了主要承担者。鉴于前面几方面的原因，同时由于双方又很难在获得预期学习效益方面有足够的证据和信心，投资学习的热情大打折扣，最终引发学习参与行为的减少。

（二）国家主导模式

相比市场主导模式，国家主导模式（state-led model）是另外一端。在这个模式中，国家在终身学习政策的发展中起主要作用，公共部门对终身学习活动进行规划、决定、组织，并承担大部分费用。它反对市场方法，因为那样会带来投资不足与不平等。

但格林以为，这种模式变革速度缓慢，难以适应越来越快速的社会经济变化，因此对越来越灵活、多样和复杂的个性化学习要求也难以作出有效的反应，会在一定程度上挫伤学习者的积极性。此外，若是政府部门的判断、决策失误，可能会带来大面积的损伤，影响整个事业的进程。

（三）社会合作模式

社会合作模式（social partnership model）介于上述两种模式之间，力求在市场与国家之间寻求平衡，通俗地讲就是"不完全市场"和"不完全政府"的结合。这种模式一方面认识到个体责任的重要性，同时也提倡机构多样、权利人多样，并且鼓励最大程度应用新的学习技术。与市场模式不同的是，该模式强调市场不是万能的，市场存在着一定的缺陷，而国家就是要在市场不能完成之范围内发挥应有的作用，强调国家的管理与监管，从而实现市场主导与国家主导两种模式的优势结合。在德国及邻近德语区国家，如瑞典、奥地利、丹麦，这些模式都有比较集中的体现，这些国家一般都有社会融合度较高、具有良好的手工艺传统及专业组织、劳动力市场管理较好等基本特点。

然而这种优势结合也会带来问题，如因需要协调各方关系、利益，办事效率可能会有所降低；缺乏政策的灵活性；在协商过程中，如果一致意见难以达成，产生的矛盾可能更为尖锐，最终影响终身学习政策的推展进程。

三、分析与思考

格林对终身学习政策三种模式的划分具有典型意义。他首先从理论上根据常规的核心组织原则——政策推展过程中主体的定位——划分出国家主导、市场主导和社会合作这三个基本的类别，然后运用比较教育研究中对西方教育体制的传统划分（一般将西方各国教育制度划分为市场模式、合作模式和国家模式），选取代表性的国家体系类型（法国、英国和德国）进行具体分析，探讨它们倾向于构建什么样的终身学习政策推展模式和学习型社会的发展类型。笔者以为，格林的这项研究与格里芬的研究具有相当的一致性。①

如此看来，对于教育政策的研究，国家、市场和社会这三个政策主体的三角关系的确是研究的重点。这进一步表明，这种划分角度对于政策研究的重要性和典型性，在研究终身学习政策的推展模式中也不例外。后续的研究可以结合对终身学习本身的细致理解来处理这三者之间的关系。终身学习的范围广泛，目的多样，教育与学习又通常被看作一项特殊的公共产品，完全依赖这三者当中的任何一方都不可能。因为没有完全的政府，也没有完全的市场，认识到广泛合作的意义与必要性是我们工作和研究的一个基本前提。在此基础上，我们更应该深入探究如何在终身学习政策的推展过程中实现真正有效的合作。

第四节 阿斯平和查普曼等人提出的四种模式

一、研究背景

澳大利亚教育学者大卫·阿斯平和查普曼·约翰是近年来活跃在学习型社会和终身学习研究领域的专家，近十年来合作撰写了多篇有关终身学习的研究论文。2001 年，两位学者和他人合作编著了《国际终身学习手册》（*International Handbook of Lifelong Learning*）。在该手册的导论中，作者认为，就当时国际终

---

① 格里芬基于西方福利国家改革的背景，从政治学的研究视角研究福利国家及其教育改革的基本趋势，由此得出进步主义社会民主与新自由主义福利改革的终身学习政策发展模式。格林的研究是从不同的国家体系特征出发，根据国家体系特征对终身学习发展的影响，推演出了国家主导、市场主导和社会合作的模式。本研究以为，格林的国家体系特征和格里芬基于福利国家改革的视角其实是有同质性的，因为格林的国家体系实质指的就是西方的国家制度，而从政治意义上来说，这种国家制度主要指的就是现代西方社会所建立起来的福利国家制度。

身学习政策发展的情况，可以将之划分为四种不同的政策类型。①

二、四种模式的具体内涵

（一）补偿教育模式

补偿教育模式（compensatory education model）的根本目的在于解决初始学校教育的不公平或缺失问题，以提高学习者的基本识字和技能水平。这一模式在许多原本教育水平不发达的发展中国家比较普遍。很明显，在这种推展模式中，终身学习主要面向的是在基础教育中处于不利地位的人群，其提供本质上是一种对学习机会的弥补。

（二）继续职业教育模式

继续职业教育模式（continuing vocational training model）将终身学习限定为工作领域中的继续学习，目的主要是应对因技术、信息、知识等变革所带来的工作场所中的变化，以便学习者能够及时更新工作所需要的知识和技能。在多数相关的终身学习政策中，这种模式通常与解决社会的失业问题联系密切。为发展终身就业能力的终身学习政策就是这方面的典型代表。

（三）社会创新模式

社会创新模式（social innovational model or civil society model）也被称为"公民社会模式"，该模式将终身学习从个人的视角转到社会层面，认为终身学习是解决社会困境、改进社会的有效途径，通过继续教育和学习，提高学习者作为现代社会公民所需要的素质，从而更明智、有效地参与管理社会公共事务，为解决社会的疏远、排斥，促进社会经济的转型和进一步民主化奠定良好的基础。相比个人化的终身学习，社会创新模式下的终身学习政策具有社会变革的特征。

---

① D. Aspin, J. Chapman, M. Hatton, Y. Sawano. International Handbook of Lifelong Learning, Part 1 [M]. Dordetcht: Kluwer Academic Publishers, 2001: xxii.

（四）闲暇导向模式

闲暇导向模式（leisure oriented model）使终身学习摆脱了工具性的束缚，认为终身学习主要是为了丰富个人的闲暇生活及促进自我实现，带有明显的哈钦斯学习型社会的理想色彩。在这种模式中，终身学习更多的是个人的一种生存方式，并且指向更为理想的人本化图景。

三、分析与思考

尽管缺乏前期的理论铺垫和研究基础，但上述模式在综览全球终身学习政策发展的基础上进行了简明扼要、清晰易懂的概括，很容易在现实中找到比较相符的案例。比如说闲暇模式，最明显和最容易让人联想到的代表性国家就是日本，而补偿教育模式在许多倡导终身学习的发展中国家比较容易找到，继续职业教育模式明显地集中在英美等西方发达国家，社会创新模式则在北欧国家的终身学习政策发展中有较为明显的体现。

仔细分析每一种模式，笔者发现它们对终身学习政策的理解也代表着不同维度和层面。比如，补偿教育和继续职业教育两种模式，前者关注补偿学习者在基础教育阶段的不足，后者则是应对社会变化的及时的提升性学习和培训。显然，这两种模式在政策应对的教育范围和层次上有明显差异。但是，同时我们也发现，这两种模式所体现出来的行为特征都具有被动的应对性和适应性，而且更多的是讨论个体的终身学习。显然，与社会创新模式相比，后者明确指向学习的社会层面，目的是通过教育和学习来培养合格的社会公民，促进社会的创新，其中体现的是学习与教育对社会进步的积极引领。闲暇导向模式则明显沉浸在非常自然的氛围中，并且具有明显的价值偏向，即终身学习政策主要是为了促进人的发展和自我实现，而且它不需要特别的政策干预，完全是社会进步后一种水到渠成的结果，充满着理想主义的情怀。

综上所述，上述四种模式的划分尽管简洁，但同样可以从中分析出重要的内涵。除了涉及前面已经阐述过的目的价值、促进社会转型等理论维度外，还有一个重要的启示，即第一种模式重点探讨的是初始教育的补偿，第二种模式重点关注的是工作中的继续学习。由此推断，终身学习政策推展模式还存在着学习层次或水平上的区分，即终身学习政策在教育领域中的"作用范围"维度是包含全部的教育和学习活动，还是有所重点地发展或优先选择。

第五节　罗杰斯关于社会转型背景下的三种模式

一、研究背景

艾伦·罗杰斯（Alan Rogers）是英国诺丁汉大学教育学院联合国教科文组织比较教育研究中心的教授，诺丁汉大学地方历史研究中心的创立者。他的研究主要集中于社区发展历史，在成人教学和成人学习领域方面具有国际范围的学术影响。罗杰斯在成人教育培训方面（尤其是关于发展中国家的教育培训方面）有着丰富的工作经历，1985—1988 年曾任英国成人教育与培训联邦协会首任秘书长，目前是《国际教育发展杂志》（*Journal of Internationl Education Development*）的顾问。2004 年 10 月，在雅典举行的世界教育研究人员国际会议上，他首次提及终身学习政策推展模式与社会转型的关系思考，并在 2006 年作了进一步的完善和论证。①

罗杰斯认为，终身学习已成为当今社会的主流，在那些发展中国家，终身学习已经开始取代传统的非正规教育、民众教育，成为改革社会的"万能药膏"。而在更多的工业化国家，终身学习更是逐步取得了广泛的认同，已成为政府政策议程的关键问题和优先事项，并且已经很好地超越了这些国家传统的成人教育。在当前有关终身学习的种种话语中，"为了工作"和"公民身份的学习"是两个中心问题，它忽视了其他同等重要或更为重要的问题，如个人发展、宗教信仰。与此同时，终身学习似乎还没有考虑到以下两个方面的问题：一个是培训者的培训，即终身学习需要那么多的成人教育工作者，如何对这些人进行适当的培训呢？另一个是社会转型。对于后一个问题，罗杰斯的主要考虑在于："终身学习"一词本身已经失去了

---

① Alan Rogers. Escaping the Slums or Changing the Slums? Lifelong Learning and Social Transformation [J]. International Journal of Lifelong Education, 2006, 25（2）: 125 - 137.

教育的激进维度，更多的只是适应性的，而且终身学习带有明显的个人化特征，忽视甚至有可能失去了学习的社会维度。在终身学习已成为主流利益集体的工具的时候，那些立志要进行深刻社会变革的人又该如何来应用终身学习呢？

正是在这样一种学术思考的背景之下，罗杰斯根据目前有关社会转型的三种主要教育形式，即社会转型教育的匮乏模式、社会转型教育的处境不利模式和社会转型教育的多样化模式，就终身学习如何在其中有所作为进行了有意义的研究，并归纳出相应的三种社会转型下的终身学习应用模式，分别是终身学习的矫正匮乏模式（remedy deficit model）、终身学习的克服处境不利模式（overcome disadvantage model）、终身学习的增强多样性模式（enhance diversity model）。罗杰斯进一步指出，目前情况下，第一种模式的应用占主流地位，第二种模式却要边缘得多，第三种模式正在努力发出自己的声音。

二、不同社会转型过程中的终身学习政策推展模式

社会转型（social transformation）是社会学科研究中的重要概念。在不同的国家和社会情境中，社会转型代表着不同的含义，但基本上都认同转型应该是结构性的、整体性的和质变性的。一般来说，按照时间维度，可以将社会转型划分为先发型和后发型；按照转型的原因，可以将社会转型划分为内源型和外源型；按照社会形态，可以将社会转型划分为社会主义、资本主义和混合型。

作为当前一个普遍的现实大背景，社会转型理应成为各门学科（尤其是人文社会科学）领域研究必须要考虑和正视的基本社会背景之一。罗杰斯教授将终身学习政策的推展置于社会转型的视角下，体现了他研究的现实关注。

（一）矫正匮乏模式

该模式认为，教育资源分配不公是造成社会不平等的主要原因，通过向教育资源缺乏者提供足够的教育资源，可以使他们有机会重新参与教育活动，进而使他们有能力"参与"现代社会。罗杰斯认为，这就是英国比较教育学家罗纳德·珀斯顿（Rolland G. Paulston）所说的传统的教育观点：教育具有普遍性，在任何社会中没

有实质差异，学校教育的主要目的是使未成熟的年轻人以最快的方式变得自律并融入社会。

从教育社会学角度来说，教育就是对年轻人进行有意识的社会化，在他们身上复制并强化主流文化，从而可以有效控制社会变革。在这种理解中，终身学习的功用就是对缺乏教育的人进行弥补。因此，教育的目的是部分人而不是所有人的转型，缺乏教育的人需要教育和培训的机会。简而言之，这是一种"补缺型"的终身学习政策，它的基本假设在于：现存社会结构是合理的，无须改变；教育具有普遍的好处；教育的目的就是使年轻人融入主流社会。因此增加这些人的再教育与培训的机会、激发他们的参与动机、提高参与率和参与水平是该模式所必须考虑的。在当前的国际实践中，反映该模式的一个主要终身学习实践项目就是"社会全纳/社会包容"（social inclusion）项目。

对于终身学习政策这种模式，罗杰斯本人基本上持批判态度。他认为，社会包容或排斥并没有质疑社会转型的核心问题——变革，尽管有关终身学习的争论与社会转型有关，但实际上许多终身学习项目并没有促进社会的深层变革，推展社会全纳项目不是解放穷人，而只是使他们的贫困状态有所改观。因此罗杰斯以为，这种模式更多的只是在正规教育体系或劳动力市场边际上进行修补。

（二）克服处境不利模式

该模式与上述观点相对，认为部分人贫穷和被排斥在主流群体之外的原因并不是他们缺乏教育，而是他们受到了由社会精英所控制的社会权力关系的排斥甚至压迫。因此，比提供学习机会更为重要的是变革现存的教育系统，通过教育甚至社会的转型来克服学校教育中顽固存在甚至被不断强化的不平等，真正的教育应是人民的。

这种模式同巴西成人教育家保罗·弗莱雷的教育思想有某些类似之处，例如认识到社会权力关系的作用，强调变革社会系统的重要性，认识到造成社会不平等的原因是社会成员本身缺乏教育。它进一步指出应同时意识到现存社会结构本身的不足，作为个体生活其中的社会本身也需要作出某些变革和调整，例如变革教育制度，允许多元价值存在，尊重学习者的个人教育选择等。但罗杰斯指出，这种模式与弗莱雷的教育思想还是有所差异，该模式的终身学习政策谈论的更多的还是被边缘化及排斥等问题，而弗莱雷指出的是压迫与压制，后者更为激进。

（三）增强多样性模式

罗杰斯认为，在现代教育中，多样性正日益受到重视和研究。作为教育领域中的一个重要议题，终身学习政策必然注意到这一点。事实上，终身学习本身的特点就是学习方式的多样性、学习者的多样性、学习地点的多样性、学习内容的丰富性、学习时间的灵活性和学习结果的开放性，它打破了传统正规教育的单一框架，倡导开放与灵活，为批判性反应与创造性行动提供了广泛机会，因此这种视角的终身学习更多地关注不同情境中的个人学习。传统教育观点依据所谓的标准界定出来的某些人的缺陷，实质上是人与人之间的差异，因此需要的并不是统一标准，而是尊重不同个体生命表现，以及在不同情境中对有需要的人作出的个人化回应。联合国教科文组织提倡的教育"四大支柱"之一——"学会共同生活"——就是倡导终身学习多样化的一个明证。

罗杰斯进一步指出，研究终身学习政策的多样化，实际上关注的是个体和地方的"身份"，当然这种身份不是孤立的，无论是组织还是个人，身份都是通过其与周围社会关系的相互作用而形成的，而且这种身份具有重叠性与流动性的特点。因为组织和个人都不可能只归属于一种关系，因此这种观点下的终身学习政策实施必定倡导学习情境化、个人化、地方性和自负责任，并且强调批判反思精神。因此，应该研究如何鼓励群体的共同反思性，使社区通过群体反思在新的环境下重建自己的身份。我们不应简单地接受外人关于如何发展自己的建议，而应在他人的帮助或启发下找到解决自身问题的方案。

三、分析与思考

社会转型是当前各国社会发展中一个普遍的重要问题，任何方面的变革必然都要考虑这一背景。罗杰斯从一般社会转型的理论出发，探讨了终身学习政策在其中如何有效作为的问题，为研究打开了新思路。尽管罗杰斯本人没有针对性地提到第二节中提到的"终身学习政策促进社会转型模式"的研究，但他确实进一步推动了这方面的研究，对于终身学习如何促进社会转型以及终身学习促进怎样的社会转型作出了更为具体的思考和论述。

在罗杰斯看来，只有处境不利模式真正涉及社会转型问题，而匮乏模式是一种正统的观点，它坚持现有社会有其合理性，因此需要的不是变革而是局部修补。多样化模式的基本出发点是个人和地方的异质，期待通过多元主义对现存社会的单一体制进行彻底的变革，具有一定的参考价值。但是罗杰斯认为，这种模式也回避了社会变革的核心问题，所不同的是它用多样性而非第一种模式中的同质性掩盖了对这个问题的探讨。而且还有一个关键问题，即社会转型有很多结构与类型，如经济转型、政治转型和文化转型。目前的终身学习政策在促进经济转型（工业经济转向知识经济）方面正在发挥作用，但如何促进政治转型、文化转型仍是一个未决的问题，终身学习政策在这些方面能有所作为吗？

罗杰斯对匮乏模式和处境不利模式的基本认识具有现实意义，其多样化模式实质上也涉及社会转型的核心问题，它实质上是对传统社会单一体制和顽固中心化的解构，倡导多元主义、情境化和复杂性，这既符合人类现实生活的实际，也是对人的生命与世界多样性及无限可能性的尊重。与克服处境不利模式的激进性特征相比，这种模式显得更为温和。此外，在终身学习政策何以促进社会转型的各个具体方面的问题上，本研究以为，以终身学习理念的传播及政策的实施为契机，有效促进国家教育体制转型才是最为直接和关键的。因为终身学习政策首先是一项教育政策，而教育的直接目的是培养人，人又是社会最基本和最活跃的要素，人的存在是最基础的存在。

第六节　舒尔兹提出的四种模式

一、研究背景

汉斯·舒尔兹是加拿大不列颠哥伦比亚大学高等教育政策研究中心主任、教授，主要研究领域为高等教育政策、高等教育和劳动力市场、高等教育与产业等，代表著作有《从国际视野看终身学习：从回归教育到知识社会》（*International Perspectives on Lifelong Learning: From Recurrent Education to the Knowledge Society*）、《向知识社会转变：个体参与和学习的政策与策略》（*Transition to the Knowledge Society: Policies and Strategies for Individual Participation and Learning*）等。2006 年，舒尔兹在《比较》（*Compare*）杂志上发表《终身学习的意义与模式：通往学习型社会的进程与障碍》[①] 一文，集中阐述了他对终身学习发展模式的思考。

舒尔兹首先回顾了终身学习概念和意义的发展历程，反思了其中一些有重要意义的贡献。研究指出，终身学习区别于传统教育主要在于以下三点：终身性（lifelong）、终生性（life-wide）和以学习为中心（centered on learning）。终身性提出了如何在不同教育部门之间，甚至在教育与工作之间进行衔接的问题。终生性则意味着有组织的学习不仅发生在传统教育机构，同样也存在于传统教育机构以外的广泛环境，因此必须重视传统教育机构以外学习的认定问题，由此给知识的传统合法观及其等级观、教育机构内外的项目合作等提出了严峻挑战。而从对学校、教育的关注转到对学习的关注，既给了个体以更多的选择，同时也需要个体有更强的行动力（能力和动机），对基础教育以外的学习者来说，这种动机和能力仰赖于很多因素，包括个体的社会经济背景、社会文化资本、早期正规教育的质量以及日常生活尤其是工作场所中的社会结构和过程。

尽管终身学习概念模糊，但是舒尔兹认为有关它出现的基本背景有三个方面：第一，已有基础较好的成人继续教育需求的增加；第二，仍有许多人缺乏参与工作和社会生活所需要的基本的正规教育资格；第三，由技术更新与市场全球化带来的当代经济变化引发了工作场所、技能、工作组织等方面的变化，这已经成为当前终身学习政策中的主导背景。

舒尔兹等人认为，国家和社会文化与政治的不同对理解学习型社会具有十分重要的意义，这些不同会影响到对终身学习政策有效实现路径的选择。在这篇论文

[①]　Hans G. Schuetze, Catherine Casey. Models and Meanings of Lifelong Learning: Progress and Barriers on the Road to a Learning Society [J]. Compare, 2006, 36 (3): 279 - 287.

中，舒尔兹等明确指出了目前比较一致的四种基本的终身学习政策模式。

二、四种模式的具体分析

（一）解放或社会公正模式

解放或社会公正模式（emancipatory or social justice model）倡导在一个民主的社会中通过教育来促进机会的平等。舒尔兹认为，这是一种理想化的、规范的甚至有点乌托邦式的观念。这种模式推动的是全民终身学习。相比之下，其他三种模式在涉及范围上都更狭隘些，尤其是最后一种，只定位在与工作有关的培训上。

（二）文化模式

文化模式（culture model）认为，终身学习是每个人生活本身的过程，目的是获得生命圆满与自我认识（life fulfillment and self-realization），即终身学习是为了自我实现。这种观点下的终身学习并不像第一种模式那样，倡导把终身学习建设成为一项促进社会民主和平等的社会政策，也不包含任何功利或实用性因素，它是"为了学习本身的学习"，是一种文化目的。舒尔兹认为，文化模式更强调个人对自己知晓学习信息，获得学习机会承担主要责任，而解放模式更多的是定位于需要帮助或存在某些学习障碍的具体人群，为他们提供相应的学习机会。

（三）开放社会模式

开放社会模式（open society model）认为，对于发达、多元文化与民主国家来说，终身学习是一个充足的学习体系。开放社会模式是对现代开放社会典型学习状况的描述，即对任何想要学习的人来说，都不应该存在任何制度性的学习障碍。从这一点来说，它又是规范性的（normative），包括消除制度性学习障碍的所有努力，尤其包括现代信息与通信技术、远程教育与学习和在线学习等。

（四）人力资本模式

人力资本模式（human capital model）下的终身学习政策主要关注与工作相关

的继续培训与技能发展，满足经济发展的需要和雇主对更高质量、更具有灵活性和适应性的劳动力队伍的要求，本质上是为了就业而制定的政策。现在，这种模式正被多数国家和政府所倡导，因为将终身学习看作一个继续教育培训体系十分适合目前知识经济背景下各国实力尤其是经济方面的竞争。与传统的观点相反，终身学习的人力资本模式认为，个体劳动者为了提升就业力与生涯机会，应对自己获取技能与素养担负主要责任。

三、分析与思考

舒尔兹在研究中并没有明确其模式划分的理论依据，但他在文中明确指出，要评价不同国家的终身学习政策模式，更合适的方式是研究不同的、更广泛的社会模式（social model）类型。这些社会模式在如何看待政治文化、如何看待福利国家与市场在其中的作用上，存在明显的差异。

解放模式暗含明显的目的价值追求，即通过在全民（特别是处境不利人群）中进行广泛的教育和学习活动来促进社会民主的进步，它推崇的是机会的开放与均等。在感受该模式宏伟志向的同时，我们从中也可以推断出国家主体责任在其中的关键作用。舒尔兹认为，20世纪70年代末期和80年代早期的终身学习政策推展比较具有这方面的特征。开放社会模式契合了开放社会的基本形态，在一定程度上具有规范性意义，要求为愿意并可以继续学习的人扫除各种障碍，提供继续学习的机会。文化模式旨在追求学习本身，着力于对学习作为文化现象和生活方式的理解和宣扬。人力资本模式则明显具有功利特征，旨在通过终身学习来促进劳动者工作素质的提高，以适应日益现代化的生产过程和全球化背景下的压力和竞争。

研究发现，解放或社会公正模式和人力资本模式更多地将学习（确切地说是教育）放在工具性功能的位置上，不只将终身学习视为教育政策。前者将范围指向全体，涉及面很广，认为终身学习政策是促进社会民主进步的基本途径；后者则将政策焦点局限在经济、劳动力技能提高的领域，关注学习对劳动者工作技能改进的作用，并最终实现生产力的提高和经济的普遍增长。文化模式和人力资本模式都强调个人在终身学习过程中的主体责任，但显然两者的目标迥异。文化模式和开放社会模式关注的都是学习活动本身，但前者主要是将终身学习认定为一种自然的生活状态，是人类进步过程中的生存方式之一，是极其私人化的活动，舒尔兹甚至认为终身学习在这种模式下不需要作为一种社会政策来对待；后者则是从教育提供或者说学习保障系统的角度，论述了开放社会的基本特征及其对终身学习的重要支撑作用，视人人可以随时随地便捷地开展终身学习为民主、文明、进步和发达的现代社会的基本特征。

综上，四种模式不同程度地交叉暗含了终身学习政策推展模式的责任主体（比如文化模式、开放社会模式）、政策的目的价值取向（比如解放模式、人力资本模式和文化模式）、作用范围（比如解放模式）等维度，与前述研究有着密切的相关性，进一步印证了前述几类划分维度的可行性。

第七节　终身学习政策推展模式的基本维度及具体类型

上述六项主要研究成果为我们展现了当前国际（主要是西方发达国家）终身学习政策推展模式的理论认识，它们的研究视角既有明显的不同，又体现出许多重要的相关性。基于上述分析，从目前来看，终身学习政策推展模式存在五个基本的理论划分维度，即责任主体、目的价值取向、促进教育或社会转型的方式、目标要求一致性程度和作用范围。在每一维度之下，根据取向、侧重的差异，再作具体划分（见表3-1），目的是进一步加深和细化对各维度的理解，为在总体上把握国际终身学习政策推展情况提供一个简明清晰的理论分析或认识框架。

表3-1　终身学习政策推展模式的五种理论划分维度及具体划分

序号＼划分维度	责任主体	目的价值取向	促进教育或社会转型的方式	目标要求一致性程度	作用范围
1	国家主导	经济发展	补缺	国家统一规范为主	普遍
2	市场/个人主导	社会发展	变革	地方差异为主	选择

序号 \ 划分维度	责任主体	目的价值取向	促进教育或社会转型的方式	目标要求一致性程度	作用范围
3	社会分担	文化发展	多样性发展	国家基本规范基础上的地方多样性	/
4	/	政治发展	/	/	/
5	/	个人发展	/	/	/
6	/	综合发展	/	/	/

一、根据政策推展责任主体划分

如上所述，政策推展的责任主体维度直接来自格里芬和格林的研究及其启示。基于这种划分类型在各学科的常用性及普遍可理解性，笔者将终身学习政策推展模式划分为以下三种基本类型：国家主导模式、市场主导模式和社会分担模式。有关各模式的主要理论观点和基本实施途径可以参照本章第一节和第三节的论述和分析，这里不再赘述。

需要说明的是，本书对责任主体的划分与当前学界普遍认同的"学习者应是终身学习的主体"的思想并不矛盾。前者主要考虑的是学习权利及机会的合法性来源，而后者所隐含的观点是学习者是能动的主体，学习需要一种积极的心理和行为准备状态，如学习者需要有自动的学习动机，有在学习内容、方式和进程等方面进行选择的自由。如同身体保健、环境保护和心理健康等方面一样，外在的政策或环境再好，终归也要依靠个人的身体力行，学习才能有所改善。如果学习者本人缺乏足够的准备，即使国家、政府或社会能提供最优越的条件、最便捷的通道，终究也不能产生期望的结果。

二、根据政策目的价值取向划分

如前所述，这个维度的划分实质上是对教育与其他社会子系统的关系及教育的多重社会功能与价值的认识与选择问题。①终身学习政策作为一项教育政策，同样与此有着密切的联系。按照对社会子系统的一般分类及教育对它们所发挥社会功能的理解，终身学习政策的目的价值取向也可以类似地作经济、政治、文化、社会和个人等方面的划分。

但是一个需要特别注意的问题是：在同一个领域，仍然存在不同的目的价值取向的差异，这关系到对这一领域问题及发展概念本身的理解。笔者在这里并没有作更为细致的划分，主要关注终身学习政策作为一项教育政策，怎样在不同的社会功能和价值之间进行选择，或主要体现出怎样的价值倾向。如有的国家的终身学习政策推展明显偏向促进经济的增长和提高国际经济竞争力；有的志在改进社会排斥和缩小各种差距，促进社会融合；还有的直接把终身学习政策推展作为促进政治一体化建设的基本途径等。因此，以下是一个常规性的划分，对发展的理解并不涉及更为细致的内涵分析。②

（一）经济发展模式

经济发展模式是目前各国终身学习政策推展过程中最为常见的，也是受诟病最多的一种。这种模式发展的普遍背景是 21 世纪知识经济和全球化背景下一国经济在国际竞争力上的诉求。基本假设和理论基础是滥觞于 20 世纪 60 年代的西方人力资本理论，通过对人的教育的持续性投资，提高劳动力的生产水平和工作效率，促进经济发展。

在这种理念之下，终身学习政策基本集中在发展职业技术教育、与工作相关的学习与培训上，企业界的需求是终身学习政策优先满足的事项，学习就是市场，基

---

① 有关这方面的研究是教育学基础理论研究的一个重要课题。教育作为社会的一个子系统，与政治、经济、文化等方面密切相关，相互作用。但正如叶澜教授所言，教育能否发挥好工具作用，更好地为社会服务，关键在于教育对其他各子系统的要求的合理有度的内化和转化，它们之间的关系应更多地看作一种联系而非简单绝对的等同，因为各子系统还有其特点和活动规律。参见：叶澜. 教育概论 [M]. 北京：人民教育出版社，1991：179—180.

② 发展是人类社会的基本现象，也是诸多领域学术研究中的重要概念，包括哲学、经济学、系统论和人文主义等不同的学科视角。发展理念随社会、观念、技术的演变不断变化，例如从传统的注重数量的增长过渡到重视质量和内涵的提升，从局部发展观到整体发展论，从一次性发展到倡导可持续性发展等。本研究视发展为客观的历史现象，并不涉及以上提出的具体发展内涵。

于最优性价比考虑，个人或组织的消费者从中选择合适的学习商品，从而促进个人工作的提升和组织的发展。学习市场模式就比较偏重这方面的特征。

（二）社会发展模式

社会发展是终身学习政策考虑的另外一个重要维度。相比人的发展、文化及经济发展，社会发展模式更多地将终身学习视为一项更复杂的社会公共政策，因此当前各种社会问题是政策议程的焦点，建设更加公正、包容的社会与促进现代民主等是具体的政策目标。

这种模式的根本假设在于：民主社会是迄今为止最好的社会形态，它以实现社会平等和保障基本人权为基本目标，而教育是实现这个伟大艰巨目标的最佳途径。个人及整体国民教育层次和基本文化素养的提高，可以有效地鼓励并促进社会的积极流动，而且方式极为体面和温和。相比个人的发展，社会的建设和发展更为重要，因此在这种模式下，通常使用的策略有增加学习机会、保障个人基本学习权利、特别关注社会弱势群体的学习情况等。

（三）文化发展模式

文化①发展模式的基本理念是：与其说终身学习是一项教育制度、学习权利，不如说终身学习就是人们日常的一种生活方式，学习如吃饭、睡觉一样，是我们生存的必需品。相比空气、水和粮食这三类简单生活必需品，终身学习是 21 世纪知识经济社会对人类提出的新要求。

在这种观念下，终身学习政策更多的是倡导性的，它旨在推动国家或社会的学习文化，将对学习本身的讨论置于理论和政策的中心。英国经济社会委员会概括出的学习中心模式、社会学习模式以及阿斯平等人的闲暇模式、舒尔兹的文化模式均可看作这一类的代表。

---

① 文化是一个极其复杂的概念，既可以指人类社会的一切创造活动及其成果，也可以限定在具体的某一方面；既有物质形态、活动形态，也有观念形态和心理形态。按照前述相关模式的分析，这里的文化主要指的是一种自然的生活状态或生活方式，包含人的心理及其行为。

（四）政治发展模式

将政治发展模式单列出来有一定的风险和问题。这是因为任何有关经济、社会、文化及教育的研究和论述必然都和政治有着不可分割的联系，只要民族国家还继续存在，只要这个世界还存在着文明的冲突，我们就不能无视政治对我们生活及研究的影响。

通常，终身学习政策的政治发展模式不是很明显，在现代民主社会的背景下，它主要不是通过直接的政治手段进行管理，而是通过经济、文化、教育等其他更为具体或软性的、与普通民众关联更为密切的方面进行间接的把控。本研究以为，欧盟 20 世纪 90 年代的终身学习政策推展表面上看主要是实现欧盟各成员国之间教育与培训的交流和整合，实质上主要就是欧盟政治一体化进程的基本手段。

（五）个人发展模式①

终身学习政策的个人发展模式显然是对"教育即培养人的活动"的本质认同。它摒弃了有关教育和学习的种种外在功能，将"人"放在了政策考虑的中心。因此，终身学习政策推展的根本目的与教育活动本身的目的一样，是促进人本身的全面发展，促进个性的完善。它尊重学习者的主体地位和中心权利，通过终身学习政策的发展为学习者创造更好的环境和条件，并且相信学习者本人在外界的支持下可以获得自身的充分发展，传承着浪漫人文主义教育的基本价值取向。

（六）综合发展模式

简要地说，综合发展模式主要是指上述发展模式中两种及以上发展模式的整合。这既可能是一个周到的选择，也可能是无奈的妥协。我们一方面确实想通过终身学习政策的实施达到多重目的，但另一方面教育及其政策的发展又不得不考虑到

---

① 这里的个人发展着重强调的是人相对于社会其他诸多方面和因素的重要性和主体性，完善人性和丰富精神，含有人文主义的基本思想，这是在理论上作的基本区分。实际上本研究以为，人性的发展和完善与其他方面是不能分开的，正如马克思所言，"人的本质是一切社会生产关系的总和"，人只有在与自然和社会的交往中，才能逐步认识、改进和完善自己，达到自我实现。

其他诸多方面，否则，一厢情愿的终身学习政策很可能得不到更广泛的社会支持。然而值得注意的是，在综合发展的视野下，终身学习政策推展模式却比较普遍地偏向经济理性的一端。

对这种模式的批评主要有：终身学习政策不是"万能膏药"；"终身学习概念的广泛意义对政策制定者来说具有一定的吸引力，部分是因为它可以使清晰界定的政策目标及应负责的学习提供者和相关行动事项变得模糊。但对于教育研究者来说，这种全包含式的方式没有什么吸引力，至少是因为这个概念不清楚，因而难以直接修正测量方法或者评估方法"。①

三、根据促进教育或社会转型的方式划分

关于终身学习政策促进何种形式的社会转型的思考直接来自罗杰斯的研究成果及启示，即在现代社会转型过程中，终身学习作为一种重要的政策，该如何在其中有所作为？尽管本章第六节对此有比较清楚的说明，但为方便起见，以下采用一种更为通俗和简洁的表达来转述终身学习政策推展的补缺模式、变革模式和多样性发展模式。

(一) 补缺模式

在上述三种模式中，补缺模式可能是最受欢迎的，因为它对现有社会结构的冲击最小，最不可能引起社会的动荡和不安，适合维护现存社会的基本制度。它所做的主要工作就是为那些早期或当前因种种原因错过或缺乏教育和学习机会的人提供继续接受教育和参与学习的条件与保障，因为教育因素的缺乏影响了他们融入和积极参与主流社会，因此必须为他们提供补偿。

(二) 变革模式

变革模式虽然也认识到了那些缺乏教育的群体，但是与第一种模式恰恰相反，

---

① A. Tuijnman, T. Schulle. Lifelong Learning Policy and Research [M]. London: Portland Press Ltd, 1999: 7.

该模式不是将问题归结于人，而是直面并质疑社会结构本身，认为是现有的社会结构和制度限制了边缘性群体的发展和参与，因此必须对社会结构和制度进行反思，并在反思的基础上付诸行动，从而建立新的社会秩序。如教育体制改革模式、结构变迁模式就有这方面的取向。进一步来看，在这种视野下，终身学习不再是简单的教育和学习问题，而是具有社会变革运动的某些特征。

但是由于时代背景的差异，需要注意的是这里的变革模式与弗莱雷的激进变革思想并不相同，尽管该模式也认识到了社会的权力关系结构与社会排斥，但它并没有像弗莱雷在 20 世纪 70 年代所提出的思想那样，带有阶级对立的激进思想，而更多地偏向对现代社会的积极反思。

（三）多样性发展模式

多样性发展模式与第一种模式相反，只是它用多样性、开放性替代了规范性和封闭性。本研究以为，这种模式所体现出的观念可以看作对西方社会科学研究情境化趋势的认同。它摒弃了对教育普遍性的认识与思维，回到具体情况。从这点来说，这种模式比较接近教育与学习的非标准化、私人化的本质。

四、根据政策目标要求一致性程度划分

终身学习政策到底应该设立普遍的、一致的国家发展目标，还是要提倡地方多样性的发展，这与国家的政治体制、社会传统、经济发展差异、现实教育基础等密切相关。

（一）国家统一规范模式

这种模式强调建立并推行全国性的、统一的基本规范和要求，并明确发展速度和水平，中央政府的相关机构具有直接的管理和指导职能。然而，在多样性理念越来越受关注和推崇的今天，这种模式可能更多的是一厢情愿，难以在实践中实施。其中的制约因素有地方发展水平及需求差异、地方分权化的发展趋势、全球化背景下国家管理主义的困境及难以提供足够的中央财政保障等。

（二）地方差异性模式

地方差异性模式与上述模式相对，将地方的客观条件差异和发展过程中的需求差异作为优先考虑的因素，认为终身学习政策的推展必须符合地方发展实际。但是即使在某些邦联制国家，这种模式也存在问题，例如不利于国家的整体规划和竞争，因地方自主权过于强大而使国家缺乏必要的管理和控制；地区间信息沟通与平衡难以实现。而在某些传统的中央集权制国家，过于强调地方的自主性和差异很可能会面临政治上的巨大风险。

（三）国家基本规范基础上的地方多样性模式

这种模式试图调和上述两种模式的优缺点，既要维护并保持国家整体层面上的基础性发展水平，又要适当地照顾到不同地区的客观条件及发展需要。

五、根据政策作用范围划分

作为一个体系，终身学习制度包含各级各类的教育和学习活动。依据其政策作用范围（或者说目标群体），可以简要地得出两种基本的推展模式。

（一）普遍模式

普遍模式将终身学习看作一个全面的体系，它包含从幼儿到老年、从学校内到学校外的各种教育与学习的全过程与所有方面。终身学习的思想是组织所有这些过程与活动的根本性原则和发展主线，引导着各级各类教育和学习活动的开展。全民终身学习的思想是这种模式的根本体现。

（二）选择模式

选择模式是指在终身学习思想的指导下，政策有选择性地重点发展某一层次或某一类型的教育和学习，如阿斯平等人提出的向原有学校基础教育不足的人提供基础教育的补偿模式。一般来说，如何作出政策选择与一国的原有教育水平、经济基础和社会发展规划等因素有着密切的联系。从目前国际整体情况来看，在各种关注点中，成人继续教育，确切地说是成人继续职业教育，受到的关注比较多，这一点在那些原本就具有较好的成人教育或社会教育传统的国家体现得比较明显。在这种政策推展模式中，基础教育和普通高等教育通常不在终身学习政策之内，政策的实施重点多是与成人工作有关的学习和培训活动。

以上是在对西方现有理论研究成果进行比较研究的基础上得出的探索性的整合结果。随着终身学习理论研究的深入及实践的发展，终身学习政策推展模式还会有其他不同的分类视角及成果。比如，有学者根据终身学习政策本身的特征，简洁地区分出终身学习政策的适应模式和激进模式。适应模式将终身学习政策的推进视为对现实世界的被动回应，是面临经济全球化和科技进步不得已而为之的行动；激进模式则强调终身学习思想对所处时代与社会的引领，强调终身学习政策推进对社会现实的积极改进，具有明显的解放和激进特征。

六、需要注意的问题

考虑到模式及终身学习政策本身的复杂性，因此上述理论划分只是一种探索，其中有许多问题值得我们注意和把握。

第一，模式划分更多的是基于理论和学术的，是一种概念性的分析框架，而且这种区分不是绝对的，更确切地说是带有倾向性的。我们知道，现实的终身学习政策推展情况很复杂，在实践中也很难找到完全对应的具体模式。正如第一章所说的，政策研究中的模式更多的是抽象的、归纳的，撇去了细节，因此不能完全根据某种理论模式硬套现实发展情况。但是，这种理论划分至少可以为我们提供一个大致的理论认识和分析框架，有助于在一般意义上对国际终身学习政策的实际推展情况作一个整体的把握和比较。在这个基础之上，可以预见性地探析与某一模式接近的具体国家或组织的终身学习政策推展在将来的实施中可能面临的挑战和问题，从而保障终身学习政策更有效地实施。

第二，终身学习政策本身的复杂性及日益频繁的国际交流的影响，使不同模式在实践策略选择上存在部分类似或相同之处。比如许多模式都越来越多地强调机会的获得和障碍的消除，赞同个人在终身学习中的主要责任，提倡和鼓励不同利益主体的合作。这些"机会""消除障碍""个人责任""合作"的基本策略有表面上的相同之处，但要深究其在不同模式中的内涵，还要更谨慎地分析其在理念认识、政策目的的价值取向等关键方面的差异。例如市场模式和开放社会模式都强调个人的学习责任，但前者是从经济自由主义的视角出发，将学习者看成顾客及经济市场中的理性选择主体，个人承担学习责任的同时也承担着风险；而开放社会模式认为终身学习是民主、发达社会的基本要求，是社会发展与进步后的一种应然状态，个人需要积极参与学习，但国家和政府也承担着相应的重要责任，例如排除个人学习的一切障碍，提供基本的保障等。国家主导模式强调合作，但坚持的是国家和政府作为主导，市场主导模式也积极寻求合作，但工商企业在其中发挥着更为直接的作用。

第三，不同推展模式在现实中具有不同等的地位和发展状态。受知识经济和全球化竞争加剧的影响，与经济发展、人力资源开发相关的推展模式占主导性地位，这一点无论在西方发达国家还是发展中国家都相当明显。而一些和终身学习本身相关的，旨在促进人本身发展的模式却更多的只是理论上的愿望，在实践中很少有实质性的体现（尽管在相应的政策文本中多有承诺）。笔者以为，从这个意义上说，目前的终身学习政策与其说是一项文化教育政策，不如说更像是一项社会、经济政策，终身学习政策主要应该解决教育和培训体系的改革问题，但它通常被简单地当成了可以解决社会弊病或经济滞缓的"万金油"。

第四，可以同时从多个不同的维度来审视终身学习政策推展模式。如上所述，推展责任主体、价值取向、促进教育或社会转型的方式、目标要求一致性程度、目标群体范围是区分终身学习政策推展模式的基本维度。尽管以上是分别论述，但是笔者以为，这些不同维度之间存在着某些内在的甚至是必然的联系。比如，在目标群体范围维度之下的普遍模式中，更多地需要来自国家力量的主导，也就是说更适合国家作为终身学习政策的责任主体。这是因为普遍模式事关全民终身学习，涉及各级各类教育中的学习者，没有国家的宏观掌控和顶层布局，恐怕有终身学习政策发展失衡的风险。再比如，价值取向维度之下的经济发展模式，在责任主体的选择上可能更适合市场和社会分担，既然终身学习政策的目标明确是为了提升员工和组织的生产效率，促进企业的国际经济竞争力，那么由企业和个人分担责任也是顺理成章的事情。再者，由于全球贸易自由化和政府管理走向治理的影响，终身学习政策要促进经济的发展，也更需要市场和个人的力量在其中承担相应的责任。

正是因为认识到上述问题和各维度之间的部分内在联系，我们在考察一国终身学习政策推展活动时，可以同时运用多个维度来区分。换句话说，可以兼顾不同视角来加以审视，以对终身学习政策的推展模式有一个更全面、更客观、更准确的认知。

第四章
终身学习政策推展
模式的国别考察

终身学习政策的推展在不同国家和地区有不同的进展和活动特征。本章依据第三章提出的基本理论构架，选取了英国、瑞典、澳大利亚和日本这四个发达国家的终身学习政策推展情况进行具体分析，以探讨和辨析它们所展现出来的倾向性推展模式特征，进一步充实和深化对第三章基本理论模式的认识，同时也为后续的比较研究奠定基础。

第一节　英国的终身学习政策推展模式

一、英国现代终身学习思想的起源

作为现代成人教育的发源地，英国早在 19 世纪初就开始了广泛的成人教育实践活动。如 1812 年在布里斯托尔创办的成人学校，1823 年在伦敦设立的机械工人讲习所，1839 年宪章运动之后所引发的全国性市民学习活动，1873 年以后开始盛行的大学推广运动（University Extension Movement）等，这些活动不仅为英国国民提供了更多的继续学习机会，而且使他们开始意识到成人继续参与学习的必要性，同时也触发了教育工作者对成人教育的积极思考。

早期英国成人教育学家阿尔伯特·曼斯布里奇（Albert Mansbridge）一直努力推动自由成人教育的发展和普及，反对将其与职业教育混淆以及被后者取代。①巴西尔·耶克斯里（Basil Yeaxlee）则从成人教育中学习与生活的融合萌发了终身学习的理念，认为教育应该是真正终身的，学校教育只是一个开始，成人教育应比高等教育更具有综合性，且主要源自人们的日常生活需要等。②这种普遍的社会意识和理论思考最终在 1919 年英国重建部成人教育委员会（Adult Education Committee of Ministry of Reconstruction）发表的《最终报告书》（Final Report）中得到集中反映，那就是认为成人教育不仅应该是普遍的，而且还应该是终身的。

二、英国终身学习政策推展历程

在我国目前已有的研究成果中，对英国终身学习政策的研究范围主要有两种认识：一是将英国终身学习政策追溯到 20 世纪初有关成人教育、继续教育的相关法律政策，如吴遵民的研究。③二是集中研究和探讨 1997 年以来托尼·布莱尔（Tony Blair）首相所领导的新工党政府的终身学习政策，这在当前各种期刊论文中比较常见。笔者认为，尽管新工党政府在终身学习的政策口号、针对性政策文本及行动等方面都较此前各届政府有更明显、更集中的体现，但是根据本书界定的终身学习政策的概念，终身学习政策应该涵盖 20 世纪上半叶的相关教育政策，这也符

---

① David Alfred. Albert Mansbridge［M］// Peter Jarvis. Twentieth Century Thinkers in Adult & Continuing Education. London：Kogan Page, 2001：15 - 30.

② Angela Cross-Durrant. Basil Yeaxlee and the Origins of Lifelong Education［M］// Peter Jarvis. Twentieth Century Thinkers in Adult & Continuing Education. London：Kogan Page, 2001：31 - 48.

③ 吴遵民. 现代国际终身教育论（新版）［M］. 北京：中国人民大学出版社，2007：258—286.

合英国终身学习政策发展的历史事实。换句话说，英国现代成人教育制度的建设及政策发展是在对教育的终身性认识条件下形成的。因此，有必要对早期的相关终身学习政策加以系统考察。

（一）早期的终身学习政策

（1）《成人教育章程》（Adult Education Regulation，1924）。这份文件是英国成人教育制度化建设的开始，其主要内容是：政府通过提供财政援助的方式开始对成人教育予以干预；规定参加成人教育的学习者为 18 岁以上；强调成人教育的非职业性。[1]该章程既是 1919 年《最终报告书》精神的直接体现，也是英国工党政府上台后对当时社会"人人有权受中等教育"（secondary education for all）需求的回应。

（2）《1944 年教育法》（即"巴特勒法案"）。这是英国战后最为重要的教育改革指导文件。为了大力改变英国传统教育的等级制度，实现中等教育的普遍平等，其中一项重要成果就是规定了继续教育（further education）的制度，旨在对结束了义务教育但又没能升学的青年实施免费教育，内容包括体格训练、职业培训、文化教育及各种特殊教育，但实际上以加强职业技术教育为重点。[2]

由此可知，英国早期的终身学习政策开始于对成人教育、继续教育的国家干预，终身学习等同于成人教育和继续教育，政策发展的主要背景是第二次世界大战期间普通民众积极争取受教育权的斗争。值得注意的是，被称为英国伟大传统的自由成人教育并没有保持多久的独尊地位，随着继续教育制度的实施以及"二战"的重创，相关的教育政策实际上是以关注职业技术教育为重点，并且成为战后英国终身学习政策发展的一个重要方面。

（二）20 世纪 60 年代至 70 年代的终身学习政策

20 世纪 60 年代至 70 年代初期是英国乃至世界资本主义社会发展的一个黄金时期，所引以为荣的福利国家制度也在这时期获得快速发展。在西方经济普遍良性发

---

① 焦峰. 人本视野中的成人高等教育矛盾及其对策研究 [J]. 继续教育研究，2007（5）：18.
② 王天一，夏之莲，朱美玉. 外国教育史（下）[M]. 北京：北京师范大学出版社，1993：14.

展及新科技的推动下，英国所实施的终身学习政策带有以下较为显著的特征：加强国家对培训的领导，将提高劳动力素质与保持经济竞争力直接联系起来。这时期与终身学习相关的主要政策有：

（1）《工业培训法》（Industrial Training Act，1964）。这是当时的第一个国家级培训政策，主要意义在于政府通过"税制津贴制"（政府向公司强制征税，作为财政津贴付给接受培训的员工）的方式开始干预培训，所带来的直接结果是培训人数在短期内大量增加，参与率明显提高。

（2）《雇佣和培训法》（The Employment and Training Act，1973）。尽管这时是保守党执政，但是该法案延续了《工业培训法》的基本精神，政府进一步强化其在培训中的职能，并促成人力资源服务委员会（Human Resource Service Committee）这一机构的成立，以更好地协调雇主、工会和地方的合作，提高职业技术培训的实施效果。

（三）20 世纪 80 年代至 90 年代中期的终身学习政策

这是英国保守党执政时期，以玛格丽特·撒切尔（Margaret Hilda Thatcher）和约翰·梅杰（John Major）两位首相为代表。该时期英国政府开始了全面私有化转向，无论在劳动就业、教育、社会保险还是福利国家制度建设等方面都大力引入市场机制。该时期与终身学习相关的主要政策是：

（1）《教育改革法》（Education Reform Act，1988）。在继续教育方面，该法要求地方教育当局对非职业性的成人教育承担主要责任，而国家仍旧主要负责与就业或工作相关的培训与继续教育工作，以便应对当时的经济衰退。

（2）《继续和高等教育法》（Further and Higher Education Act，1992）。该法明确规定地方教育当局不再主管继续教育；成立继续教育学院理事会，并确保来自工商企业的代表在其中占据大多数职位，以鼓励工商企业界对继续教育保持兴趣并承担责任；成立继续教育拨款委员会（the Further Education Funding Councils）。

（四）1997 年以来的终身学习政策

1997 年，新工党领袖布莱尔担任英国首相。为实现其所提出的"第三条道路"

的全面社会改革发展战略，在教育优先发展的背景下，他特别重视并发展终身学习思想及其政策，以技能和工作为主的终身学习政策由此得到了进一步体现和强化。以下撷取的是新工党执政期间就终身学习发表或颁布的主要政策。

（1）《学习时代：新英国的复兴》（Learning Age：New Britain's Renaissance, 1998）。这是英国新工党政府上台之后关于教育战略的一个咨询文件，它的主要目的是引起社会各界人士的广泛讨论。在报告的开始，教育与技能部秘书大卫·布伦基特（David Blunket）就鲜明地表达了该报告的基本精神："学习是我们每一个人成功的关键，也是国家整体繁荣的关键，对人力资本的投资是 21 世纪以知识为基础的全球经济成功的基础。这就是政府把学习放在其宏伟抱负中心的原因。我们的第一个政策文本阐述了学校标准问题，这个绿皮书为终身学习提出了建议，鼓励通过知识和技能的获得来建立人力资本，并强调创造性和想象力，培养追求学习、热爱学习的态度是未来成功的关键。"①

该绿皮书中许多实施提议对后期英国终身学习政策的发展产生了深刻的影响，主要建议包括：②① 到 2020 年，为 50 万人提供接受继续教育和高等教育的机会；② 创立产业大学（University of Industry），使公司和个人的学习变得更加容易；③ 建立个人学习账户，为 100 万人提供 5 000 万的学习资金；④ 对年轻人进行学习投资，使更多的人在 16 岁后继续接受教育；⑤ 对成人的基本识字和计算教育提供加倍的帮助，预计到 2020 年帮助 50 万成人；⑥ 通过产业大学的形式，拓宽高等教育、继续教育、社区和成人教育的学习参与范围；⑦ 通过新的培训标准委员会，提高 16 岁后青少年与成人教与学的标准，并通过监管确保标准的实施；⑧ 为国家要达到的技能和资格设置并发布清晰的目标；⑨ 与雇主、雇员和行会合作，发展和支持工作场所中的学习；⑩ 建立一个容易理解的资格体系，给学术价值和职业价值以同等的考虑，满足雇主和个人的需求，尽量提高标准。

（2）《学习成功：十六岁后学习的新框架》（Learning to Succeed：A New Framework for Post - 16 Learning, 1999）。由于上述绿皮书最后没能形成白皮书，英国政府为了高扬其中的基本精神和推展终身学习的策略，于 1999 年 3 月又发表了

---

①② Department for Education and Employment. Learning Age：New Britain's Renascence ［EB/OL］. ［2007 - 11 - 15］. http：//www. lifelonglearning. co. uk/greenpaper/index. htm.

此白皮书，明确提出："我们的愿景是建立一种新的学习文化，用来支撑国家竞争力和个人成功，鼓励创造力和创新，并有助于建立一个充满凝聚力的社会"，① 并且重申了《学习时代：新英国的复兴》中表述的支撑这一愿景的六项基本原则：投资学习，让人人从中获益；排除学习障碍；把人放在第一位；与雇主、员工和社会分担责任；达到世界级标准与经济价值；协同工作，坚持以义务教育后阶段的成人和继续教育为主要内容，分别从远景目标、组织机构、实施框架、对象、质量、产业、评价及监管等诸多方面进行具体规定。

在具体的推展措施方面，该白皮书的主要建议和做法是：②① 从 2001 年开始设立新的学习与技能委员会（Learning and Skill Council），替代原来的继续教育拨款委员会、培训和工业委员会（Training and Enterprise Council）以及教育与培训目标全国咨询委员会这三个机构，主要职责是：资助继续教育学院；向政府提供全国学习目标的有关建议；资助现代学徒制、全国培训资格及其他；与地方教育当局发展合作关系，安排成人和社区学习；向成人提供信息、建议和指导；与义务教育部门合作，确保 14—19 岁教育的过程融合。这个新组织机构是由学习者的需求驱动的，接受年轻人委员会和成人学习者委员会的指导，通过网络与 47 个地方学习与技能委员会（Local Learning and Skill Council）一起工作，对地方伙伴和社区的需要作出充分的回应，并帮助提高责任、效率和诚信。② 重新设置 16 岁以后教育和培训的框架，克服原有体系的复杂性与官僚化，使之简化，学习者更容易得到学习资助；促进灵活性，使学习者关注学习；促进公平，尤其是使那些在劳动力市场中处于劣势的群体得到帮助，使他们的需求得到满足。③ 从学校教育的质量监管工作中提取有益经验并与之合作，通过严格独立的监管机构来确保义务教育后教育与培训质量的提高。④ 为年轻人提供更好的教育，一个基本的实施策略是"连接"，意思是使更多的年轻人有机会接受更高一级的正规教育。⑤ 为更好地实施全民终身学习，支持并宣传终身学习，激发成人的学习需求，提高成人教育和培训的回应性，为成人提供高质量的信息、建议和指导，确保国家承担这方面应承担的责任。⑥ 大力鼓励和支持工作场所中的学习。

---

①② Department for Education and Employment. Learning to Succeed. 1999：6.

（3）《学习和技能法》（Learning and Skill Act，2000）。这是英国规范终身学习的基本法令。为配合其实施，工党政府在 2001 年的大选活动中将原来的教育与就业部（Ministry of Education and Emplyment）改为教育与技能部（Ministry of Education and Skill）。有研究者认为，英国教育主管部门名称上的这个小小变化意味着以下转变："技能"一词比"就业"范围更为充实；① 其目的在于创造机会，使社会全体成员开发潜力，取得成功。②该法令重点是设立学习与技能委员会，规范并推动 16—19 岁青少年及 19 岁以后成人的教育和培训，重视教育、培训和职业场所之间的联系，赋予成人继续教育的职业与市场的经济功能取向，同时也彰显了成人继续教育作为终身学习主干的地位。③

（4）《为了生活的技能——提高成人识字与计算技能的国家策略》（Skills for Life：The National Strategy for Improving Adult Literacy and Numeracy Skills，2001）。这是英国政府颁布的关于成人生活基本技能的一个全国性策略，是英国教育与技能部专门针对成人中处境不利人群制定的。该文件于 2003 年更新后重新发布。在该文件中，政府将识字、计算和语言重新认定为成人的三项基本生活技能，并为每个特殊群体（如寻找工作者、身处监狱及受社会监管的人员、低技能劳动者、贫民和移民等）确定了具体的量化年度目标。这份专门针对成人当中处境不利人群制定的政策，直接体现了英国政府 1999 年在《学习成功——十六岁后学习的新框架》白皮书中提到的社会融合目标。英国本土学者对此却提出质疑：社会融合更像是一个表面的目标。政府之所以特意针对成人中处境不利人群的基础教育提出立法，根本原因还是在于他们认识到这些低技能者严重影响到了英国整体技能的发展，进而妨碍了英国国际经济竞争力的提升。④

（5）《人人成功：改革继续教育与培训》（Success for All：Reforming Further Education and Training，2002）。该文件由英国教育与技能部于 2002 年 9 月正式发布，仍然以 16 岁后的成人继续教育和工作场所学习为重点，提出了以下四个目标：

---

① 黄富顺. 比较终身教育 [M]. 台北：五南图书出版股份有限公司，2003：203.
② 吴雪萍. 新世纪英国教育发展的目标与策略述评 [J]. 全球教育展望，2002（4）：77—80.
③ 黄富顺. 比较终身教育 [M]. 台北：五南图书出版股份有限公司，2003：196.
④ Yvon Appleby，Ann Marie Bathmaker. The New Skill Agenda：Increased Lifelong Learning or New Sites of Inequality? [J]. British Educational Research Journal，2006，32（5）：703–717.

满足需求，提供选择；提高教与学的质量；培养未来的教师和领导者；开发一个确保质量和成功的框架。

由此可见，英国终身学习政策仍然坚持以需求为导向，注重教学质量的改进，并致力系统框架的建构。与之前不同的是，义务教育之后，教师的发展开始被纳入终身学习的议程中，文件提出要关注教师们的专业继续发展、成功，提高教师的素质，因为他们的专业发展与素养对未来教育的发展有着重要的作用。

(6)《21世纪技能：实现我们的潜能》(21st Century Skill: Realizing Our Potential, 2003)。这份白皮书共有八章和五个附件。第一章开宗明义，提出其目的是使全国范围内的雇主都有合适的技能以支持他们事业和组织的成功，使个人拥有就业能力和自我实现所需要的技能。三个具体目标是：① 提高英国的生产效率和国民生活质量，这将有助于英国政府的主要经济目标（提高可持续发展力、繁荣经济、提高生活质量、使所有人都有就业机会）的实现，同时也可以扩大英国对欧洲经济改革的影响力。② 通过帮助人们获得在私人、公共和自愿组织中的工作技能，建立一个更好的社会，提供人们想要的商品与服务。③ 帮助个人获得并且保持技能的发展，以增强持续的就业能力，获得更有益的生活，对自己生活的社区作出更大的贡献。所提出的具体行动包括改革资格框架，使其对雇主和学习者的需求作出更灵活的回应；通过改革资助体系、支持电子学习、帮助学院发展更广泛的商业能力、拓宽培训机构等方式提高继续教育和培训机构的效率；发挥政府表率作用，与各层次各部门有效合作。

(7)《14—19岁青少年的教育和技能》(14-19 Education and Skill, 2005)。这份白皮书共有十三章，它的主要任务是对如何满足年轻人的需求和抱负作出回应。在清楚现有教育系统优势的基础上，主要提出了以下计划和方案：提高16岁后教育的参与率，计划到2015年由75%提高到90%；保证每一个年轻人在离开学校之前掌握基本的数学、英语技能和就业所需要的能力；为年轻人提供更好的职业路径，使他们拥有继续学习和工作的知识和技能；扩展到所有年轻人，并帮助大学和学院区分出众多大学新生中最好的候选者；重新激励那些教育参与匮乏的学生；确保整个改革的顺利实施。

(8)《技能：在商业中获得，在工作中获得》(Skills: Getting on in Business,

Getting on at Work，2005）。这是继 2003 年 7 月英国政府发布的第一份技能战略白皮书——《21 世纪技能：实现我们的潜能》——之后又一份关于技能主题的重要白皮书，主要意图是发展成人在职学习和培训。可见，英国政府在终身学习政策推展中对技能策略及其应用高度重视。该白皮书提出的主要改革措施有：将雇主的需要放在培训设计和提供的中心位置；支持个人获得技能和资格证书，使他们达到期望的生活质量；改革教育和培训的提供部门，使继续教育学院成为社会与经济发展的引擎，给青少年和成人提供正确的技能以满足经济发展的需要。对于这些机构来说，新的经济任务就是政府 2006 年白皮书《继续教育：提高技能，改善生活机遇》（Further Education：Raising Skills，Improving Life Chances）的主题；开发一个改进的资格证书框架，支持 14—19 青少年和成人教育的改革；与合作伙伴工作，一起实施共享的议程，国家技能联盟将主要的合作伙伴连接起来；通过旨在鼓励机会平等的横跨机制，促进入学的公平。

　　(9)《继续教育：提高技能，改善生活机遇》(2006)。这份白皮书建立在《14—19 岁青少年的教育与技能》白皮书和《技能战略》（Skill Strategy）的基础上，主要目标仍然是提高劳动力技能教育，希望把青少年和成人的技能及其质量水平提升至世界水准，以有助于国家整体生产力的提高。为此，该白皮书设置了一系列改革措施：建立集中关注就业力的专业系统；建立满足雇主和学习者的系统；为有助于目标实现的项目提供资助；教与学的全国性策略；设立加速成功与消除失败的框架；在大学和教育与培训提供者之间建立新型关系等。这些预期的变化将为顾客提供更多的机会、更合适的服务以满足个人需要；鼓励新的有创新意识和能力的教育提供者进入市场，并促进行动以解决低技能人员的问题，给予优秀人员更多的自主权；使学习者拥有更高的技能和生产力、充分就业并实现个人发展；使雇主拥有发展事业所需的更合适的技能以便在全球经济竞争中成功；同时使技能体系本身发挥其潜能，使之成为经济增长和社会流动的推动器。

　　(10)《世界级技能：在英国实施里奇技能报告》（World Class Skills：Implementing the Leitch Review of Skills in England，2007）。这是戈登·布郎（James Gordon Brown）领导的英国工党政府于 2007 年 6 月上台后新成立的创新、大学和技能部提出的第一份重要文件，是政府对 2006 年 12 月洛德·里奇（Lord Sandy Leitch）独

立报告①的直接回应，同时也是英国为实现其"2020 年成为世界一流的技能领导者"宏伟目标而实施的重要计划之一，文件提出了政府如何引导国家进入技能"革命"的议题。主要做法是：① 通过弹性培训、技能账户、前后联结的技能和就业体系等各种具体方法，支持个人提高自己的技能并帮助其在工作中不断取得进步。② 确定明确的需求导向方法，确定雇主在技能培训中的主要位置，增加他们的影响力和决策能力，同时期望雇主为自己员工的培训增加投资。③ 工作场所中的学习、形成新的合作伙伴关系，主要通过雇主签署技能担保，政府通过一定的途径支持组织实施。④ 加强青少年的技能培训，计划延长他们的正规教育年龄到 18 周岁，进一步发展新的学徒制。

(11)《继续教育和培训法》（Further Education and Training Act，2007）。该法案的颁布主要是为了积极推进《继续教育：提高技能，改善生活机遇》和《世界级技能：在英国实施里奇技能报告》中所提出的相关继续教育改革策略。要点是：赋予继续教育机构颁发基础学位的权利；学习和技能委员会有权干预那些令人不满意的继续教育机构；引导管理机构和教育机构与学习者、潜在学习者和雇主建立协商关系；学习和技能委员会对外部具有更好的工作回应性；促进具有创新性的教学模式的发展；加强国家议会在有关教育和培训事项方面的能力。

新工党政府时期是英国终身学习政策发展的重要时期，不仅文本发布密集，政策行动也具有明显的特征，这时期主要的终身学习实施措施是：

第一，重点提高技能水平。英国政府实施终身学习政策以来就非常重视技能策略，甚至可以说技能策略是其一以贯之的基本主导策略，这从其在上述十余份重要文件的高出现率就可见一斑。另外相关的政策还包括英国教育和就业部全国技能工作组发布的《走向全国性的技能议程》（Toward a National Skill Agenda，1998）、

---

① 英国政府于 2004 年任命前苏黎世财政部首席执行官洛德·里奇对英国技能状况进行调查研究，并提交独立报告《为了全球经济中所有人的繁荣：世界级技能》（Prosperity for All in the Global Economy-World Class Skills），目的是要求确认英国至 2020 年时最理想的技能状况，以使英国经济、生产效率和社会公正达到最大化，并考虑需要达成那种转变的政策含义。该调查研究的中期报告《英国的技能：长期挑战》于 2005 年出版。2006 年 12 月 5 日提交的是最后报告，里奇在该报告中总的建议是，英国在 2020 年应该成为世界技能的领导者，处于经济合作与发展组织国家的上层水平，并对如何达成这一宏伟目标提出了许多具体的建议。

《为所有人传授技能》（Delivering Skills for All, 1999）、《应对成人技能差距》（Tackling the Adult Skills Gap, 2000）。就如 2011 年英国技能资助局（Skills Funding Agency）的执行官杰夫·罗素（Geoff Russell）所说，"技能应该是每个社会的核心，政府应该承诺使其实现"。围绕技能议程，英国政府开发了许多活动，例如在 2007 年夏天的"技能策略重要事项"中就列有鼓励学习文化、使更多成人达到资格 2 的完全标准、提高技能的标准、实施技能账户、继续促进成人生活技能、保证雇主的技能（委托雇主成为技能经济人，保证一定数量的雇员能够得到技能提升）、通过培训获取技能①（train to gain）等。

　　具体来说，这里的技能包含三个方面的基本含义：其一，从目标人群的指向来说，主要面向的是义务教育后阶段的青年成人和进入工作领域后的在职成人。其二，主要是指与工作相关的技能，即就业技能和工作提升技能。即使在成人教育领域中实施了以识字和计算等基本技能为主的项目，但是根本目的还是在于提高基本技能，从而为他们获得高工作技能打下基础。其三，强调质量，追求世界水准的高技能。因此确切地说，英国政府在终身学习政策方面实施的是以工作为导向的高技能策略。

　　第二，扩大参与学习的机会。保障学习者参与终身学习的机会是英国政府推展终身学习政策的另一重要途径。相关的具体措施包括：① 法律保障：通过改革和完善义务教育阶段后的继续教育立法，从法律上保障学习者继续参与学习的权利。② 资金保障：主要是通过各种途径拓宽学习费用的来源，如对继续教育机构和个人提供一定的国家拨款或贷款，据英国学习和技能委员会统计，2004—2005 年间该委员会对继续教育的拨款为 87 亿英镑，② 向低技能成人提供每周 30 英镑的学习贷款；建立个人学习账户保证专款专用；学习国家职业资格课程可以全部或部分免费；鼓励个人对自己进行学习性投资，鼓励雇主对企业职工进行与工作有关的教育和培训等。2011 年，英国政府拨款 225 万英镑用于支持社会各机构开发"新型的、

① 该活动 2006 年开始在英格兰全面实施，政府为雇主提供完全补贴，并将雇主定位为培训与开发的主驱动力，主导培训设计。主要目的是使低技能工人首次达到资格 2 完全水平，并促进他们提升到资格 3 水平。
② 宋宝瑜. 英国继续教育新进展解析与启示 [J]. 继续教育，2009（2）：63.

具有创新性的"成人社区学习项目和活动。③ 机会保障：通过建立新的学习机构与平台如产业大学，打通继续教育和高等教育等的系统性障碍，按照连接贯通的基本原则，为广大学习者打开了继续学习的大门。例如，产业大学 2000 年全面运营以来，至 2002 年，两年内的参与学习者中，60％的人是首次参加学习。①

第三，激发并满足个人和雇主对学习的需求。检视英国整体的终身学习政策，可以发现许多和"需求"有关的关键措施，如"满足雇主和个人的需要""实现经济发展的需求""确定明确的需求导向的方法"。由此，满足各方需求是英国推展终身学习政策的一项基本策略。具体来说，这种方式有两层内涵：① 激发并满足学习者个人的学习需求。和欧洲其他几个主要国家相比，英国在义务教育阶段后继续教育和成人教育参与率方面一直较低，目前有 16 万 16—18 岁的青少年既不工作也不参与学习，16 岁以后人群中这种情况比例为 5％—30％。②政府认为这种状况严重制约了英国在 21 世纪的经济发展和全球竞争力，为此在终身学习政策中特别强调激发 16 岁后青少年参与继续教育的热情，使更多的青年人有需求和机会接受更高水平的教育和学习。② 激发并满足企业雇主的技能需求。在英国，企业参与教育一直没有法律规定，更多的是源于自愿的传统，加上英国"低技能平衡状态"（low skills equilibrium)③ 的影响，英国企业对高技能缺乏主动的需求。为了提高国家的经济水平，政府有意激发并强调雇主参与终身学习的重要性，并将满足雇主的需求作为重点。

第四，积极探索多方合作，但强调个人的主要责任。在推展终身学习政策之始，鉴于现代教育制度建立的惯性，20 世纪前半期，无论是保守党还是工党执政期间，英国政府都非常重视和强调国家在教育和培训工作中的干预和职能。但在 20 世纪 80 年代撒切尔登台之后，市场在教育和培训中的地位又获得了认可和提

---

① 黄富顺. 比较终身教育 [M]. 台北：五南图书出版股份有限公司，2003：214.
② 吴雪萍，项晓琴. 英国继续教育改革探析 [J]. 比较教育研究，2008 (5)：78.
③ 该概念由英国学者芬戈尔德（Finegold）和索斯凯斯（Soskice）在 1988 年发表于《牛津经济政策评论》中的《英国培训的失败：分析和描述》一文中提出，指经济陷入以下恶性境况：低附加值、低技能、低工资、高失业率。前"三低"促成了高失业率的产生并使其处于一种比较稳定的状态，所引发的直接后果是产品规格下降，因而对制造产品所需要的技能就没有更高的要求，由此形成低层次的"平衡"状态。参见：Jeff Gola. Work-based Learning in the UK：Scenarios in the Future [J]. Education & Training, 2006, 48 (6)：440 - 453.

升。1997 年新工党上台之后，以"超越左右"为改革指导思想，重新确立了国家在终身学习中的作用，并继续拓展了责任方，其中包括企业、个人及其他相关组织。

尽管有强烈的合作意识，但有研究者认为，英国终身学习政策中的合作框架是非常弱的，实质上仍旧是将更多的责任放在个人一方，较多地继承了自愿的传统，对企业、雇主参与和支持终身学习更多的是倡导性的，在经费、制度支持等实质性方面没有法律义务。①

三、英国终身学习政策推展模式分析

(一) 强调市场导向与个人责任

在英国终身学习政策推展的整个过程中，早期由于积极争取受教育权及受福利国家建设的影响，更多地偏向于将学习看作一种权利。但是自 20 世纪 70 年代末以来，由于经济自由主义思想的影响，教育和学习领域中市场原则被不断引入，终身学习政策强调机构竞争、效率提升和个人投资学习，虽然更加强调雇主的责任，但基本上遵循的是"谁获益，谁投资"的基本原则。新工党政府虽然加强了对教育市场的质量监控和管理，但基本上认为终身学习主要是个人的责任，国家和政府的基本职责是清除各种制度性障碍，为个人终身学习提供环境和平台。20 世纪 90 年代中期，英国政府用于成人培训的公共教育经费只占国民生产总值的 0.1%，而同期的法国则为 0.38%。②

(二) 以追求经济的成长为主要政策目标和价值取向

无论是在 20 世纪六七十年代政府有关培训的法案中，还是在 20 世纪 80 年代中期以后及 90 年代后期新工党执政以来，英国政府都认为发展终身学习是国家人

---

① Ann Hodgson, Ken Spours. Building a Lifelong Learning System for the Future [M] // Ann Hodgson. Policies, Politics and the Future of Lifelong Learning. London: Kogan Page, 2000: 195, 199.

② Andy Green. Lifelong Learning and the Learning Society: Different European Models of Organization [M] // Ann Hodgson. Policies, PoLitics and the Future of Lifelong Learning. London: Kogan Page, 2000: 46.

力资本投资的一个重要方面，主要目的是提高英国在全球经济中的竞争力。有学者以为，尽管布莱尔政府的政策中也提到了解决社会不公平问题，但是在根本上与前任保守党的目标差异其实微乎其微，布莱尔只是"更人性化的撒切尔主义者"，①他高度重视与工作相关的高技能的发展就是很好的证明。2009年4月，布朗政府的商业、企业和管理改革部（Department for Business, Enterprise & Regulatory Reform）在报告《新产业，新工作》（New Industry, New Jobs）中也再次声明"投资教育和技能是政府经济和产业政策的一个重要组成部分"。②

（三）维护现有社会和教育制度结构

英国终身学习政策推展无意改变英国社会固有的社会和教育结构特征。如，对雇主一方有效支持终身学习政策更多的是倡导性的，缺乏具有法律效力的强制执行手段。这是传统英国社会教育自助精神的直接体现。再如，将成人继续教育的参与不足更多地归咎于学习者个人，认为是他们的早期教育缺乏和动机不足阻碍了其继续教育的参与度和参与水平，进而影响到整个国家经济、社会的进一步发展繁荣。因此，英国终身学习政策推展的举措集中于广泛地拓展国民参与终身学习的机会，以使他们尽快融入社会。

（四）以成人继续教育和职业教育为重点

根据对政策文本及各种政策实施途径的考察，可以看出英国的终身学习政策明确指向义务教育阶段之后的教育和培训活动。具体来说，主要分为两条线路：一是以16—18岁青少年为重点教育对象的具有过渡性质的继续教育领域，主要是提高他们的继续教育参与率及就业所需要的技能水平；一是针对实际工作者的成人职业教育领域，以工作需求为基础进行相关的职业培训。因此，基本上可以认为，英国的终身学习实质上是其现代成人教育和继续教育的代名词。

---

① 武川正吾. 全球化与福利国家——1980年代以后社会福利政策的论争与发展 [EB/OL]. [2008 - 7 - 8]. http://www.lookinto.cn/post/783.html.

② Department for Business, Enterprise and Regulatory Reform. New Industry, New Jobs [EB/OL]. [2009 - 11 - 30]. http://www.berr.gov.uk.

（五）设定国家标准，保障技能质量

建立全英国统一的国家资格框架（National Qualification Framework，简称 NQF）是英国支持终身学习政策的一项基本措施。该框架开始于 20 世纪 80 年代中期，当时的主要意图是以能力为本位形成全国统一的国家职业资格（National Vocational Qualification，简称 NVQ）框架，但学术标准不在其内。1991 年《21 世纪的教育和培训》白皮书颁布之后，英国转向建立国家普通职业资格（General National Vocational Qualification，简称 GNVQ）框架，主要目的是促进 16 岁以后的青年人有机会进入 A 级水平（A-Levels）的学习，开始寻求普通资格和职业资格之间的沟通。1997 年以后，英国产生了新的国家资格框架，意在以基于"标准和连接"的原则将以前实行的国家职业资格、国家普通职业资格和 A 级水平三个资格体系进行统一调整，使各个资格体系之间能够相互连通、认同、转换，具有更大的灵活性，以支持全通性（all through）的终身学习资格框架。与此同时，资格的质量管理也渐趋集中，由资格和课程局（Qualifications and Curriculum Authority）统一管理。

根据以上分析，英国的终身学习政策推展基本上可以归结为"市场、经济、补缺、选择性、规范"的基本模式。

四、主要成效与问题

英国既是现代成人教育的摇篮，也是现代终身学习思想的发源地。自 20 世纪 20 年代以来，英国终身学习政策得以较平稳地发展，并取得了不少成就。

1969 年，英国率先开办了后来产生广泛和深远影响的基于现代信息技术的开放大学。20 世纪 80 年代中期，英国开始着手建立以能力为本位的国家职业资格制度，并且在终身学习原则的指导下不断修订和完善，对其他国家（如澳大利亚、南非等）产生了较强的借鉴作用。进入 20 世纪 90 年代后，传统的岗位培训制度在经过现代社会学习理论的加工后，又以现代学徒制（2001 年以后又作了进一步区分，分为基础现代学徒制和高级现代学徒制）引领和推动了职业技术教育的新发展。1997 年新工党政府上台之后，更是以前所未有之决心和集中行动推动了终身学习政策在 21 世纪的进程。2001 年，英国已有 250 万人在个人学习账户中心注册，有 9 000 个学习机构提供各种学习服务。①2006 年，英国 25—60 岁人口中技能水平达到 2 级及以上的人口比例接近 70％，较 1998 年增长了 10％；② 2007 年，这一比例又上升到 73.6％。产业大学现在也成为全世界最大的电子学习网络，200 多万人在这里获得了新的学习机会和信息，约 20 万家企业利用这个平台为雇员提供技能培训。③由于产业大学主要通过信息交互平台推进终身学习，它的发展也促使英国整个国家学习网络逐步形成。截至 2005 年，全英国已经建立起了 8 000 多个在线学习中心；同时，在线课程也获得大幅增长，2005 年已经达到 90 万门，为广大学习者提供了丰富的终身学习内容。④2016 年，英国开放大学官网显示目前有 173 389 名学生，其中海外学生超过 8 000 人。⑤由此可见，英国终身学习政策使原有的教育体系更加完善和灵活，大大增加了人们继续学习的机会并提供了保障，同时也确实提高了技能基础，为实现英国在知识经济社会中的复兴奠定了人才基础。

同时，英国终身学习政策的推展也遭受了不少批评。英国终身学习政策的推展措施过于狭隘，基本集中在技能水平的提高上，传统的自由成人教育几近边缘化，由此导致政策价值目标过于重视终身学习的经济功能，忽视或者说没有较好地解决社会排斥和教育平等（如性别层面、不同社会背景的人接受终身学习的机会方面）等更重要的问题。甚至有英国学者指出，"通过对政策文本的批判性阅读，以及对政府终身学习资助优先项目的观察，可以发现，开始于 2001 年的基础技能战略更多的是对全球竞争环境中知识经济技能需求的回应，而不是解决社会排斥、终身学习机会等问题"。⑥另外，雇主参与终身学习的积极性仍有待提高，"政府—个人—雇主"合作机制仍然薄弱，缺乏稳固的基础，难以支撑终身学习政策的未来发展。

---

① 苑大勇. 英国新工党终身学习政策 10 年回顾与评述 [J]. 职业技术教育，2007 (31)：88.
② Department for Business, Enterprise and Regulatory Reform. New Industry, New Jobs [EB/OL]. [2009 - 11 - 30]. http：//www. berr. gov. uk.
③ 刘建伟，李家永. 1997 年以后英国终身学习的政策及实践 [J]. 比较教育研究，2008 (1)：39.
④ 陈振. 终身教育理念下英国产业大学的发展研究 [D]. 福建师范大学，2007：27—29.
⑤ http：//www. open. ac. uk/about/main/strategy/facts-and-figures. 2016 - 07 - 30.
⑥ Yvon Appleby, Ann Marie Bathmaker. The New Skills Agenda：Increased Lifelong Learning or New Sites of Inequality? [J]. British Educational Research Journal, 2006, 32 (5)：703.

第二节 瑞典的终身学习政策推展模式

一、瑞典民间成人自我教育的传统

和北欧其他国家类似，瑞典也拥有比较悠久而又颇有特色的成人教育传统。20
世纪 60 年代以前，瑞典的成人教育基本上是民间自我教育导向，主要有以下三种
形式：① 民间教育协会组织的各种成人教育活动，如组织读书会、开办民办学校
等，其中主要协会组织有瑞典工人教育协会、学习促进会、成人教育协会、民众学
校教育协会等，这些协会的主要目的是通过举办各种文化活动，为成人提供可以提
高个人修养、文化水平和职业能力等的学习。② 民众中学 (folk high school)。瑞
典在效仿丹麦①的基础上，于 1868 年建立了三所民众中学，主要是为农村成人提
供接受普通教育的机会。19 世纪末在广泛民众运动的推动下，瑞典民众中学发展
迅速，至今已成为瑞典成人教育的重要组成部分。据瑞典教育和研究部的数据，
2007 年，瑞典全国共有 148 所民众中学，其中超过 100 所由各种非营利民间机构经
营，其余少部分则由地方和市政府直接管理。②③ 学习圈 (study circle，又译"读
书会"或"学习小组")。这种成人教育形式开始于 1902 年，三年后开始得到政府
支持，被认为是瑞典成人集体自我导向学习的典型代表。其基本特征是自愿、主要
在熟人之间进行、有共同的目标和预定的学习计划，目的是通过讨论和辩论来增加
知识、促进个人发展和适应社会变化。

---

① 受丹麦教育家、牧师格伦特维 (N. F. S. Grundtvig) 成人教育是心灵刺激和智慧启迪而非知识和技能
　获得的基本思想的影响，丹麦于 1844 年建立了第一所民众中学。
② Ministry of Education and Research. Liberal Education in Sweden 2007 [EB/OL]. [2009 - 6 - 9].
　http：//www. sweden. gov. se.

二、瑞典终身学习政策推展历程

(一) 20 世纪 60 年代至 70 年代中期的发展

20 世纪 60 年代以来，大部分北欧国家经济开始走向繁荣，产业结构、职业种类、生产方式及行政管理等方面都出现了比较大的变化，需要教育作出新的反应来适应日新月异的社会经济发展要求。1962 年，瑞典开始实施九年义务教育，而且也开始拓展高中阶段的教育，正规学校教育时间的延长使得青年人与既有从业人员之间出现了教育差距，并导致劳动力短缺，为此瑞典政府于 1967 年实行成人教育改革，将传统的成人教育纳入公共教育政策的中心。1967 年瑞典改革的基本思想是平等（确切地说是平等主义），目标群体是那些希望且有能力进一步学习但又因种种原因缺乏学习机会的人。后来在瑞典工会总会关于平等意味着把更多的资源分配给那些拥有更少资源的人的建议下，政府在 20 世纪 60 年代末开始关注处境不利人群，将针对他们的成人教育纳入了后续的改革议程。例如，1968 年的瑞典成人教育改革就规定，市立政府必须为没有接受基本义务教育的成人提供相当于义务教育水平的教育，国家负责拨款用以支付相关的教师、管理等方面的费用。

这个时期瑞典与终身学习政策相关的主要政策有三项：《市立成人教育法》(Municiple Adult Education Act)、《学习小组法》(Study Circles Act) 和《民众中学法》(Folk High School Act)。其中《民众中学法》规定了民众中学的任务是促进大众教育，具体目标包括：增加学生对其自身及所处社会环境的了解；增强和提高学生的灵敏度和积累经验的能力；发展独立处理问题、善于合作的能力；发挥学生的创造潜力，增强其自信心和在工作、社团生活中积极发挥作用的能力。[①]根据法律，民众中学可以和普通中学一样接受国家提供的经费资助，但是它在教学活动、课程种类及时间安排、入学年龄规定等方面都有比较大的自主权，基本上不受政府干预，从而能够较好地适应成人学习方式、时间等方面灵活、方便的特点。

20 世纪 60 年代至 70 年代中期，瑞典成人终身学习政策的主要举措有：

---

① 顾耀铭，王和平. 当今瑞典教育概览 [M]. 郑州：河南教育出版社，1994：129.

第一，实施市立成人教育。市立成人教育是由各地方政府设立的成人教育机构，主要是为那些未接受完整的初始教育的学习者提供再次返回学校进行正规学习的机会，主要提供初等教育和中等教育。作为国家正规教育系统的一部分，瑞典市立成人教育与原有的普通教育具有几乎相同的价值和地位，课程及教学目标和标准相同，师资要求也不低，而且特别注意到成人背景多样化和地方需求各异的特点，例如学习者错失了普通高中入学机会后，可以进入成人中学学习，并且考虑到实际情况，将入学年龄放宽到 20 岁。市立成人教育的建立和发展拓展了成人教育的机会，并与其原有的民间自愿成人教育共同组成了瑞典较为完善的成人教育体系。

第二，实施回归教育制度。瑞典教育部长奥洛夫·帕尔梅（Olof Palm）1965年在欧洲教育部长会议上首次提到了"回归教育"这个概念。在 1969 年实施的《回归教育——终身学习的战略》中，回归教育被定义为："回归教育是把义务教育或基础教育以后的一切教育都包括在内的教育战略。它的基本特征在于，以回归的方式，即教育和劳动（也包括业余的其他活动和老年生活等）交互进行的方式，把教育分散在个人的一生。"① 随后，该制度在 1977 年的《高等教育法令》（Highter Education Act）中得到重申，并被陆续实施，对瑞典高等教育和大学成人教育的发展也起到了重要的促进作用。②

第三，实行带薪教育休假制度。瑞典议会于 1975 年通过《带薪教育休假法》（Paid Educational Leave Act），规定带薪教育休假制度涵盖公共和私人部门，尤其对未履行休假义务的雇主采取一定的约束规则。休假期限没有规定，可根据课程的实际需要来确定。休假过程中，学习的课程可以是各种类型的，包括普通教育、职业教育等。即使因各种原因没有按期修完课程，也不影响其工作保障。该制度对参加带薪教育休假的雇员及申请程序等有一定的要求，但有关何时参加、休假时限等细节问题可与雇主协商完成。

由上可知，早期瑞典政府的终身学习政策开始于对传统民间成人教育的介入和

---

① 陈雪芬. 瑞典终身学习政策的发展历程及推进措施［J］. 比较教育研究，2004（2）：72.
② 主要影响是：允许民众高等学校的毕业生、有四年工作经验、年龄超过 25 岁的成人报考高等教育（即 25/4 制），某些情况下，成人的相关工作经验可以获得承认，并可折合成一定的课程学分。由此，不仅大学的学生结构发生了变化，也开始认定成人先前的学习经验。

规范管理。政策的出发点是为了解决和促进瑞典社会经济发展所带来的公正和平等问题，因此在政策推展的价值取向上自然也继承了民间成人教育的自由和自愿传统，成人教育的基本作用是弥补早期教育的不足或缩小差距，使愿意学习的人有机会继续学习，支持个人自由发展以适应社会的变化等。

（二）20 世纪 70 年代中期至 80 年代的转变

20 世纪 70 年代中期，西方主要发达国家遭遇了经济衰退，瑞典也未能幸免，加之此时中右翼政党上台，有关成人教育资源公平、公正分配的目标明显回落。即使在 1982 年瑞典社民党重新执政之后，成人教育的黄金时代也没有到来：大众成人教育资源大大削减；原有的国家级成人教育管理机构也被移出国家教育委员会，政府转而倡议它们建立自己的独立委员会；原有的劳动力教育被转到劳动部门，因此在教育内容上，成人教育和所从事工作的联系越来越密切，成人是否参加教育更多的是依赖于所从事工作的环境和雇主的需求，成人教育更多地被认为是通过技术变革带来经济复苏的工具之一。①20 世纪 70 年代中期至整个 80 年代瑞典政府推展终身学习政策的主要举措是：

第一，雇主提供培训和学习活动。雇主发起和提供的成人教育和培训是瑞典整个 20 世纪 80 年代终身学习发展最为迅速的部分。20 世纪 80 年代末的统计数据显示，32％的雇员参与了这类培训活动，雇主花在培训活动上的费用一年约为 20亿—25 亿瑞典克朗，占瑞典 GDP 的 1.8％—2.2％；② 每年有将近 200 万的工作人员至少接受过一天的培训，自由成人教育的参与率则由 1979 年的 15.4％降到了1993 年的 8.9％，雇主主办的培训却由 1975 年的 5.2％增长到 1993 年的 9.8％。③具体做法是"瓶颈培训"，即主要针对技能型劳动力严重短缺的关键领域展开相关的培训。

第二，针对市场的劳动力培训。针对市场的劳动力培训是瑞典自 20 世纪 50 年

---

① Peter Jarvis. Perspectives on Adult Education and Training in Europe［M］// Leicester. The National Institute of Adult Continuing Education，1992：321.
② 同上：328.
③ 韩艳艳，黄健. 瑞典成人教育政策的回顾与评析［J］. 河北大学成人教育学院学报，2007（1）：62.

代以来实施积极劳动力市场政策的一项基本内容，主要目标是保证充分就业。在国家劳动力市场委员会提供培训津贴的基本操作框架下，瑞典组织实施了多样的职业培训活动。根据课程提供方的不同，这种培训主要有四类：国家劳动力市场委员会安排的特别课程（目前有 100 多所劳动力市场训练中心），在家培训，普通教育系统提供的培训，及组织机构提供的培训。自 20 世纪 80 年代中期以来，瑞典政府用于积极劳动力市场政策的支出一直维持在 GDP 的 1.1% 上下，该项支出在针对失业人口各项总支出中占到 50% 左右，其中 42% 的费用集中在劳动力市场的培训项目上。[①]一项定期跟踪研究也表明，在已经完成这类培训的人员中，60%—70% 的人在 6 个月内找到了工作，其中 80% 的人找到的工作与接受的培训项目和内容对口，[②] 由此可见瑞典政府对劳动力市场培训的高度重视及这项工作所显示的较强的实效性。

(三) 20 世纪 90 年代以后的新发展

20 世纪 90 年代后，瑞典终身学习政策进一步发展，除了在成人教育领域继续重点支持雇主提供的教育和培训外，政府还开始以终身学习为基本原则，对其他部分教育进行改革。例如，加强对早期学前教育重要性的认识（但没有将之纳入义务教育范畴）；主要改革高中教育，加强理论和职业项目之间的整合，将原来为期两年的职业项目全部改为三年，并应用终身学习的理念，强调高中教育的核心能力培养和基础作用，高中教育之后学生面临升学和就业的双重选择；在大学教育中，也积极增加成人继续接受高等教育的机会，允许年龄较大、有工作经验的成人继续学习。

为了继续鼓励终身学习并适应社会变化，2001 年，瑞典出台了《成人学习和成人教育未来发展法》（Adult Learning and the Future Development of Adult Education）。该法案提出成人学习的目的是多方面的，包括个人发展、社会平等、经济增长与促进就业，因此成人学习者必须有学习知识和技能的机会。为此它具体提出了七个方面

---

① 孔德威. 劳动就业政策的国际比较研究 [M]. 北京：经济科学出版社，2008：59—62.
② Peter Jarvis. Perspectives on Adult Education and Training in Europe [M] // Leicester. The National Institute of Adult Continuing Education, 1992：327.

的举措：改革成人教育教学的工作方式，使其与学习需求相适应；基于个人原有的知识和技能提供指导和咨询，使学习者获得新的知识和技能；根据不同的学习需求提供不同的成人教育服务；给成人学习者提供学习津贴，以激励他们学习；社会、企业和个人都在成人的普通知识和专业知识学习方面承担相应的责任；为正规和非正规的学习提供政府津贴；建立各方面的合作关系。此外，该法案还提出应增加成人教育经费，不同类型成人教育应有不同的目的和措施等内容。20世纪90年代后，瑞典政府在推展终身学习政策方面的主要措施有：

第一，成人教育创新行动。成人教育创新行动是瑞典20世纪末推展终身学习政策最重要的措施之一，具体实施时间为1997—2002年，所以又称"成人教育五年行动计划"。其目标群体是失业成人和没有完成三年高中教育的成人。主要目的是降低失业率，调整劳动力市场的结构；改革成人教育的发展措施；缩小教育分化的差距，使资源更加平等地分配，从而最终使得这些成人获得基本的知识和能力，为终身学习奠定必要的基础。该行动计划的主要特点是：强调个人是成人教育教学、规划的中心；国家和地方联合提供资助；强调社会不同部门（国家、地方、民众成人教育机构等）之间、高中教育和劳动力市场之间的协调和合作；在内容上，增加了职业导向的课程，安排工作场所学习和学徒制培训，以此来整合学习和劳动力市场的政策。

实施结果表明，成人教育创新行动总体上是成功的，参与学习的成人数量显著增加，成人教育在公共政策领域的地位得到加强，地方政府更好地卷入了成人教育的行动中，但在成人教育改革方面成就不大，对中老年人员缺乏吸引力，没有很好地利用瑞典的民众成人教育传统。

第二，高级职业教育。如果说成人教育行动计划主要针对被忽视的群体的话，那么高级职业教育就是为那些有继续学习需求和条件的人提供的高层次教育活动，它是各种职业教育的总称。该计划始于1999年，提供的是中等教育水平后（学生需完成高中教育或者具有专业工作背景）的职业教育，其目的在于使劳动者能够积极地适应工作场所的变化，或为从事更高层次的工作打下基础。主要认识取向和做法是，紧密结合劳动力市场和雇主的需求（尤其是当地和地区的需求）进行职业教育课程开发，由学校、企业、市立成人教育机构等部门合作办学，讲授的知识包括高等教育层次的一般性知识和专门职业技能知识，学习时间弹性，可以分学期上，也可以不分学期而进行集中学习，总的学习年限为一至三年。2002年，高级职业教育被划入成人正规教育体系，由瑞典高级职业教育署（Swedish Agency for Advanced Vocational Education）负责管理。

尤其值得注意的是，高级职业教育非常重视工作场所的学习，主要体现在：

第一，要求学习者有三分之一的学习时间在工作场所运用所学理论知识，以此提高分析和解决问题的能力及工作中的责任感。

第二，要求工作场所也应进行改造以适合学习，比如让雇主参与培训课程的设计，和其他相关内外部门进行联合培训。

第三，个人学习账户。个人学习账户是瑞典政府为推进终身学习政策在2002年开始实施的一项基本措施，它适合每一个在职的成人，通过为每个人设置专门的学习账户，提供个人通过终身学习来发展技能所需要的费用。账户中的费用主要由雇主和学习者个人共同出资，作为学习费用的部分可以免税，其中支出的学习费用用以参加何种类型的学习活动、什么时候参加等，个人都有比较大的决定权。政府规定实施个人学习账户应遵守普遍与适合、自愿、自我决定、独立、协议和简明这六大基本原则，其基本意思是：该措施应适合每个成人，不论其背景如何；参与个人学习账户建立在自愿的基础上；个人对学习什么、如何学习有较强的自主权；该措施是其他类似措施的补充，不能相互替代；应和雇主签署协议以保障措施的顺利实施；账户的使用管理都尽可能简单明了，便于操作。

三、瑞典终身学习政策推展模式分析

（一）将教育和学习视为国家的福利

一直以来，瑞典都被认为是欧洲典型的高福利国家。受20世纪30年代经济大萧条的影响，瑞典当时的社民党接受了英国凯恩斯主义和贝弗里奇关于建立社会保障制度思想的影响，开始了福利国家的建设。由于避免了"二战"的创伤，瑞典较其他欧洲国家有了更有利的条件，经济、社会等方面得到了较快复苏，逐步建成了高福利、低市场和普救型的福利国家。在这种制度下，为全体国民提供公平的教育

被认为是政府的基本职责，由此，瑞典不仅较早地实现了初等教育、中等教育的国家化和义务化，而且成人教育的普及化程度也大大提高，再加上国家较为雄厚的经济基础，绝大多数国民都享受到令世人羡慕的从基础教育到高等教育的免费教育和广泛的终身学习机会。20世纪90年代以后，为进一步夯实终身学习的基础，瑞典开始以终身学习的思想改革和完善原有的基础教育。

（二）比较重视社会公正的价值取向

20世纪60年代中期以来，瑞典的终身学习政策几乎都是在社民党领导的政府下制定和实施的，加上瑞典社会悠久的民间成人教育传统的影响，因此从一开始，瑞典的终身学习政策都将缩小社会差距和改进社会公正放在重要位置。例如，瑞典政府在1967年的《弱智者社会福利法》（Social Welfare Law for the Mentally Handicapped）中规定，弱智者无论程度如何，国家均有义务向他们提供九年综合义务教育，入学年龄可放宽到23岁。20世纪80年代后，瑞典义务教育学制又延长到10年，使得更多的特殊学生有了参与教育和学习的机会。[1]20世纪80年代至90年代，由于经济发展放缓及财政危机等问题，瑞典有转向新自由主义的趋势，较以前更加重视与劳动力市场密切相关的职业技术培训和教育的市场化运作，但相关的教育政策仍旧保持着对社会公正目标的关注。例如，20世纪90年代受高中教育统一综合科与职业科及三年学制的改革影响，瑞典要求地方成人教育导入与高中教育相同的课程，教给学生更广泛的知识，学生有更多接受高等教育的机会，一定程度上体现了教育平等的思想。[2]2001年的《成人教育未来议案》提出，2002—2005年将由政府拨款1200万瑞典克朗给国家特殊教育署，用于残障人士教育的教材开发，此外每年还给各地提供750万瑞典克朗用于改进残疾人士的成人教育改革。[3]另外，在以促进就业为基本目的的成人教育创新行动中，政府关注到了教育分化所带来的差距，提出教育资源要更加平等分配的问题。

---

① 中华人民共和国教育部国际合作与交流司. 世界62个国家教育概况［M］. 北京：首都师范大学出版社, 2001：552.
② 孙强. 瑞典的学校教育制度及近年的教育改革分析［J］. 山东商业职业技术学院学报, 2003 (3)：79.
③ 驻瑞典使馆教育处. 瑞典成人教育的未来发展战略［J］. 世界教育信息, 2001 (11)：40.

（三）以公私并立的成人教育建设为主轴

从终身学习政策推展的一开始，规范原有的成人教育就成为瑞典政府的一项中心工作。但是瑞典政府的规范并没有走入"一统就死"的局面，而是进入了公立成人教育和民间成人教育并行的发展轨道。一方面，政府积极介入各种成人教育，如建立和完善市立成人教育，打通高等教育和成人教育；另一方面，主要通过国家财政的资助，鼓励和支持各种民间协会和私立机构开展各种成人教育文化活动，如学习圈、民众高等学校，开创了成人教育发展多元化、体系完备化的局面。目前，从提供机构来说，包括市立成人教育机构（是其中的主体部分）、民间协会组织的各种成人教育机构（主要有 11 个协会）、国家成人函授学校［目前有赫莫兹（Hermods）和布里乌斯柯兰（Brevskolan）两所］等子系统；从学习层次上来说，贯通基础教育、中等教育和高等教育；从学习内容上来说，包括职业教育、普通教育及针对某些特殊人群（如智障人士、残疾人群体、移民群体）的专门教育；从参与人数来说，近半数以上的瑞典人都不同程度地参与了各种成人教育活动，年龄跨度也比较大。

（四）倡导并实践多方合作

尽管教育和学习在瑞典被广泛地看成国家的一项基本福利，政府也在各级各类教育的经费中承担重要责任，但是在具体的机制上，瑞典显然更具有北欧国家特有的合作主义传统。正如瑞典本土学者谢尔·鲁本森（Kjell Rubenson）在研究瑞典终身学习政策发展时所说的，"有意思的是，尽管国家非常热心运用劳动力市场和教育政策来促进人力资源的发展，但是国家并不愿意（尽管承受着来自工会的巨大压力）系统地管理雇主自发组织的教育和培训活动，其中的大部分活动都被作为谈判桌上的事项留给了社会合作者来处理"。[①]

合作主义有时也叫"统合主义""法团主义"，它指的是将公民社会中的组织利益整合到国家和政府的决策中，是北欧国家的社会传统，这一特点在其推展终身学习政策的过程中也得到了较好的体现。例如，在终身学习政策的一开始，政府与各

---

① Kjell Rubenson. The Nordic Model of Lifelong Learning［J］. Compare, 2006, 36（3）: 335.

种民间教育协会或工会组织展开合作。随后在 20 世纪 80 年代引入了雇主组织，20 世纪 90 年代的多项主要措施也都有合作的体现，如由政府、个人和雇主提供经费来源的个人学习账户制度；高级职业教育中的学校、企业和协会之间在课程设计和培训等方面的合作等。在参与过某种类型的成人教育和培训的人当中有 73％的人报告说，他们从雇主那里获得了经费补贴。①

综上所述，笔者将瑞典终身学习政策的推展模式归结为"社会分担、社会发展、补缺、选择性"模式。

四、主要成效与问题

经过四十多年的发展，瑞典终身学习政策逐步拓展、深化和完善，主要在以下方面取得了较好的进展：

第一，成人教育事业得到了大力发展。瑞典社会本来就具有良好的成人教育传统，开始于 20 世纪 60 年代的回归教育思想、终身教育及终身学习思想和政策的发展，更是将成人教育置于发展的中心，使得传统成人教育在新的理念和政策推动下焕发出新的面貌。一是建成较为完备的公立成人教育系统，市立成人教育主要由地方政府负责，中央政府则为偏远地区的成人学习者直接服务，基本职责都是为缺乏义务教育机会和教育资源的成人提供再次接受教育的机会，在课程和教育质量等方面都要求和学校教育保持一致，但又考虑到成人学习者的特点，允许成人教育机构有一定的教学自主权，例如可以根据成人学习者的能力和需求设置个性化的学习计划，组织个性化的课程。在高等教育领域，通过相关法律的修订，为成人学习者提供进入高等教育的学习机会。二是国家给予成人教育更多支持和资助，例如 20 世纪 90 年代全国范围内半数的民众中学由地方政府主办。1991 年，瑞典政府正式通过关于社区成人教育的资助法令，从而使政府对成人教育的资助有法可依，为成人教育的发展提供了必要的法律保障。至今，瑞典政府已开发设计出了特殊成人学习资助、失业成人学习资助、教育和培训特别拨款、学习津贴、成人教育入学资助等

---

① Kjell Rubenson. The Nordic Model of Lifelong Learning [J]. Compare, 2006, 36 (3): 338.

多样化的资助类型，为成人学习者的终身学习提供经费支持。1997 年开始的成人教育五年行动计划基本都由政府筹措和分配，每年投入 30 亿克朗。21 世纪初，政府又开始推行个人学习账户，并在其中承担部分经费责任。

第二，为广大人民提供了比较灵活、相互沟通和多样的继续教育和学习机会，有效地提高了成人参与继续教育的比例和水平。例如，1997 年各读书会举办的文化活动达 165 000 次，各种会议和讲座 38 000 次，近三分之一的人参加过学习小组活动。①2003 年的一项统计数据也显示，瑞典就业人口中，48％的女性员工和 44％的男性员工参加了培训，平均参与培训时间为 5 天。从机构分布来看，政府部门参与培训率最高，为 63％，私营部门为 43％。②而在 2005—2006 年全欧第一次成人教育调查中，瑞典的成人教育参与率更是以 73.4％的比例远高于欧洲 35.7％的平均水平。③

第三，较好地促进了瑞典经济的发展和充分就业基本目标的实现。例如，经济增长和就业增长率总体情况保持平稳发展，20 世纪 80 年代市场劳动力就业率基本保持在 80％左右，90 年代后期受国际经济衰退的影响，就业率在 75％左右移动，21 世纪后又增长到 77％—78％。④

第四，较好地实现了瑞典追求平等和公正的基本社会目标。为智障人士和移民提供成人基础教育，并作为公立成人教育的一个组成部分。例如，针对移民主要提供瑞典语方面的听说教育，帮助他们尽快适应日常生活。在各种教育和学习活动中，参加活动的女性比例大幅增加，大龄员工的培训率在欧洲同等国家中也保持较高的水平。

在其推展终身学习政策的过程中，瑞典也存在以下问题：社会平等难以真正实现，一些真正需要终身学习的人却仍然因支付不起学费而得不到继续学习的机会；雇主支持终身学习与否很大程度上取决于培训的投资回报率，在全球化和流动性日益增强的今天，合作机制中的这一主要利益主体存在很大的不确定性；一直奉行的

① 屈书杰. 瑞典的大众成人教育 [J]. 开放教育研究，2004（4）：55—56.
② 英格·帕森. 瑞典的终身学习和员工培训 [J]. 中国职业技术教育研究，2005（21）：44.
③ 《成人学习与教育全球报告》摘要 [EB/OL]. [2010-3-22]. http://www.caea.org.cn/2009.
④ Sweden's Action Plan. 1999; 2000; 2002 [EB/OL]. [2009-6-9]. http://www.sweden.gov.se.

平等主义和高福利保障调动不起人们继续参与学习的积极性，原来教育基础不好的人有高福利的社会保障而基本生活无忧，教育基础好且有能力与财力继续学习的人则被高税率打压了继续学习的兴趣。此外，需注意的情况是：瑞典较为完备的终身学习政策推展在很大程度上得益于其良好的成人教育传统、社民党执政下较为稳定的政治局面和相关政策的延续性、较高的经济成就支撑以及坚固的工会组织基础。但自 20 世纪 90 年代以来，瑞典也开始显现出新自由主义的倾向，工会组织急剧缩减，基本社会保险在经济放缓的情况下也呈缩减趋势，于是政府在终身学习政策中越来越强调个人责任，这种制度一旦实施将很有可能带来新的社会不平等、差距拉大等现实问题。

第三节　澳大利亚的终身学习政策推展模式①

一、澳大利亚终身学习思想的起源

关于澳大利亚终身学习思想的起源，学者菲利普·肯迪（Philip C. Candy）认为其与澳大利亚高等教育②的开始直接相关。肯迪指出："尽管'终身学习'作为一个术语在（澳大利亚的）教育词汇中是一个新名词，但是终身学习的思想和观念并不是全新的。1852 年，澳大利亚最老的大学——悉尼大学的校长和首位教授约翰·伍利（John Woolley）博士在其就职演讲中就谈到了这种新的制度。他说：'我们有理由希望，我们的大学生将会具备有教养的、充满活力的理解力，他们将不会弄错整个知识领域的每一个科学分支，也不会错误地夸大自己所选择的研究的

---

① 本节第二、第三部分内容曾以"澳大利亚的终身学习政策"为题发表在《中国远程教育》2008 年第 1 期，属于笔者博士论文写作期间的阶段性学习成果。

② 澳大利亚的技术和继续教育（Technical and Further Education，简称 TAFE）原属于高等教育体系，主要得益于 20 世纪 60 年代中期政府采纳了以马丁为首的咨询委员会关于筹建高等职业教育的建议，技术和继续教育委员会于 1977 年与大学和高等教育委员会一起被纳入高等教育委员会。但 1987 年，高等教育委员会被废除，技术和职业教育被划入国家就业、教育和培训委员会。

重要性。总之，他们将会获得最真实、最有用的人类知识成果，意识到并能够承认自己的相对无知。'"① 肯迪认为，正是大学生对自己亦无知的意识和承认，才有了终身要持续学习的开始。因此，必须在高等教育中大力培养终身学习者，拓展他们的社会服务范围，并形成战略性合作伙伴关系。

二、澳大利亚终身学习政策推展历程

（一）20 世纪 70 年代早期到 80 年代中期的终身学习政策发展

这一时期是澳大利亚终身学习政策发展的起步阶段。受《学会生存——教育世界的今天和明天》一书在澳大利亚出版的影响，1972 年，南澳大利亚继续教育理事会会长马克斯·伯恩（Max Bone）首先提出，应把终身教育作为制定澳大利亚职业与成人教育的基本理念。为了开展这项改革活动，政府于 1973 年成立了技术与继续教育委员会（Technical and Further Education Committee），展开相关情况的调查。次年，澳大利亚政府发表调查报告《关于技术与继续教育需求》（Reports on Needs in Technical and Further Education），即《坎甘报告》（Kangan Report），基本思想是：②技术与继续教育是有组织、有计划的活动，不仅包括为了职业目的的教育，也应该包含发展个人自身的各种活动，即通常所说的成人教育，由此改变了澳大利亚传统技术教育只重技术的特点。在终身教育理念背景下，政府开始技术教育领域的改革，例如将原来的技术教育改为技术与继续教育，加大对技术教育领域的投资，这些改革刺激了澳大利亚当时技术教育的学员结构、机构建设和教学质量等的提升。尽管 20 世纪 80 年代澳大利亚遭遇了旱情和普遍的经济衰退，但是政府还是通过开展多项计划继续贯彻终身教育的理念，并主要扩大了对处境不利人群的关注，将失业者、待业者和学校毕业生一并纳入技术与继续教育的范围。

由此可见，澳大利亚早期的终身学习政策主要在技术和继续教育领域实施，终身学习精神在该领域的基本体现主要表现为以下观念的转变，即技术和继续教育不仅应关注技术，也应该关注非技术性的学习活动。例如，技术和继续教育委员会提

---

① Plilip C. Candy. Reaffirming a Proud Tradition [J]. Learning in Higher Education, 2000, 1 (2): 122.
② 陆建平. 终身教育理念背景下澳大利亚职业与技术教育改革 [J]. 高等教育研究, 2007 (3): 69.

出，课程设计的基础应该考虑两个方面——职业岗位和个体需求，而且前者应该被看作后者的结果。委员会还认为，普通教育和职业教育之间的二元分立其实是错误的，人类活动的不同领域之间、理论和实践之间存在着种种联系。在这种思想认识的影响下，澳大利亚在该时期的技术和继续教育领域的课程设计中引入了"生活技能"（life skills）的内容，并且对年轻人的需求给予重视。在推进终身学习政策的过程中，澳大利亚还考虑到了不同群体终身学习参与水平、机会平等的问题，有关学习者如何从学校教育过渡到技术和继续教育、高等教育的路径事宜也在政府的考虑事项当中。[1]例如，1985 年，澳大利亚成立了高等教育证书委员会，两年之后将职业技术教育纳入了全国性的学位系统。[2]

（二）20 世纪 80 年代末到 90 年代中期的回转

20 世纪 80 年代的经济衰退情况终于在 1987 年开始好转，但是令人奇怪的是，澳大利亚并没有延续以往的终身学习政策，而是发生了相反的变化，即技术和职业教育委员会被收归联邦政府的就业、教育与培训委员会。该委员会以经济发展的思路来发展职业技术教育。1988 年，该委员会的《重建高等教育》（The Restructuring of Higher Education）白皮书明确指出，"现在，终身教育的原则被认为是达到社会、文化、技术与结构变化和未来经济发展的基础"，具有高教育水平和娴熟技能的劳动人口是国家未来经济发展的基础，为应对未来技术和社会的快速变化，劳动人口必须不断地更新旧技能，学习新技术。20 世纪 90 年代初期的经济再次衰退进一步支撑了澳大利亚终身学习政策的这一诉求。这在实践中最为重要的表现就是根据产业发展的需要，构建以能力为基础的职业教育和培训制度，如开发各种能力标准、能力模块、培训包等。

---

[1]　John Stevenson. Technical and Further Education Reforms: Theoretical Issues [J]. The Australian Educational Researcher, 2007, 34 (3): 15 - 34.

[2]　张伟远，段承贵，傅璇卿. 搭建终身学习立交桥：国际的发展和比较 [M]. 北京：中央广播电视大学出版社，2014：63—64.

（三）20 世纪 90 年代中期以来的新发展①

20 世纪 90 年代中期以来，随着国际终身学习理念和政策的深入发展，澳大利亚政府进一步支持和发展终身学习政策，在终身学习政策所涉及的领域和具体推展策略方面都有了新的发展。

（1）《通过大学教育发展终身学习者》（Developing Lifelong Learners through Undergraduate Education，1994）是澳大利亚联邦政府就业、教育与培训委员会（Committee of Employment，Education and Traing）出台的报告，开启了终身学习思想在高等教育领域的发展，该报告的目的是明确是否需要确认及如何确认本科教育的内容、结构、教学模式、评估方法和学生活动支持服务，以鼓励和允许大学生成为终身学习者。

（2）联邦政府就业、教育与培训委员会发布了重要的终身学习报告《终身学习——几个关键问题》（Lifelong Learning — Key Issues，1996）和《在职业教育与培训部门学会学习》（Learning to Learn in the Vocational Education and Training Sector，1996）。前一份报告对终身学习的七个问题即评估、传授、学习的社会维度、获取终身学习机会的途径、课程、对先前学习的认识以及技术进行了阐述。报告的结论是可以通过两个重要的路径来推进终身学习：一是努力培养终身学习者，这一点主要在初始教育和培训领域完成；二是建立一个人们乐于学习的社会，即学习型社会。该报告还认为，终身学习的目的不仅是要培养具有技能、灵活的劳动者，而且要使人们发挥更多的潜能，通过公共学习提高社会意识和对社会公共政策中各种问题的批判性理解。后一份报告则强调了在职业教育与培训部门增加人们发展终身学习技能机会的重要性，认为这些技能对个人、雇主和社会都是有益的。

（3）1998 年，联邦政府就业、培训与青年事务部制定了一项共同计划，确定终身学习为政府的优先发展战略。教育部长大卫·肯普（David Kemp）认为，在一个快速变化的全球性社会与经济环境中，终身学习非常重要，这主要表现在以下两个方面：一是基本技能的重要性，二是构建学校学习和工作场所学习之间的连接和转换通道。肯普还特别强调，政府在促进终身学习过程中具有中枢性作用，提供经

---

① Judith Chapman, Janet Gaff, Ron Toomey, David Aspin. Policy on Lifelong Learning in Australia [J]. International Journal of Lifelong Education, 2005, 24（2）：99 - 122.

费支持、推动必要的立法与管理工作都是政府的基本职责，终身学习需要政府、雇主、个人与社会的合作。①

（4）召开教育、就业、培训与青年事务的部长级会议，发布《21世纪学校教育共同国家目标》（Common and Agreed National Goals for Schooling in the Twenty-first Century，1999)，即《阿德雷德宣言》（Adelaide Declaration）。该文本从澳大利亚学校教育应对21世纪信息和知识经济时代的发展要求，基于终身学习观点提出了未来学校教育发展的十大基本目标，联邦政府用这个共同目标指导各州、属地进行面向21世纪的具体学校教育改革。这十大目标主要包括：为所有学生提供优质教育；使所有学生进行高水平的学习并培养他们自信和乐观的精神；促进教育机会平等；使学生具备适应未来就业、生活的各种能力；为学生参与继续教育和培训打好基础；发展学生在英语、计算、分析、社会参与、欣赏本土文化地理、第二外语、环境保护及道德判断等方面的能力；培养学生的公民意识和能力；具备欣赏和理解本土文化的能力；具备健康的身体；提供生涯教育，对职场有一定的了解。达成全国性的教育目标将有助于年轻人具备终身学习的能力和态度，以便他们能够行使澳大利亚公民的权利并履行相应的职责。

（5）为鼓励工作场所中的继续学习，澳大利亚政府在职业教育与培训部门大力推广学习型劳动力（learning workforce）观念，并引入了许多创新性策略。由澳大利亚国家培训局发布的《职业教育与培训的全国性营销策略：满足顾客要求》(National Marketing Strategy for VET：Meeting Client Needs，2000）就是其中之一。该项目主要目的是要在澳大利亚全社会和各企业组织中逐步增强人们获得有价值技能的愿望，并使人们致力于终身学习。正如该报告所言，今天与明天的工人不可能停止学习，学习不仅是儿童与年轻人的事，学习是终身的，只有终身学习才能够保证个体为未来变化做好准备。

（6）联邦政府就业、教育与培训委员会会同所有的教育和培训部门一起开发了《为知识社会学习：面向信息经济的教育和培训行动计划》（Learning for the Knowledge

---

① KEMP, D. Pathways and Priorities for Lifelong Learning. Speech to UNESCO Conference on Education for the 21st Century in the Asia-pacific Region [EB/OL]. [1998 – 03]. http：//www. detya. gov. au/ archive/ministers/kemp/ks300398. htm.

Society：An Education and Training Action Plan for the Information Economy，2000），就教育与培训团体的改革问题进行商讨，目的是使这些机构能够制定新策略并实施重要的创新行动，确保所有的公民拥有生活、工作与终身学习所需要的阅读能力、计算能力与技术能力。该行动计划认为，职业教育与培训部门的每一个机构都应发挥应有之作用——学校教育的作用就在于提供社会所需要的基本知识、技能、态度与价值，为终身学习提供一种途径，使学生获得持续终身学习和积极公民身份所需要的技能，改善教育不利之处。职业教育与培训部门的作用则是为澳大利亚人的工作服务，通过鼓励他们增加自己的培训投资来提高他们的弹性与适应性，使处于各种生活阶段的人都可以接受教育，教学手段应与学员的学习偏好相适应。成人与社区教育部门则将会发挥越来越重要的作用。该行动计划还认为，应优先关注一般技能与具体技能的发展、专业能力的发展及消除学生的劣势这三个方面。

（7）终身学习不仅与学习者有关，更需要具备终身学习精神和行动的教师队伍。为此，2000 年，联邦政府为应对终身学习对教师的需求，出台《21 世纪的教师：与众不同》（Teachers for the 21st Century：Making the Difference）。基于这个报告，联邦政府还设立了审查委员会，专门处理如何吸引、培训与留任教师等各种问题，尤其关注科学、技术与数学等学科的教师。审查委员会在向政府提出的一个临时报告中写道："一个能够接纳终身学习观念并具有良好教育背景和技能的教师队伍是非常重要的，有助于澳大利亚充分发挥其作为一个具有强大经济能力和创造就业机会国家的潜能。"① 鉴于对学校终身学习文化的开发与创新的需要，该报告还认识到，教师本身就是终身学习者，他们需要不断更新所在领域和有关人类学习的知识，因此必须增加教师的专业学习机会。

（8）2001 年，青年路径行动方案工作小组发文《迈向未来的足迹》（Footprints to the Future，2001）。报告认为，教育作为成功生活的基础是非常重要的，有必要为年轻人建立灵活的学习环境，使他们能够成功完成 12 年的基础教育，同时应为年轻人提供正规学校教育之外的继续学习机会。在一个变化的世界里，个人、社会和经济方面的成功都倚赖于年轻人继续学习和成长的能力。因此，工作小组建议各

---

① Department of Education, Science and Training. Interim Report：Attracting and Retaining Teachers of Science, Technology and Mathematics [EB/OL]. [2002]. http：//www. dest. gov. au.

级政府通力合作开发一个面向所有年轻人的全国性方案，其中论及支持终身学习的多项建议，如完成 12 年学校教育或是同等职业教育的机会、较早离校的人重返教育的机会及发展独立生存技能等。

（9）2002 年，终身学习政策拓展到社区教育部门，各州教育部长共同签署《成人社区教育部级宣言》（Ministerial Declaration on Adult Community Education, 2002），强调通过社区共有（community ownership）促进社区能力建设，强调成人社区教育是教育机会缺乏者参与继续教育和培训的一种路径。宣言为成人社区教育设定了四项目标，分别是：发展社区学习模式，提高对成人社区教育重要性和作用的意识和理解，提升成人社区教育学习经验、学习结果的质量，及拓展成人社区教育参与。

（10）2003 年，澳大利亚联邦教育部再次就成人学习的发展发布了咨询报告《澳大利亚的成人学习：你也可以》（Adult Learning in Australia：You Can Too），提出成人学习在个人的终身发展和国家竞争力水平的提升中都具有非常重要的作用，将以下七个方面列为成人学习领域后期关注的议题：理解成人学习者的需求，建立服务机构、雇主、政府、社区之间的互动和合作关系，提升成人学习的价值，帮助成人在工作和生活中的各种转型性发展，支持工作场所学习，确保学习机会，鼓励成人参与社会。

（11）澳大利亚成人学习的积极发展促使联邦政府在 2008 年再次就成人社区教育签署各州教育部长宣言，新的宣言进一步承认成人社区教育的发展对于澳大利亚产业发展、人口老化等诸多社会问题的潜在价值，并鼓励采用合作的方式来推动该领域的发展，以支持澳大利亚政府理事会（Council of Australian Goverments）的生产力议程（productivity agenda）和联邦政府的社会融合政策议程。

三、澳大利亚终身学习政策推展的基本措施

（一）政府持续重视并支持

在整个 20 世纪 90 年代，澳大利亚政府相继发布了一系列的政府报告和文件，为终身学习在澳大利亚的发展奠定了良好的宣传和理论基础。除教育与培训部门本

身以外，终身学习的价值在政府其他部门工作中也得到认可。如 1998 年联邦政府的通信、信息技术与艺术部制定的政策文件《信息经济战略框架》（Strategic Framework for the Information Economy）就认为，教育与培训部门培养了大量有技能的人，创造了知识，提供了终身学习的途径，而且为其他所有事业的发展提供了动力，支持着创造性社会的发展。

(二) 积极改革学校教育

学校教育是发展终身学习，建立学习型社会的基础，为此，澳大利亚各级政府一直致力于终身学习理论指导下的学校教育改革。如在《阿德雷德宣言》中，目标 1.5 提到学校教育应该开发所有学生的天赋与能力，尤其是当学生离校之时，他们就应拥有与自身技能相关的工作，能够理解工作环境，有职业教育与培训、继续教育、就业与终身学习方面的生涯选择与路径，并对此形成积极的态度。昆士兰重新设定了学校教育的两大目标，即提高学生学习的质量和提高学生留校率，并实施了"新基础"项目，意在整合学校教育的课程、教学与评估，为学生进入学习型社会做好准备。在新南威尔士，州政府教育与培训部制定的《2002—2004 年战略规划》(Strategy Plan 2002 - 2004) 中明确指出，应帮助学生建立终身学习的基础，并承诺为他们今后的继续教育和工作打好基础。在维多利亚，改革焦点则在中学教育，目的是使学生在这个关键阶段形成良好的思维和行为方式，形成对学习的积极态度，改革讨论的问题包括开发灵活的连续性课程、关注教学、识别出处境不利的学生等。在西澳大利亚，学校教育是终身学习的基础的观念同样深入人心，2003 年州课程委员会制定的课程框架中，与支持终身学习相关的策略包括为处境不利的各种学生提供更好的教育计划，加强学生的信息技术教育以使他们更好地适应信息社会。

(三) 职业教育与培训中的终身学习

学校教育为终身学习打下基础，工作环境及要求的变化则需要个体在工作场所中继续学习和接受培训，为此职业教育与培训系统成了澳大利亚实施终身学习的一个主平台，它的基本任务是保证满足澳大利亚在国际经济竞争中的劳动力需求及其技能要求，同时给个人提供实现潜能的机会。在具体策略方面，一方面政府积极推广学习型员工的概念，另一方面政府还根据企业雇主和雇员的变化要求制定各种策略，除以上提及的《职业教育与培训的全国性营销策略：满足顾客要求》外，在职业教育与培训部门实施的策略还有：在学校中开发整合性的职业教育与培训系统，形成从学校到其他地方的无缝过渡；在学习环境中提供整合性的支持服务；建立积极的学习态度；受助于资深前辈，使技能更加熟练；培养需要帮助的学习者的学习技能；使学习的各种可见与不可见的好处都显性化，强化雇主对各种学习形式的支持。

这里尤其应提到的是技术和继续教育。作为澳大利亚职业教育培训的主体机构，技术和继续教育机构为澳大利亚全民终身学习作出了重要贡献。技术和继续教育招生没有年龄限制，鼓励人们随时回到学校；在培养目标上重视职业能力，使学员尽快适应社会；课程安排和教学多样灵活。总之，技术和继续教育机构为一切愿意接受教育和培训的人提供服务。2003 年，澳大利亚本土的一项调查研究表明，有 70％以上的受访者认为，技术和继续教育机构或大学是接受教育和培训（尤其是学习信息技术）的最佳场所。①

（四）举办成人学习周

澳大利亚的成人学习周开始于 1995 年，定于每年的 9 月份举行，目的是庆祝和推动所有形式的成人学习，同时向个人发布社会中各种成人学习的范围和价值的有关信息，并向政策制定者、私立机构和媒体提供信息等。成人学习周除支持成人学习的广泛理念外，还与重要的国家终身学习目标及国际识字日联系，特别强调社区、工作场所及图书馆等场合的学习，同时重视老人和妇女的学习需求与新科技的运用，重视原住民的成人教育实务活动。为推动该活动，非营利组织、企业、大学及政府机构已建立密切的合作关系。2002 年的成人学习周强调赞扬各种形式的成人学习，并将较少参与学习的民众列为主要目标团体。2003 年成人学习周的主要目标则是增加在线学习通道，提高对成人学习周的认识水平，增强电视、报纸等在

---

① John McIntyre. Where Do Australian Adult Learn [EB/OL]. [2003 - 5]. http：//www. ala. asn. su.

成人学习周宣传中的作用。

（五）加强教师教育

将教师教育与发展终身学习联系起来是澳大利亚终身学习实施策略的最新动向。为应对终身学习，未来教师需要不同的教学技能与经验，他们本身就应是终身学习者。基于这种认识，21 世纪初以来，澳大利亚各级政府开始制定各种旨在提高教师教育的策略。

例如，2000 年，澳大利亚联邦政府出台的《21 世纪的教师：与众不同》中提出了以下建议：提高初始教师教育（intial teacher education）并使之继续发展，使专业发展满足学校与个人的要求，促进价值与教学标准的开发及相关标准的建立。在澳大利亚首都领地，教育部门认识到教育领导者和教师在鼓励和支持终身学习的过程中至关重要，为此，政府决议提升教学质量，并引入"专业路径项目"和"专业改进路径项目"，旨在推动"教师即学习者"观念的更新，并使教师开发自己的专业发展计划。在新南威尔士，促进教师专业发展的措施有：减少教学工作量，让他们每周有 1 小时可以进行专业发展与终身学习；提供继续学习的机会，如到技术与继续教育机构中兼职，实行弹性工作等；在学校设立资金，鼓励学校开发、实施、评估工作场所中的教育计划，并建议成立教师研究所，通过该机构来设定教师专业认定资格框架，保证教师继续教育计划的执行，为初始教师教育制定标准等。在南澳，采取了教师再培训、专业发展路径框架、开发合适的教师教育课程与教师成就管理等措施，并鼓励学校与大学教育院系合作，帮助新教师更好更快地适应教学工作。在维多利亚，各级教师都有许多终身学习的机会，如获得学校提供的资金进行校本专业发展，学习与工作有关的信息技术等，政府甚至计划建立专门的教学研究所，用以管理和确保教师终身学习的所有事宜。

四、澳大利亚终身学习政策推展模式分析

（一）以经济与社会发展为基本价值取向

历史地看，澳大利亚早期终身学习政策的发展是以终身学习的理念来拓展和深

化对原有技术和继续教育的认识，认为技术和继续教育不仅仅是有关职业的教育，还关乎人的发展，因此在具体实践中注重人的现实需求，考虑到了不同群体的学习需要，在经济不好的情况下也没有终止相关行动，之后较明显地偏向经济需要。20世纪 90 年代以后，由于终身学习体系的逐步完善，价值取向有渐渐融合经济和社会发展之势，如 1996 年的《终身学习——几个关键的问题》指出，终身学习的目的是既要培养高技能的劳动者，也要实现人的潜能，以提高人们的社会意识和对公共问题的关注和分析。因此，总体来说，澳大利亚的终身学习政策基本偏向是综合性的，意在于经济和社会发展之间寻求平衡。

（二）实施全纳式的终身学习政策

诚如它所提出的"全纳学习型社会"建设目标所体现的，澳大利亚的终身学习政策面向每一个国民。这种模式不仅重视学校基础教育在终身学习思想指导下的深化改革，而且强调高等学校教育应培养终身学习者及其批判精神。终身学习在职业技术教育和成人教育领域得到了更为直接的体现，技术与继续教育系统本身就是终身学习精神的最好体现，人人随时随地都可以进行学习，成人和社区教育参与比较普遍，并且在全民思想观念中形成了较好的终身学习意识和态度。此外，近年澳大利亚终身学习政策又考虑到了教师教育的改革，认为教师首先应该成为一个真正的终身学习者，这对于终身学习时代如何培养终身学习指导者具有重要研究意义。

（三）强调国家在终身学习政策推展中的主导作用

在思想上，澳大利亚比较认同和强化政府的主导作用；在实际活动中，持续以联邦政府的名义积极发展和支持终身学习，并协调国家与州之间以及各州之间的合作。"自 20 世纪 80 年代后期以来，联邦政府已经成功地管理着大部分的教育政策发展，并通过联合或有针对性的资助拨款管理着全部的教育资助，依赖其税收权力，联邦政府成为主要的资助者。"①

---

① Ian R. Comford. Mere Platitudes or Realistically Achievable? An Evaluation of Current Lifelong Learning Policy in Australia [J]. International Journal of Lifelong Education, 2009, 28 (1): 23.

（四）国家标准和地方灵活性相结合的目标要求

由于是联邦制国家，澳大利亚各州一般先通过协商产生一个各州均认同的共同标准，在这个标准的指导下，地方可以结合实际情况作更具体的要求。例如，在《阿德雷德宣言》中，联邦政府就改革学校基础教育提出了基本要求，但允许各州在基本要求上，依据各自的情况选择不同的改革路径。有关教师教育如何促进终身学习发展的方式也是以类似的方式运作。

因此，澳大利亚终身学习政策推展模式可简要地归结为"国家、综合发展、补缺、普遍性、基本规范上的多样性"类型。

五、主要成效与问题

在终身学习思想的影响下，澳大利亚加速了教育和培训体系的改革，20 世纪90 年代以来，成效尤其明显。例如，澳大利亚悉尼技术大学 1995 年的一项调查研究数据显示，21 岁以上的人口中有 80％的人在一生中有过成人教育和培训的参与经历，且男性和女性在参与课程中的比例相当，45％的人拥有学位，三分之一的人获得过某种证书或文凭，还有四分之一的人曾经参加过行会组织的学习活动并获得相应的证明。①2003 年的统计数据表明，澳大利亚 40 岁以上人口的教育参与率为6％，是经济合作与发展组织成员国平均参与率的 5 倍，超过英国和北欧部分国家。②此外，企业界对终身学习的支持力度也大幅提升。据统计，2002 年有 81％的雇主为其员工提供了继续学习的机会，25％的雇主提供了结构化培训，12.9％的雇主雇用了学徒。③同时，终身学习的氛围日益增强，2003 年澳大利亚全民终身学习周活动的统计数据表明，学习周的活动项目连年上升，其中 2003 年达到 603项，④ 足见民众对终身学习活动事项的知晓程度及参与热情。

尽管如此，澳大利亚的终身学习政策推展中仍有问题尚待解决。比如，一些本

---

① John McIntyre, Alistair Crombie. Who Are Australian's Adult Learners? [EB/OL]. [1995 - 9 - 1]. http：//www. ala. asn. au.

②③ DEST. You Can Too [EB/OL]. [2003 - 4]. http：//www. dest. gov. au/research/publications.

④ John Cross, Jane Speechley. National Analysis of Adult Learners' Week? [EB/OL]. [2003 - 10 - 4]. http：//www. ala. asn. au.

土学者认为澳大利亚缺乏一个全国性的有关终身学习相关知识研究的平台，影响了联邦政府与各州以及各州之间在终身学习方面的合作，其中重要的一个方面就是如何整合学习和技能，如维多利亚州和塔斯马尼亚州已经在行政结构上进行改革，设置了学习与技能局或学习和就业技能委员会，但是在合作与协调方面仍有许多具体问题还未解决。此外，统计数据表明，老年人参与成人教育和培训的人数近年有所下降，主要原因是现在很多课程都是和职业、工作相关的，不符合老年人的实际需求。

第四节　日本的终身学习政策推展模式

一、现代终身学习思想在日本的引入

在谈到日本的终身学习①发展问题时，几乎所有的研究者都会转向日本教育领域中的"土特产"——社会教育。根据我国学者的研究，② 日本社会教育开始于明治维新时期，至今有一百多年的历史，其间经历了萌芽、成形、制度化、转折、扩充及综合等多个发展阶段。关于什么是社会教育，日本国内研究者并没有一个统一的学术界定。而从法律的定义来看，1949 年的《社会教育法》（Social Education Act）规定，社会教育主要是对青少年和成人进行的有组织的教育活动（含体育和文娱活动），大体上相当于联合国教科文组织的成人教育和青少年活动（校外部分），与学校教育、家庭教育并列，具有自主性、开放性、灵活性、现实性等特点。笔者以为，从以上所阐述的社会教育来说，其实日本已经在实践终身学习的思想，只是没有用到"终身学习"这个术语，没有从终身的角度及其蕴涵的深度与广

---

① 在日本，"终身学习"一般被称为"生涯学习"，指人在一生中活到老学到老的意思。笔者认为，两者在内涵上没有差别，为行文方便和用词一致，本书在谈到日本"生涯学习"时都将其替换成"终身学习"一词。

② 梁忠义. 当代日本社会教育 [M]. 太原：山西教育出版社，1994：3—32，380—381.

度来理解社会教育，但日本社会教育的百年发展历史确实为 20 世纪 80 年代后日本终身学习的发展奠定了良好的基础。

1949 年《社会教育法》的基本思想继承了日本 1947 年《教育基本法》（Basic Act on Education）的精神，强调社会教育中国民的自主性，尊重国民在学习过程中的主体地位。国家及地方社会教育行政的基本任务是对国民进行奖励、支持，帮助其创造良好的、合适的学习环境，坚持不干涉社会教育团体的原则，更加重视地方社会教育行政层次的直接指导作用，赋予地方教育行政更多的自主权，明确公民馆是日本社会教育综合设施的中心。①其后，为更好地完善公共基础设施，发挥社会公共机构的终身学习功能，日本在 1950 年和 1951 年先后就图书馆、博物馆等颁布有关法律条文，分别对公共图书馆和博物馆的基本职责、管理及营运作出了具体的规定，从而使日本民众生活中这些常见的重要的公共基础设施具有了教育的功能和意义，为社会教育的实施寻找到了合适的现实基础。本研究以为，从终身学习的实施来说，日本当时的这些政策措施是十分有益和值得借鉴的，而且颇有远见，更为接近终身学习的本意。由上所见，尽管日本在 20世纪上半叶并没有明确的终身学习的思想，但是在实践和法律政策上都给日本实施终身学习政策的重要历史基础——社会教育——以高度的重视，并且明显地体现了终身学习的部分精髓，例如国民的自主性和主体地位及教育设施的社会性。

1965 年，日本波多野完治在参加完联合国教科文组织主持的成人教育促进国际会议之后，回国积极宣传终身学习思想，并组织翻译和编写相关著作，两年后以《社会教育的新方向》（*New Directions of Social Education*）为书名翻译了 1965 年的成人教育促进国际会议提案书，由此在日本引发了对终身学习思想的热议。②文部省以外的政府部门也纷纷加入，出台了众多调查报告，并制定了相关的计划和政策，逐步推动终身学习在日本的发展。

---

① 吴遵民. 现代国际终身教育论（新版）[M]. 北京：中国人民大学出版社，2007：182—183.
② 同上：177—178.

二、日本终身学习政策推展历程

(一) 20 世纪 70 年代的起步

20 世纪 70 年代是日本终身学习政策推展的起步阶段, 但受石油危机的影响, 终身学习政策的改革并没有进入实质性阶段。相关的政策文本是:

(1) 中央教育委员会的《关于未来学校教育整体扩充与整顿的政策措施》(About the Basic Policy for Total School System Expansion and Maintenance in the Future, 1971)。该政府报告提出, 必须从终身学习的视角来重新设计整个教育体系。教育的目的是完善人格, 而人格的形成是在人与环境相互作用的过程中逐步形成的, 教育的媒介广泛分布在丰富的生活中。

(2) 日本社会教育委员会的《关于适应社会结构急剧变化的社会教育》(The Way Social Education Should Deal With Rapid Social Structure Change, 1971)。日本社会教育委员会认为, 日本的家庭教育、学校教育和社会教育三者之间缺乏有机的联系, 相互之间的重叠也使教育体制缺乏效率。另外, 社会还把过多的责任和期望聚焦在学校教育这一块, 因此以终身的观念来发展教育。报告主要有三部分, 包括社会条件和变化、今后社会教育的发展方向及社会教育行政的作用和重点, 明确提出实施终身学习政策的重要性, 并且表明引入终身学习的思想和实施终身学习的根本目的是为了最大限度地发挥每位公民的个性和能力。其要点在于: 广泛理解终身学习的机会; 寻求社会、学校和家庭的协调和合作; 社会教育内容广泛, 包括闲暇教育、家庭教育、职业教育、社会集体教育和国际意识教育, 但要以认识人性和寻求人生意义为本; 坚持社会教育的自主性和主体性; 重视指导人员、设施和环境的建设。

由此可见, 日本终身学习政策从一开始就体现了比较明显的价值取向, 即为了完善人格和发展人性, 对教育以及如何进行教育的认识也比较充分, 体现了民主教育的思想。

(二) 20 世纪 80 年代以后至今的进展

(1)《〈关于终身教育〉的答询报告》(Concerning Lifelong Education, 1981)。

在秉持 1971 年报告基本思想的基础上，该报告在许多方面进行了补充和充实：① 明确将终身教育和终身学习并列提出，并指出两者的区别：终身学习尊重个人学习的主体性，主要是为了完善、充实生活；而终身教育则是从教育机构整合与联系的角度出发，为个人终身学习提供制度基础。② 明确提出要向学习型社会迈进，以脱离以往的学历社会。③ 提出了今后需重点改进的课题，如充实家庭教育，改进学校教育和成人教育，振兴社会教育，提供终身学习咨询服务，加强合作，加深对终身学习的理解。④ 从终身学习角度，分别对未成年人、成年人和老年人提出了具体的要求。①

(2) 1984—1987 年，接受中曾根首相"关于为实现适应社会变化和文化发展的教育，开展各种政策改革的基本方针"的咨询，直属内阁的教育咨询机构——临时教育审议委员会分别在 1985 年 6 月、1986 年 4 月、1987 年 4 月和 8 月发表了四份答询报告。四份报告分别从改革基本方向、目标及对策、具体措施和要点总结四个方面层层推进，最后认为日本教育改革的基本要点是：重视个性化原则，向终身学习体系化转型和适应变化。为此确立了六个方面的具体措施：完善终身学习体制，改革高等教育，充实学校基础教育，适应教育的国际化，适应教育的信息化和改革教育行政和财政制度。②其中第一个方面是最为重要的。至此，日本终身学习仍旧坚持了其个性和学习者主体的基本原则，同时结合 21 世纪发展新趋势，补充了国际社会发展在全球化和信息化方面的新要求。

(3)《日本文教政策：终身学习的最新发展》(Education Policy in Japan：The Latest Development of Lifelong Learning，1988)。这份重要的教育白皮书标志着日本终身学习政策的正式确立，终身学习的思想在其中得到了明显的强调。白皮书指出，随着科技、产业结构的变化以及人们生活和收入水平的提升，人们的学习需求越来越多样化，越来越深入。政府必须根据这些新的趋势，提供更广泛的学习机会。

(4)《终身学习振兴法》(Lifelong Learning Promotion Law，1990)。根据上述报告的要求，为加速教育改革，日本在 1987 年颁布教育改革大纲，并在 1988 年改社会教育局为终身学习局。为积极贯彻改革基本精神，完善终身学习体制的基本目

---

① 周晟. 日英终身教育政策的比较研究 [D]. 上海：华东师范大学，2007：12—13.
② 夏鹏翔. 日本终身教育政策实施现状分析 [J]. 日本学刊，2008 (2)：116—119.

标，1990 年 7 月，日本政府颁布了第一部直接以"终身学习"命名的法律即《终身学习振兴法》，又名《关于促进终身学习的机制和措施发展的法律》（Law Concerning the Development of Mechanisms and Measures for Promoting Lifelong Learning）。该法共有十二条，主要是从组织行政机构的角度对推展终身学习作了比较具体的安排，明确中央政府及各都道府县各自的职责。其中最重要的两点是：政府部门（文部省、通产省）参与到终身学习中来；同时允许企业作为合作伙伴成为终身学习的提供者。由此引发了以下两点主要争议：中央及地方政府对终身学习有过度干预的倾向，违反了日本传统社会教育自主的基本精神；开始重视市场并倡导教育民营化，让人怀疑其促进经济的功利取向。例如，该法第二条提到，国家及地方公共团体在实施终身学习时，既要尊重国民对于学习的自发意愿，也应该使终身学习与职业能力的开发和提高、社会福利等方面的政策相配合。①

（5）进入 20 世纪 90 年代之后，在上述基本法律的指导下，日本成立了国家终身学习咨询委员会（the National Advisory Committee of Lifelong Learning），其工作职责主要是向文部省提供有关终身学习的咨询报告。其中主要的相关报告有《关于适应今后社会发展的终身教育振兴政策》（Lifelong Education Policy to Adapt to the Social Development in the Future，1992）和《社区终身学习机会提升措施》（Measures to Improve Lifelong Learning Opportunities in the Community，1996）。前者基于 20 世纪 90 年代以来日本社会高龄化、多样化、全球化及知识经济等新背景，明确提出终身学习的必要性日益显现，为此需要构建一个人人随时可有终身学习机会并且学习成果得到尊重的社会，所建议的策略包括：将终身学习当成一种生活方式；加强各种机构之间的合作；帮助学习者将内在的学习需要挖掘出来；保证终身学习成果能有所用。后者主要阐述了社区应如何在终身学习中发挥作用，主要措施包括：②面向社会的高等教育要接受社会人；基础教育要致力于社会的各种活动；社会教育要适应人们的多样化学习需求和组织实施灵活化需求；终身学习的研究机构要和社区联手，提供各种学习机会。

（6）《终身学习完善法》（Law for Improvement of Lifelong Learning，2002）。

---

① 梁忠义. 当代日本社会教育 [M]. 太原：山西教育出版社，1994：395—396.
② 杨瑾. 20 世纪 60 年代以来日本终身教育政策研究 [D]. 昆明：云南师范大学，2006：18.

根据吴遵民的研究,①《终身学习完善法》是日本政府历经 12 年的努力对《终身学习振兴法》(1990) 进行补充和完善的结果，保持了 1990 年立法的基本框架和内容，只是在程序等细节方面作了修改，本质上仍继承了前部法律振兴产业的基本特征，对于前部法律中基层组织推进终身学习职责的模糊，终身教育和社会教育脱节，忽视保障应有学习权和提高公民素质等方面的弊端仍旧没有给予足够的重视，也没有提出改善的建议。

(7)《关于适应新时代的教育基本法与教育振兴基本计划的构想》②(The Fundamental Law on Education and an Education Promotion Basic Plan for the New Era, 2003)。这是日本中央教育委员会在 2003 年 3 月提出的最终意见报告书，被认为是日本面向 21 世纪制定教育计划的纲领性文件。在这份诞生于新世纪的白皮书中，有关终身学习的论述主要是：第一，修改日本 1947 年《教育基本法》，需要明确和强调的基本原则和理念之一是"创造终身学习的社会环境"，必须站在学习者的立场上来考虑问题，不仅要使国民能够随时随地地学习，而且要使学习的结果能够得到公正的评价。第二，教育改革的基本方向之一是"实现终身教育"。第三，以"实现终身学习的社会"为今后可列入审议的政策目标之一，提出了利用社区教育设施，共同参与社会活动，完善终身学习活动的成果评价和认证体制，提高居民参与社区体育俱乐部的意识等具体政策措施。

(8) 2006 年 12 月，日本开始实施修订后的新《教育基本法》。该法就公众所关心的终身学习的概念进行了界定："为使每个国民能够磨炼自身的人格，安度多彩的人生，要实现国民能够在任何时候、任何场合开展学习活动，并活用其学习成果的社会。"

三、日本推进终身学习政策的主要措施

(一) 积极拓展、深化和改革社会教育

社会教育是日本教育的传统和特色，也是其实施现代终身学习政策的重要基

---

① 吴遵民. 现代国家终身教育论 (新版) [M]. 北京：中国人民大学出版社，2007：191—192.
② 周晟. 日英终身教育政策的比较研究 [D]. 上海：华东师范大学，2007：22.

础。以《社会教育法》为例，该法在 20 世纪 70 年代以前经历过十一次大大小小的修改，1971 年终身教育思想传入日本之后，至今也修改了十多次，足见日本对社会教育改革及完善的重视和关注。本研究以为，日本社会教育本身就构成了一个终身性的学习系统。例如，从对象上来说，包括青少年教育、普通成人教育（含妇女教育、老年人教育）、家庭教育（这里主要指对儿童父母的教育，指导他们如何对子女进行家庭教育，是一种特殊的成人教育）；从学习机构上来说，既有公民馆、终身教育中心等综合设施，也有图书馆、博物馆、视听中心、社会体育等专门设施，还有针对少年、青年和妇女专门设置的分化设施；从内容上来说，既有传统的普通教育（文化、休闲、体育、文娱），也有 20 世纪 90 年代之后逐步加强的职业能力开发；从学习方式上说，兼容非正规和非正式活动，学习时间灵活，学习目的多样。

（二）大力改革学校教育

日本大力推进终身学习政策，背后很大的一个动因就是要改变已经形成的过于严苛的学校教育制度，变学历社会为一个终身学习社会。在终身学习思想和政策的指导下，日本在学校教育领域实施了许多具体的改革活动，如导入更多、更灵活的学习途径，帮助辍学者和没有完成学校教育的成年人获得再次接受教育的机会，减少学生在学校里的学习实践，丰富和活化学校教育经验。比如，1988 年引入单元制高中（unit system high schools），通过积累学分，鼓励年轻人尽量完成高中阶段的学习并获得高中文凭。而在小学教育阶段，则通过整合课程进行改革，比如 1998 日本文部省课程委员会提出的每天"1 小时综合性学习"活动，着重于问题解决、创造性和学会学习等能力的培养，比如雇请志愿教师，又比如从 2002 年起开始实施每周五天的上课学习时间，课程量降到原来的 70%。另外，还开始重视学生的校外学习经验的质量，引入档案袋方法进行评估。

（三）增加学习机会并重视终身学习成果的运用

努力保障和增加学习机会一直是日本政府实施终身学习政策的一个基本策略。这一方面体现在开放正规教育方面，如设置放送大学，利用电视及广播等为人们提供大学教育的机会；高等教育向社会成人开放，具体类型有夜校、科目选修、函授和大学公开讲座等；基础教育学校的设施向社会开放，聘请社会人士担任中小学教师。另一方面，体现在非正规教育方面，主要是完善社会教育的基本设施，如分布众多的博物馆、公民馆、学习活动中心、体育中心和图书馆等。而在重视终身学习成果方面，主要做法是采用弹性、多元的评价体系，如弹性学分制（要求大学认定成人回归教育的成果并可以转化为正规学分）、学位授予多级化，以给予不同层次、不同学习需求和水平的人以正式认定，鼓励并承认他们的终身学习成果。积极开发针对志愿者活动的社会性评价方法，并作为招生、用人方面的一个参考因素。

（四）重视学校、社会和家庭之间的沟通

重视学校、家庭和社会之间的沟通是日本社会教育自倡导终身学习思想以来所呈现出的一个重要特征。在 20 世纪上半叶，日本刚开始为社会教育立法的时候，更多的是把社会教育看成民众自发的活动，因此，社会教育与学校教育是相脱离的。但自政府、社会积极接受和研究终身学习思想以后，这一形势发生了变化。根据终身学习纵横贯通的基本观点，日本社会教育自 20 世纪 80 年代中期以来，就开始积极强调各方合作和沟通的重要性。例如，在 1989 年，日本开始利用中小学设施建设社区学校供居民使用。开放大学的图书馆和体育馆，促进大学之间及大学与地方之间的合作。加强大学和产业之间的合作研究与人才交流。

四、日本终身学习政策推展模式分析

（一）强化政府职责

从政策推展的责任主体来看，尽管日本终身学习政策的推展也非常强调各方面的合作，认为终身学习主要是个人的事情，但是自 20 世纪 80 年代中期尤其是 90 年代初期以来，政府加强了中央政府对此的管理。如 1990 年《终身学习振兴法》的主要内容就包括中央政府应积极支持各都道府县、规定特定地区实施终身学习的标准、设立全国性的终身学习审议会、充实各行政层次的终身学习管理机构。至 1998 年，日本 47 个县级政府中的 43 个就已经建立了终身学习委员会，其中 25 个还发布了报告，22%的市级政府有终身学习部门，43 个县和 1 146 个市已经制定了终身学习推进计划。①在这以后，文部省的终身学习审议会（Lifelong Learning Cuncile）发表了系列咨询报告，对日本政府推进终身学习起到了很好的作用，如 1998 年的《应对社会变化的社会教育管理形式》（Modalities for Social Education Administration to Address Social Change）、《在社区中培养青年人"生活兴趣"的环境提升指导原则》（Guidelines for Enhancing the Environment in Local Communnity to Foster a "Zest For Living" in Young People）等。

（二）以满足民众多样化学习要求，提高精神素养和完善人格为基本目的

尽管日本政府 20 世纪 90 年代有一段时间积极鼓励产业界在终身学习推展中发挥作用，提出要为发展经济做准备，但总体上来说，终身学习仍是以完善人格、提高人的精神素养为根本目的，这是日本终身学习政策自 20 世纪 70 年代初期以来就一直贯穿的主线。这一特点也可以从日本国民对终身学习的印象中得到佐证。在日本一项有关"从'终身学习'一词得到什么印象"的调查回答中，位列前四的回答分别是"提高趣味和教养""从幼儿园到高龄期学习一生""充实高龄者的生存价值""欣赏生活，从事丰富心灵的活动"。②2008 年，日本中央教育委员会向教育部长提交了一份有关日本终身学习政策新发展的报告，再次指出"学习是建立在学习者个人兴趣和动机基础上的活动。促进这种学习活动可以使人们获得健康和幸福的生活。同样，获得和更新工作技能与知识也可使人们获得经济稳定的生活。同时，这种学习活动也有助于发展个人能力，再通过个人的发展来支持和促进社会发展。个体最终将有助于激活社会和国家的可持续性发展。考虑到日本目前的状况和未来发展，建立终身学习社会是非常必要的，也是非常重要的。"③笔者以为，这可能也是西方学者在研究国际终身学习政策、批评西方本土终身学习政策过于人力资本或经济取向时，一直把日本当作例外的一个根本原因。

---

① John Dewar Wilson. Lifelong Learning in Japan — A Lifeline for a "Maturing" Society [J]. International Journal of Lifelong Education, 2001, 20（4）：304.

② 周建高. 日本的终身学习 [M]. 天津：天津人民出版社，2010：235—236.

③ Akihiro Ogawa. Japan's New Lifelong Learning Policy: Exploring Lessons from the European Knowledge Economy [J]. International Journal of Lifelong Education, 2009, 28（5）：601‐614.

（三）努力促进社会转型，满足多样化的发展

从终身学习促进社会转型角度来说，日本在 20 世纪 70 年代开始推展终身学习政策的一个重大背景是为了改革以前过于讲求平等和统一的学历社会，希望朝一个更加开放和灵活的学习型社会迈进。一直以来，终身学习政策以促进个性发展，满足人们的多样化学习需求为基本宗旨，因此必然带来社会多样性的发展。

（四）学习对象十分广泛

从推展的范围来看，日本终身学习政策是广泛的，既包括针对学校教育的各种改革，也包括以终身学习的思想进一步改革和完善原有的社会教育和家庭教育传统，涉及对象很广泛，包括在校学生、青年人、在职人员和老年人。

如此，可以将日本终身学习政策推展模式简要认定为"国家主导、个人发展、多样性、普遍性"的具体模式。

五、主要成效与问题

在日本学者看来，日本在全国范围内实施终身学习政策基本上是成功的，而且已经产生了明显的效果，不仅终身学习的基础学习设施连年增长，功能不断完善，而且利用率也有明显提高。根据冈本薰的研究，1992 年的民意测验表明，大概三分之二的日本人对参加一定的学习活动表现出兴趣，在过去的一年中，有约一半人实际上参加了一项或多项学习活动。各种机构提供的教育机会也确实大大增加了。例如 2000 年，约有 2.2 亿人次利用公民馆，2.6 亿人次利用博物馆，1.3 亿万人次利用图书馆，2 000 多万人次利用青少年设施，4.5 亿人次利用社会体育设施等。[①]终身学习的知晓度也大幅提升，来自日本的调查表明，在 1988 年，听说过"终身学习"一词的人数比例为 58％，到 1999 年，这一比例上升到 74％，2005 年上升到 80.7％。[②]终身学习政策的推展也激发了更多的非营利组织参与到终身学习服务中来。以东京东部一个社区的社会组织为例，在 2001—2003 年期间，该组织为当地

---

① 张洪霞，崔世广. 日本开展终身学习的政策措施与效果 [J]. 日本学刊，2004 (6)：152.
② 周建高. 日本的终身学习 [M]. 天津：天津人民出版社，2010：235.

居民和职工提供了将近 200 门课程，所开展的活动涉及领域广泛，包括生涯发展、外语、舞蹈、体育、儿童课程和艺术等，其中多数课程几乎每周或每两周都有开设，教学实践持续 3—6 个月。①2008 年的数据显示，日本有超过 4 000 万（占当年日本人口的三分之一）的人参与了一定形式的学习活动，政府资助的项目、图书馆、博物馆和私人终身学习服务提供机构为民众提供了许多的终身学习机会。②

尽管如此，日本在推展终身学习政策方面仍面临挑战，其中一个主要问题就是：在终身学习政策实施内容方面，政府期待和民众意愿之间存在差异。随着日本社会对终身学习重要性认识的加深，政府管理和控制意向加强，出于国家经济社会条件的考虑，势必要考虑经济、产业界等多方面的需求，像西方许多国家一样，把终身学习政策的发展重点转到提高职工的职业技能、就业率等实际问题上来。例如，中央教育委员会 2008 年向文部省提出的一份报告中，就日本终身学习政策的新发展就表达了类似的建议："终身学习是个人基于自身兴趣和动机的活动，这种学习活动促进人们过上更健康、更理性的生活。但是学习和更新工作技能和知识也有助于获得经济上的稳定生活。与此同时，这种学习活动有助于个人能力的发展，进而促进社会的发展。参与终身学习的个体最终可以激活社会，对国家的可持续性发展作出贡献。"③ 日本学者在分析日本终身学习政策的发展状况时也提到，日本社会要在 21 世纪具有可持续性发展和参与全球市场竞争的能力，需要重新定位已有的终身学习政策，将其与提升本国劳动力工作能力、刺激经济增长等因素联系起来。然而，日本百年的社会教育一直推崇的是自主、生活取向，来自民间的需求和习惯显然与政府的期盼格格不入，由此造成了政府和民间社会在终身学习政策推进过程中的选择矛盾。即使日本的终身学习政策仍旧关注民众的闲暇教育，政府终身学习推进的职责也需要不断地加以重新定义，该做什么，该怎么做，该做多少，都需要各级政府有更多的管理智慧。

---

① Akihiro Ogawa. Japan's New Lifelong Learning Policy: Exploring Lessons from the European Knowledge Economy [J]. International Journal of Lifelong Education, 2009, 28 (5): 601 - 614.

② 同上: 602.

③ 同上: 606.

第五章
国外终身学习政策推展模式解析

根据前述的研究可以看出，无论是在理论上还是在实践中，国外终身学习政策推展模式都存在许多具体的类型，如何看待它们之间的共同之处，如何理解它们之间的潜在差异及影响这些差异的一般性因素，如何理解终身学习政策在实践中所带来的新老问题，都值得我们进一步思考。

第一节　国外终身学习政策推展中的普遍经验

一、政策实施的着手点：改革并完善原有的成人
　　（继续）教育或社会教育

将原有的成人（继续）教育或社会教育作为终身学习政策实施的着手点是国外的一个普遍经验。例如，英国终

身学习政策明确以 16 岁以后青年的教育及培训活动为基础。澳大利亚在原有的技术和继续教育中首倡以终身学习的观点来对此进行改革。瑞典的终身学习政策推展实质是在终身学习理念下对传统成人教育的系统性改进和发展。而日本引进终身学习思想主要也是为了强化和推进"二战"后西方民主观念下发展起来的社会教育。美国和德国直接以成人教育或继续教育领域的改革作为实施终身学习政策的开始；法国则以职业继续教育改革为终身学习政策推展的起点。

这一做法背后的理由在于：

第一，终身学习本就源于对成人教育重要性的理性认识及其丰富实践活动的理论提炼。尽管朗格朗本人和联合国教科文组织一直坚持终身学习的统领性原则，但是终身学习的思想的确是来自对成人教育重要性的认识。在《终身教育导论》中，朗格朗首先从教育本身的意义指出成人教育发展的重要性："对儿童和青少年的教育工作无论多么重要和必须，都仅仅是一种准备，一种真正的教育过程的不甚完备的预示活动。这种教育，只有在我们的同辈人，即成年人中实施时，才呈现其完整意义和全部余地"；① "通过成人教育，教育的本色得以显露，即成为交流和对话的过程"；② 其后，他通过对外部因素，即当时社会在科技、政治、人口、信息、生活等方面的巨大变化的分析，指出教育不能再仅限于传统学校机构范围，必须在数量、机构、内容、手段等多方面进行深化和拓展，从而构建一个全面、完整的终身教育体系。

从这个最初的起源来看，终身学习的观念和思想一开始就和成人教育，对教育的完整性及连续性的认识有着密切的联系，所以一般人通常以为终身教育就等于成人教育。尽管朗格朗在《终身教育导论》的开始部分就明确提醒不要将这两者混为一谈，但在后续的诸多理论研究和实践中，尤其是在政策的发展过程中，终身教育通常被限定在成人教育领域，这一方面与终身教育及学习的倡导者主要是成人教育领域的工作者有关，另一方面这种"误解"可能也是政策有意选择的结果。

第二，政策推展的便利性原则。在 20 世纪 60 年代后期和 70 年代现代终身学习思想出现之时，学校义务教育制度在西方各国都得到了较好的实施，初等教育的

---

① 朗格让. 终身教育导论 [M]. 滕星，等，译. 北京：华夏出版社，1988：6—7.
② 同上：18.

普及率都在 95％以上，中等教育的普及率也接近 70％，较好地体现了义务教育的公平、免费和义务等基本原则，而且在教育经费和师资方面也有了一定的保障。如在 20 世纪 70 年代初，美国、英国、德国、日本和苏联等发达国家的教育经费均占国民总收入的 5％或更高，中央或州对义务教育经费承担主要责任。①随着资本主义经济的普遍发展，一些国家还适当延长受教育年限，进一步巩固和提高了本国的义务教育水平，义务教育的实施和推进遂成为现代化国家和政府的一项重要基础工作。

正因为如此，国家和政府必然不大会在具有如此重要和稳定地位的传统学校基础教育领域来"试验"终身学习这个因应社会变化而产生的新事物。加上前面所讲的终身学习研究者更多的是来自成人教育领域的事实，首先将终身学习政策的推展指向学校教育制度以外的学习和培训领域成为必然。事实上，当前西方有关终身学习的研究中就出现了以下相关评论：终身学习是对成人教育进行思考的结果，借此，传统成人教育可以在新的现实条件下登上政府的政策平台。

二、终身学习政策的推展是一个渐进发展的过程

从许多国家的经验中我们都可以发现，终身学习政策的推展是一个持续扩展和深入的过程，并不是一蹴而就的。即使到今天，也仍然没有哪一个国家敢宣称已经完全实现了终身学习的政策目标，建成了学习型社会。在理论和现实的发展道路上，各国终身学习政策的推展仍然存在着许多问题、困难和挑战，需要去认识和克服。推展过程中存在一些普遍规律。

首先，将终身学习政策和本国成人教育或者社会教育结合起来，就如前面第一点所论述的那样，以终身学习的基本理念来改革和完善成人（继续）教育或社会教育。

其次，将终身学习政策范围逐步向上延伸，其中高等教育（包括普通高等教育和高等职业教育）在这个过程中占据着比较明显的地位，论述终身学习推展的诸多

---

① 　成有信. 九国普及义务教育［M］. 北京：人民教育出版社，1985：1—43.

文献中，如何以终身学习的观念改革和更新高等教育的文章明显偏多。其中，原因主要有两点：一方面，基础教育水平的普遍提高促进了高等教育的发展需求，高等教育已进入大众化发展阶段，为人们的继续学习和个人提升提供了更广阔的平台；另一方面，高等教育的市场化、办学体制多元化及类型多样化也是近年世界教育改革的基本趋势，这与终身学习政策实施所倡导的责任分担和多元投资与利益共享机制、学习的多样性和开放性等有着内在的一致性。

再次，在人力资本理论及人力资源开发理念下，职业教育获得了高度重视，其中最为突出的表现就是要培养学习者的终身就业能力，促进和倡导企业广泛参与终身学习，并优先满足雇主的即时需求等，以此更好地发挥职业教育促进经济发展的社会功能。

第四，随着前面诸多教育领域诸多方面的改革和完善，这一发展过程最后会落脚于学校基础教育之上（但有的国家除外，而且学前教育似乎还没有被考虑在内）。在这个过程中，基础教育不再被认为仅是简单地传授基础知识和技能，而是要在终身学习的背景下进行彻底的变革，即要培养学生的终身学习意识、终身学习能力、自我指导和管理能力，提高基础教育的质量，保障青少年在校学习的成功。

另外值得注意的是，目前少数国家谈到并切实延伸到了学前教育（如美国）和教师教育（如澳大利亚），但这仅是目前国际终身学习政策发展的一个新趋势，并没有成为大多数国家推展终身学习政策的主要策略。按照前面的逻辑，随着终身学习理念的进一步深化和实践的进展，也许这是后续发展的一个基本过程，毕竟教育和学习是离不开教育者（比"教师"含义更广）的。在目前的研究中，有关这方面的论述有如何培养终身学习指导者、如何使教师自身成为终身学习的典范等。

综上所述，终身学习政策的推展是一个逐步推进和完善的过程，是一个循序渐进的过程，至今为止仍没有到达终点。其中的选择如何及进程快慢，取决于一个国家的经济发展水平、政局态势和教育改革的基本理念，同时也与其文化传统、教育基础及人们如何看待和理解终身学习本身等有着密切的关系。

三、强调终身学习政策推展过程中的合作

不管是哪一种社会环境，哪一种类型的终身学习政策推展模式，我们都可以发

现，合作是终身学习政策实施的一个关键要素。当然，在不同的国度，合作有不同的表现。例如，日本一直强调和坚持的是社会教育和学校教育、家庭教育的横向沟通与合作。澳大利亚则是联邦政府指导下的各州政府之间的合作以及政府不同部门之间的合作。英国的合作更具有市场导向，一直以来积极寻求的是产业界、教育界和国家行政部门的协商和沟通，并多为建议性和倡导性的。瑞典的合作主要是官方和民间社会团体的共同商议和推动。

为什么终身学习政策的推展如此强烈地需要合作这个关键要素？可能的原因有内外两方面：

第一，终身学习政策领域本身涉及广泛，即使是在早期的社会教育或成人教育领域也不例外。如日本的社会教育，既有针对青年人的与学校教育相对应的校外教育活动，也包含广泛的成人教育，如妇女教育、老年人教育。日本提供社会教育的机构也很多，既有正规学校教育体制内的平台，也有众多的社会公共机构。而在我国，成人教育系统既存在于和学校教育体制一样的学历教育系统中，也存在于广泛的岗位培训和社区文化活动当中，在认识、宣传、组织和实施等方面需要社会各界的广泛沟通和合作。在后期的逐步推进过程中，由于涉及领域扩展，教育学习活动的承担机构和责任部门也越来越多，除了教育部门自身以外，还有公共文化部门、财政部门、信息部门、民政部门、劳动与社会保障部门、经济产业部门等多个单位，因此势必要统一认识、加强合作，否则终身学习政策的发展就会是一盘散沙。

第二，政府工作方式的新变化。制定并推进某项政策是国家及其政府的一项重要事务，政府管理理念及其方式的变化影响着终身学习政策的推展方式。随着全球化进程和新公共管理及服务思想的发展（如治理理论、统合主义），政府越来越重视并加强与社会各组织、团体和部门的合作，这既是为了寻求更大范围的支持和更有效的解决方案，也是为了在新的历史条件下巩固其政权合法性基础。

四、加强国家在终身学习政策推展过程中的职责

一般认为，既然终身学习政策的推展本身需要广泛的合作，既然政府本身正在进行再造，推行分权和解除管制，那么从逻辑上来说，国家在其中的权力必然减少。然而，考察许多国家的终身学习政策推展情况时却发现，许多国家的政府正在借用终身学习政策的推展实施新的国家管理主义，加强国家对教育领域的管理和干预。例如，日本 1990 年的《终身学习振兴法》就有此意义（为此一直备受日本学者的争议）。澳大利亚也一直明确强调重建国家能力。尽管英国一直有市场与自愿的传统，但是它的国家资格框架实际上也暗含了政府权力收拢的趋势。

对于产生这种情况的原因，本章第三节中有更具体的阐述，这里仅简要地指出三点。首先，政策既然是国家和政府的行为，那么加强国家和政府在其政策推展过程中的职责是合乎逻辑的，也是必要的。其次，这可能与多数国家将终身学习政策的推展定位为促进经济和社会融合的现实目标相关。在政策制定者看来，终身学习政策是教育的事项，是更广泛和具有综合性的社会政策，而教育是解决社会诸多问题的最有力途径。最后，现代教育制度是在现代民族国家成立之后发展起来的，是国家建设和社会发展的一个重要手段，摆脱不了政治的影响。尽管在全球化进程和市场经济思想的影响下，现代诸多教育领域都引入了市场的元素和机制，但在终身学习政策的框架下，至少学校基础教育会一直牢牢掌握在国家的手中，对于其他方面的教育，政府近年来也一直通过财政拨款、全国性的统一标准或国家资格框架、基于合作的干预等形式巧妙地、合法地介入。因为只要教育的公共管理和公益属性还是现代民主社会的基本特征，那么国家就不会任其完全自由地发展。

第二节 影响终身学习政策推展的主要因素

各国终身学习政策的推展既体现出一些共同的做法和经验，也存在差异和某些个性特征。例如，在终身学习政策的基本价值取向上，日本具有明显的"个性"，一直以来主流的取向就是发展人的个性，完善人的精神，将终身学习看作一件非常私人化的事情（也正因为如此，日本在国际终身学习政策研究中一直被作为特例）。而在英国，终身学习政策具有典型的经济发展取向，以技能策略为基本推动主轴，意在实现老牌帝国主义在 21 世纪的复兴。澳大利亚和瑞典一直都在试图构建从学校基础教育、高等教育到成人教育的全面贯通体系，不仅让先进的教育和学习体系为新经济打下更坚固的基础，而且将终身学习政策嵌入社会整体发展的框架，积极推进社会的民主和融合。在政策实施策略上，各个国家也是各有选择，有的倚重技能水平的提高，有的重视社会学习文化的建设，有的重视国民广泛及平等学习机会的获取；有的积极增加成人正规和正式学习的经验，有的倡导对正规学习系统外广泛学习经验的合法认同；有的倡导国家力量的主导，认为国家及其政府应在其中担负首要职责，有的热衷于市场的力量，将个人责任提到新的高度。

根据一般教育政策的研究，影响政策实行的因素主要有经济、政治、社会、文化及教育本身等主要方面，本章在这里并不准备就各方面的影响因素作一般性的论述，而是试图结合终身学习政策模式推展过程中的实际情况作具体分析。比如，文化传统的哪些具体方面确实影响了一国对终身学习政策的认识及其推展模式的形成？政策推展目标的转向及策略和具体国家中的政党更迭及其执政理念有什么关系？哪些突出的社会问题在比较强烈地影响着终身学习政策推展模式的选择？此外，结合历史发展过程中的实际情况，本章特意加上了国际组织这个重要的影响因素，因为客观上说，正是在联合国教科文组织等几大重要国际组织的思想及行动的积极引领和推动下，终身学习才得以在世界诸多国家和地区得到比较广泛的关注和发展，促进其成为当前国际社会的一股重要教育思潮，并逐步发展为当前各国普遍认同和实行的一项主导性教育政策。

一、经济因素

经济是物质基础，它的许多方面对教育都有着不同程度的影响，比如经济的发展水平、发展规模、产业结构、地区差距、主导形态、基本体制及经济全球化程度等。

（一）经济全球化

在终身学习政策的推展过程中，来自经济方面的一个最明显和最重要的影响因素就是经济全球化。几乎所有国家都认为当今及未来社会是一个经济全球化程度不断增强的社会，充满变数和挑战，因此如何切实保障本国在世界经济市场中的国际竞争力是各国都面临的重大问题。对于西方那些传统的发达国家来说，这是继续保持经济全球引领地位所不得不面对的巨大挑战，而对于大多数发展中国家来说，全球化同时也意味着机会与希望，如何有效利用全球化的好处并规避其危害，提高经济的全球竞争力，是一个迫切议题。正因为如此，目前许多国家的终身学习政策基本都不会遗漏人力资源开发的政策目标，在许多国家的终身学习政策文本中，我们都可以看到这方面的相关表述。经济发展所面临的这种情况，影响到政策的具体实施策略，最为普遍的表现就是提高职业技能水平，以充分就业为基本目标，培养灵活（终身）的就业力，开展广泛的工作场所中的学习，满足雇主（企业发展）的需求。例如在澳大利亚，关于人力资源开发的要求已不再只是获得新技能和提高工作技能水平并保持就业的灵活性，而是将创新纳入其中，他们认识到，全球化背景下的知识经济不仅需要高技能，而且也需要在所有层次所有产品方面的成功创新。然而，同样经济发达且面临相同经济全球化挑战的日本在这方面则表现"另类"，这主要是受到了日本传统文化的影响，后面将会对此展开论述。

（二）经济发展水平

经济发展水平是影响终身学习政策推展模式的第二个重要因素。在一些主要发达国家，由于经济基础比较雄厚，原有的教育基础及水平都相对较高，终身学习政策的推展模式一般呈现出两种情况：一种是如瑞典、澳大利亚等国家那样积极构建真正的"从摇篮到坟墓"的终身学习体系；另一种是如英国那样将终身学习定位在基础教育之后的继续教育领域，这也是某些国家不太使用"终身学习"一词而坚持使用"继续教育"一词的原因。对这些国家来说，基础教育已是一个完备的体系，保障人人享受基本的教育权利已没有问题，因此推展终身学习的主要目的应是促进成人的继续学习。而在发展中国家，如非洲、拉丁美洲及太平洋岛国等一些国家，与其发展"终身学习政策"还不如建设"终身教育体系"，原因在于：在这些国家中，作为保障基本权利的义务教育本身还很不完善，学校教育基础设施不完善、缺乏高素质的教师、教育经费严重不足、学生辍学率居高不下、性别（或种族）差异大等问题仍旧存在，因此这些国家的终身学习政策更多的还是在维护和完善学校基础教育。

二、政治因素

政策是政府施政的一个重要组成部分，因此必然受政府权力更迭及政治氛围的影响，尤其在当前西方各国政党轮流执政的情况下，终身学习政策的推展更是受此影响不小。

（一）执政党更迭

执政党更迭对一国终身学习政策的推展具有明显的影响。这种影响主要是使一国的终身学习政策缺乏比较长远、一致、连续的整体考虑和规划，因为每个政党上台后都有其施政纲领和主要关注及改革的领域，因此在有的时期，教育领域会得到大量的关注和支持，而在另一时期，教育可能并不是优先事项（尤其在经济下滑或不景气的情况下，教育通常沦为第一位"受害者"，如遭遇经费缩减、暂停改革事项等）。即使现在诸多国家的政府普遍都将教育看成不可忽视的重要工作，是决定国家和社会发展的重要命脉，因而可能相应地减少政党更迭给教育造成的命运起伏，但是，在具体的教育目标设定、教育改革指导思想、重点改革领域及相关策略方面都会体现出不同的价值取向。

就西方主要发达国家来说，右派（如保守党）上台之后，一般会推行教育的市场化改革，强化质量标准，提高教育水平，允许家长择校等。而左派（如工党或社民党）上台之后，出于所代表阶层的背景，一般将教育公平、基本受教育权利保障、教育机会均等事项放在重要位置，因此教育的指导思想及具体政策目标都会有所侧重，受此影响，终身学习政策的推展必然会呈现不同的发展态势。

（二）政治指导思想

传统政党的指导思想左右之分比较鲜明。但值得注意的是，自20世纪90年代中期以来，西方社会这种传统的泾渭分明的左右之分已不再纯粹，超越左右意识形态的务实主义逐渐兴起。如英国工党政府 1997 年以后实施的"第三条道路"思想，即在超越传统左右意识形态的基础上实现新的社会架构，这种新趋势带来的实际变化是：不管是左还是右，其实都是在向中间靠拢，它们之间相互借鉴、融合，以至于一时难以区分。事实上，当前西方意识形态中提出的"新自由主义""新保守主义"等思想中的"新"具体就体现在这种融合与借鉴上。这给终身学习政策带来的影响是，一方面坚持有效地利用推展过程中的市场策略，将学习领域更多地看成一个开放的市场，倡导个人和企业责任分摊的社会投资形式；另一方面，国家和政府（至少在政策文本上）没有放弃在缩小社会差距等方面的重要责任，同时积极倡导和接受"统合主义"的思想，寻求与民间团体、非政府学术机构和社会自愿团体等非政府组织的新型合作伙伴关系。政府领导人也不再坚守或拘泥于以往的严格政治划分，而是趋向务实，认为只要能解决政府的实际问题即可。

三、社会因素

就目前的情形来看，终身学习政策远不止是一项单纯的文化教育政策，更多地被政策制定者看作一项综合的、广泛的社会政策。因此，社会环境及问题会相应地影响一国终身学习政策的推展。综合来看，目前各国社会因素中对终身学习政策最有影响的是社会发展目标、人口变化和社会公平状况等。

（一）社会发展目标

既然终身学习更多地被看作一项社会政策，那么如何将其与社会阶段发展目标协调起来就是一个不可回避的关键问题。例如，在澳大利亚，当前的社会发展目标是"全纳型学习型社会"，其终身学习政策目前正积极推动的是全面发展模式，即从学校基础教育到教师教育的系统推进。再如英国，21 世纪的复兴是其社会发展的根本目标，因此自 1997 年新工党政府上台以来，其终身学习政策就一直以经济发展为主要目标，以世界级技能水平为基本策略。当然，社会发展目标是整体性的，但某一阶段内会有其重点，这一点对终身学习政策的推展有较大的影响。

（二）人口素质与结构的变化

人口因素中对终身学习政策推展产生影响的主要有人口素质和人口老龄化。人口素质是一个整体性概念，包括人口的道德水平、文化水平、科技水平和身体健康水平等诸多方面，尤其在知识社会背景下，人口素质直接影响到国家和社会的发展与进步。人口素质普遍较低的国家，终身学习政策一般会在基础教育方面集中力量，以提高公民的基本技能和教育水平。而人口素质较高的国家，会在高水平的继续教育和社会文化生活方面积极推展，即文化消费的终身学习推展模式可能更为合适。

另外，老龄化程度也对终身学习政策的发展产生影响，但是这种影响带来的结果会因其他因素的影响而呈现出相反的结果。例如。在人口高度老龄化的日本，终身学习政策的推展以文化休闲模式为主，学习更多地被看作一种生活方式，目的更多的是提高素养和完善人格。但是在老龄化程度同样较高的西方发达国家，如英国，则更倾向于将终身学习政策的实施看作人力资源开发的一种手段，将终身学习的实施视为促进经济发展的重要手段，理由在于：随着老龄人口比重的逐步增加，在职的现有劳动力人数减少，这会对生产力产生负面影响，因此必须最大限度地利用和开发现有的人力资源，进行持续的人力资本投资，使每个人产生的经济效益和作出的贡献达到最大化。

（三）社会公平

社会公平状况是影响终身学习政策推展的又一个重要因素。无论社会如何发展，不公平似乎难以完全消除。在现代民主国家中，促进社会公平更是教育义不容辞的职责，因此，无论在哪个国家的终身学习政策中，我们都可以看到对公平问题的关注。然而，有些国家可能只是出于便于政策出台的目的将其顺带提及，但有的国家的确是一直在努力促进社会公平（如 20 世纪 60—70 年代的瑞典），这取决于一国的教育传统、执政党执政情况及其他诸多因素。就目前所看到的终身学习政策推展情况来说，促进社会公平的终身学习政策的一般推展策略是增加终身学习的机会，这种机会对于不同的个体有不同的意义，有的是补偿基础教育，有的是满足闲暇需求，有的是继续提高专业水平，有的是转换工作的需要。但无论如何，这种机会普遍地指向参与机会的平等，也就是说，至少目前还没有达到考虑并重视过程平等、结果平等的阶段。值得思考的是，终身学习政策所推进的机会平等同时也产生了意想不到的结果，即增加终身学习机会反而带来甚至加剧了原有的社会不公（具体请见第六章）。

四、文化因素

尽管终身学习政策有很强的现实背景，面临着很多实际问题，但是传统并不会在这个过程完全隐退，即使我们采取了许多新的具有创新性的策略，仍旧可以窥探到一国传统文化及心理对终身学习政策推展的干扰，影响对终身学习概念的认识、对政策目标的选择、对策略的选取和政策实施的成功概率等。

例如，日本在国际终身学习政策推展偏爱人力资源开发模式的情况下显得异常特别，很大一个原因就是受日本传统文化的影响。日本学者冈本薰认为，日本民众长期对教育、学习及知识、精神活动十分热心，较之技能和实用知识，他们更重视精神品格，这种教育态度使日本民众认为教育就是培养人的活动，不应该和发展经济等实际任务联系起来，教育是神圣的，与经济联系起来讨论不合适。[1]而在英国，终身学习政策推展过程中一直非常强调学习市场、个人责任，即以个人化的视角来看待终身学习，而这可能与英国文化传统中的教育私人化及民间资助传统直接相关，也正是在这个意义上，个人终身学习账户等措施在英国比较盛行。而在澳大利亚，由于它是一个较新的移民国家，为了摆脱早期英国殖民统治的影响，尽可能减少其母国教育所带来的不公平现象，它力图在新的土地上构建人人平等的新社会，因此一直比较重视社会公平和人人参与学习。例如澳大利亚的技术和继续教育机构的宗旨就是人人终身学习。由此可见，终身学习政策的推展不能脱离对传统文化的考虑，否则会影响政策的推展。传统文化中的有益因素和精华也必须在国家的现实事物中找到新的生长点，由此，传统才不会断裂，创新才会有根基。

---

[1] 冈本薰. 日本的终身学习（教育）运动——战略、实践和挑战［M］. 周满生. 当代外国教育改革著名文献（日本、澳大利亚卷）. 北京：人民教育出版社，2004：334.

五、教育因素

从逻辑上说，一个国家原有的教育基础及其改革情况对其终身学习政策的推展具有直接的影响，如教育基本制度、优势教育基础、既有教育改革的理念与走向、对教育及其功能发挥的理解及教育研究水平等。然而笔者发现，相比上述政治、经济、文化等因素，教育因素很难独立存在并发挥作用，因为教育本身就极大地受制于上述诸多因素的影响，从广义上来说，教育就隶属于文化和政治领域。在现代民主国家的体制下，教育制度直接附属于政治制度，在基本的管理制度方面具有明显的一致性。例如，从终身学习政策推展责任主体的角度看，瑞典等北欧国家本来就具有强大的工会和带有协商管理特点的工作方式，法国原本就有较强的中央集权制度，英国一向有自愿和私人助学的传统。

然而，这并不是说教育的影响就不存在，通过对国外终身学习政策推展情况的基本分析，可以发现原有的学校教育制度及其优势教育基础、教育研究水平等几方面对终身学习政策推展模式有比较直接的影响。

（一）学校教育制度

学校教育是终身学习体系建设和推进的基础，包括学前教育、初等教育、中等教育和高等教育。原有学校教育制度的完备程度、开放程度、衔接情况和质量水平等都对终身学习政策推展的难易、起点和范围等有着重要的影响。如果原来的学校教育制度比较灵活，与社会沟通比较便捷和密切，那么终身学习体系在学习和劳动世界将更容易打通；如果原来的学校教育制度所要求的正规学习时间较长且有相当的质量保障，那么终身学习政策推展的范围可能更多地走向成人及其工作生活中的继续教育。这是优势增强型的政策，即在原来的教育制度中寻找到一个优势的教育基础，以此为平台首先试行，然后在这个基础上继续拓展、深化和体系化。比如，日本和韩国的社会教育、北欧国家的成人教育、欧洲大陆及北美的继续教育和职业教育。

也存在另外一种情况，即原来的学校教育制度中存在哪些不足，终身学习政策就力图拾漏补缺，完善原来的学校教育制度。但上述两种情况容易使人产生终身学习就等于终身学校教育的片面认识。

（二）教育研究水平

教育研究水平主要指的是某一个国家对教育和终身学习本身及其功能的理解层次和深度。尽管终身学习的思想及其理论的提出明显是一个国际性事件，但是在这个理论和思想的广泛而深远的传播当中，终身学习本身遭遇了多样化的理解和认识，一个国家的教育研究传统和水平在其中发挥了重要作用。比如在南非，实施终身学习政策有等于实施终身学校教育的倾向，这种状况的出现与以下情况相关：一直以来，南非教育研究界对正规学校教育以外的学习现象缺乏理解和研究，导致对终身学习理论缺乏较为全面和准确的理解，致使在政策推展的实践中错误地将广泛的非正规教育等活动进行全面的正规化管理，培训内容和程序变得越来越学校化，脱离实际而未能达到预期的效果，最终使得国家资格框架和成人教育改革以失败告终。而在欧美等发达国家，原本继续教育和成人教育的研究传统就比较扎实，对于学校教育以外的学习和培训活动也一直有比较持久和深入的认识和研究，这些都有利于他们更好地认识终身学习观念本身并促进政策的推展。

六、国际组织

一些积极推动终身学习的主要国际组织尽管都没有实际的权力，所发布的相关文件和报告及其策略也都以倡导性和建议性为主，但是客观地说，其在影响一国终身学习政策推展模式中的力量不容忽视。终身学习政策在 20 世纪 70 年代起步，20 世纪 90 年代以来迅速崛起，很大程度上都来自国际组织的力推。

就影响力度及范围而言，联合国教科文组织功不可没，它所发布的诸多影响巨大的政策文献，对终身学习理论的深化和人本导向价值观的确立起到了关键性的作用，而且这种作用一直延续到今天。而就地区性组织来说，经济合作与发展组织及欧盟是活跃先锋，尤其在 20 世纪 90 年代，前者以知识经济为背景，大力倡导学习经济，推进了成员国在终身学习政策方面的某些主要转向，如倡导回归教育、建立学习市场等；而后者在欧洲一体化进程中以教育为基本阵地之一，积极强化并推进了各成员国之间的教育体系的衔接和沟通，并积极扶持成员国的终身学习政策及项目。例如，希腊终身学习政策的发展程度及规模就明显受到欧洲社会基金项目的目标影响：1988—1993 年第一次受资助期间，希腊的终身学习政策主要是应对失业和社会排斥，根本没有整合性的教育体系，到 1994—1999 年第二次受资助时期，基金项目明确指出要发展希腊的继续培训体系，提供的大量资金使希腊的继续培训体系中的私立部门得到了迅速发展，教育质量有所提高，但是由于缺乏国家的资源支持，公共教育部门参与人数大大下降，普通成人教育等活动也相继减少。2000 年以后第三次受资助时期，欧洲社会基金对继续教育的资助比例从 75％降到 55％，对私立部门的继续培训体系产生了比较大的影响。①

此外，世界银行、国际劳工组织等其他相关机构也在终身学习政策和实践的拓展方面不遗余力，从各自组织的性质和工作内容出发，不同程度地推动和影响着国际终身学习政策的发展。比如，1995 年"七国集团"一份公报明确表示"通过终身学习文化的创建来发展人力资本的潜能"。1998 年"七国集团"因俄罗斯的加入而变成"八国集团"。1999 年，"八国集团"在科隆峰会上又发布《科隆宪章——终身学习的目标与展望》（Köln Charter：Aims and Ambitions for Lifelong Learning），继续倡导终身学习理念。该报告认为所有国家都面临如何构建学习型社会，如何保障市民们掌握未来世纪所必需的知识、技能和资格的问题，教育与终身学习将成为适应流动性的护照，并从教师培养与管理、教育培训投资、信息技术的使用、学习成果评价技术的开发、专业资格的认定、外语教育、大学与企业间的合作等方面提出了发展终身教育的具体政策措施。②又如世界银行的行动：① 1999 年的《教育战略》（Education Sector Strategy），主要探讨了新技术的作用，提出全面的发展框架，认为终身学习是教育脱贫的组成部分。② 2003 年发表的《全球知识经济中的终身学习——发展中国家的挑战》（Lifelong Learning in the Global Knowledge Economy：

---

① Thanassis Karalis, Dimitris Vergidis. Lifelong Education in Greece：Recent Development and Current Trends ［J］. International Journal of Lifelong Education, 2004, 23（2）：179 - 189.

② G7/8 Summits：Köln Charter：Aims and Ambitions for Lifelong Learning ［EB/OL］. http：//www. www. g8. utoronto. ca/1999koln/charter. htm.

Challenges for Developing Countries），首次尝试制定分析性框架，探讨了知识经济对教育和培训的挑战，并概括了发展中国家和经济转型国家是如何应对这些挑战的。该报告提出了以下四个问题：一个国家的教育和培训体系（包括正规和非正规的部分）需要做些什么来支撑知识经济的增长？发展中国家和经济转型国家如何才能推动终身学习，他们在此过程中会遇到什么挑战？在资源有限的情况下，哪种管理体系能促进公众特别是弱势群体的终身学习？如何使终身学习投入覆盖广泛，并能够负担得起、可持续？报告认为"使员工完成在知识经济中的准备，需要一套新的教育培训模式——终身学习的模式。终身学习的框架涵盖从幼儿教育到退休的贯穿整个生涯的学习，它包括正规、非正规和非正式的教育和培训"。①

第三节　国外终身学习政策推展过程中的突出问题②

终身学习自 20 世纪 70 年代成为部分国家及国际组织的一项政策以来，在理论和实践层面都得到了不同程度的发展，但同时也遭受了不少质疑。加拿大学者阿瑟·克罗普利（Arthur Cropley）在早年就尖锐地提出了批评性意见：终身教育缺乏新意，缺乏坚实的理论和实验基础，容易使人永久依附教育，其中充满了太多的理想色彩等。③20 世纪 90 年代以后，随着终身学习政策推展进程的加速，尤其是许多具体行动项目的推进，推展实践过程中暴露出越来越多很明显的问题（这些问题部分是主观因素的结果，部分属于政策实施的意外结果），引起了许多学者的密切关注和认真思考。

---

① 世界银行. 全球知识经济中的终身学习——发展中国家的挑战 [M]. 国家教育发展研究中心组，译. 北京：高等教育出版社，2005：3.
② 本节大部分内容曾以本人独立作者身份发表在《教育发展研究》2007 年第 11A 期，属博士论文写作期间的阶段性成果之一。
③ 阿瑟·克罗普利. 终身教育——心理学的分析 [M]. 沈金荣，徐云，虞绍荣，译. 北京：职工教育出版社，1990：159—177.

下面在对国外文献研究的基础上，就其中的主要问题进行了归类与分析，并尝试作出自己的理论思考，目的是对终身学习政策推展模式本身及国外相关情况有更全面的认识，同时希望能为我国终身学习政策的发展提供参考。

一、终身学习政策与新的社会不平等

不管是在发达国家还是在发展中国家，我们都可以发现，实施终身学习政策的一个基本目的是解决现有社会的不公，以便建立一个更具包容性（inclusive）的社会。换句话说就是，终身学习政策被普遍地用来作为解决现有社会不公平的一个重要手段。但是，通过观察与分析诸多国家终身学习政策实施的实际效果，许多研究者发现，终身学习政策在努力解决现有的社会不公平的过程中有时反而加剧了社会的不公平。

例如，许多有关成人学习参与情况的调查研究表明，那些对终身学习持积极态度并且愿意参与其中的学习者往往是原有教育背景较好、社会经济地位较高的群体，而那些最需要终身学习的低收入群体、边缘人群反而对终身学习知之甚少，参与度低，其直接结果就是拉大绝对社会差距。

1999 年，一份来自瑞典的统计数据表明，完成了高中教育的就业人群中，68％的人有机会参与继续学习，而对那些没有完成义务教育的就业人员来说，参与率仅为 25％。[1]同样的情况在法国也存在，研究表明，具有义务教育水平的工人的培训率为 28％，而具有高中教育水平和高等教育水平的工人在培训率方面分别为44％和 55％—60％。[2]另一种说法是"学习性分化"（learning divide），这是牛津大学戴维·约翰逊（David Johnson）在一次有关终身学习的国际性会议上提出来的。约翰逊认为，在现代社会即学习型社会里已经出现了一种新的分化——"学习性分化"，它的具体内涵是有的人是"学习富裕型"（learning rich），不断学习，紧跟时

---

①　Kenneth Abrahamsson. Towards New Lifelong Learning Contracts in Sweden ［M］// D. Aspin, J. Chapman, M. Hatton, Y. Sawanor. International Handbook of Lifelong Learning, Part 1. Dordetcht：Kluwer Academic Publishers, 2001：350.

②　英格·帕森. 瑞典的终身学习和员工培训［J］. 中国职业技术教育, 2005（21）：44.

代，适时进步；而有的人是"学习贫乏型"（learning poor），通常懒于学习，对外部变化缺乏敏感性，跟不上社会的发展，这是学习型社会中出现的新现象。香港大学程介明教授认为这种"学习性分化"现象可以从学习状态（learning capacity）的角度来进行理解和分析。①笔者以为，程教授所言的这种"学习状态"实质上就是国内学者所研究的"学习力"问题，②不仅包括学习的技能、技巧，而且包括维持或影响学习所需要的态度、意志、偏好等诸多个性心理品质，是一个较学习能力更具综合性、全面性的概念，也比较客观地揭示了学习活动的复杂性特征。由此来看，影响终身学习产生新的不平等的因素中既包括客观的社会背景等方面，也包括学习者本人主观的努力程度及个性、情感等方面。2000年，英国著名的终身学习专业教授约翰·菲尔德（John Field）也敏锐地察觉到了这种新变化，他指出，终身学习已经成为社会排斥与不公平的一个方面——不仅表现在就业与收入上，还体现在消费、个人福利、健康与公民身份等方面。③相比上述集中于教育成就和学习表现上的批评，菲尔德对这种因学习不平等而产生的后果看得更远，提醒我们必须考虑到这种新现象及其后果的严重性。

这的确是一个令人倍感尴尬的严肃问题，对此应从两方面加以辨析：

一方面，教育具有促进社会阶层流动的作用，能减少某些社会不公平现象（如缩小经济收入差距、减少文化素养差异等），是促进社会平等的一个重要途径。人类发展的历史也证明，要使国家独立、经济发展、社会和谐、民主进步、缓解贫困，教育或者说学习确实是应该具备的先决条件之一，只有人的全面素养得以提升，我们才能促进、维持社会各方面的发展与进步。但另一方面，我们必须清醒地认识到，问题往往具有两面性——教育或者说学习本身同时又是现有社会结构的"复制者"，其中就包括复制社会制度中原有的不公平。随着个人学习权的有效保障、机会的增加、资源的丰富和信息技术的广泛支撑，教育或者说学习的"马太效应"极有可能增强并放大了原有的不公平，甚至会带来新的不公平现象，如"数字

---

① 程介明. 学习性分化 [J]. 上海教育，2008 (7A)：29.
② 黄健. 造就组织学习力 [M]. 上海：上海三联书店，2003.
③ John Field. Lifelong Learning and the New Educational Order [M]. UK：Trentham Books Ltd，2000：133.

落差"（digital divide）就是其中的一个大问题，它主要是指因现代通信与信息技术的获取及使用机会的不足而造成的差距。

终身学习政策作为教育政策的一个重要部分，似乎也不能很好地避免这一固有窠臼。对此，我们的态度应是：正视并加强终身学习政策的理论研究与科学制定，在清楚地意识到这种副作用的前提下，通过多种措施尽可能地将其减少到多数人可以理解和接受的程度。例如，使人们客观地认识到这种现象，激发个体积极学习以提高自身竞争力，加快公共信息网络的建设，向贫困地区及弱势群体的政策性倾斜等，否则我们将不得不面对终身学习政策推展的大难题。

二、终身学习政策狭隘功利价值取向明显

国外学者对终身学习政策一个比较集中的批判观点是：终身学习政策狭隘功利价值取向明显。

英国的菲尔德认为，终身学习政策已经演变成了权宜的策略，这些策略几乎都集中在提高劳动力技能与灵活性方面，深陷人力资源开发的泥潭，而且职业主义的定义过于狭隘。①另一位英国学者朱莉娅·普里斯（Julia Preece）认为，知识经济与快速发展的技术对国家形成的冲击，使国家认识到教育应包括终身的过程，只有这样才能在复杂的全球化世界中赢得经济竞争力。②

显然，上述所批评的观点是建立在教育成就与经济发展之间的假设基础之上的，即教育的成功必然可以有效地促进经济的快速发展。然而这两者之间的关系绝非想象中的那么简单，经济的发展肯定需要高知识素养和高技能水平的员工，正如我们现在大力奉行"人才资源是第一资源"那样。但是除此以外，经济的良性运作还离不开良好的社会环境、完备的制度体系、充足的必需资源以及劳动者良好的心理健康和精神面貌，而且这些因素彼此之间还相互支持或制约。因此，成功的经济

---

① John Field. Governing the Ungovernable: Why Lifelong Learning Policies Promise So Much Yet Deliver So Little [M] // Richard Edwards et al. Supporting Lifelong Learning Vol. 3. London: Routledge Falmer, 2002: 204.

② Preece, J. Beyond the Learning Society: The Learning World, International Journal of Lifelong Education [J]. 2006, 25 (3): 307－320.

发展需要多种因素合力而为，就如我国经济学者汪丁丁在谈论市场经济时所说的那样，"一个健康的市场，总必须有能够支撑它的道德基础"。①上述终身学习政策对经济发展的简单直接取向，这里称为"狭隘功利"取向，意指仅是简单地追求国家物质财富的最大化。之所以出现这种狭隘的视角和追求，与各国终身学习政策出台时的背景有关。这些背景几乎千篇一律，尤其强调快速发展的科技变化、全球化竞争、知识经济的挑战及复杂的社会变革。经济建设作为物质基础，各国自然要积极应对，因此各国政府无不首先突出终身学习政策促进经济发展与提升国际竞争力的功能。从政策制定的逻辑来讲，这种做法并非不合理，因为制定政策本身就是为了解决现实问题，需要有现实性、针对性与时效性。但是，这种价值取向还与政府对终身学习政策的"错位"有关，即大多数西方发达国家政府都更倾向于将终身学习作为一种社会政策、经济政策甚至政治政策来看待，特别重视和强调教育或学习的经济、政治等社会功能，而轻视了终身学习政策"文教政策"的本质属性。例如，英国前首相托尼·布莱尔就曾鲜明地表示"教育是最好的经济政策，未来存在于技术与教育的结合中"。②再次，相比促进社会融合、民主进步、个人发展与社会转型等更具有长期性、复杂性和挑战性的目标来说，促进经济利益的行为更为可见、可控和直接，更容易产生显见的政绩并赢得政治选票。

三、终身学习政策体系内部的不平衡

许多研究资料表明，在多数发达国家，终身学习政策明确地指向义务教育后的教育与培训体系。例如，佩尼·恩斯林（Penny Enslin）指出，英国的终身学习通常是成人教育与培训的同义词。③美国 1976 年颁布的《终身教育法》中也频频使

---

① 汪丁丁. 市场经济与道德基础 [M]. 上海：上海人民出版社，2007：3.

② Neil Selwyn, Stephen Gorard, Sara Williams. The Role of the "Technical Fix" in UK Lifelong Education Policy [J]. International Journal of Lifelong Education, 2001, 20 (4)：267.

③ Enslin P. , et al. Political Inclusion, Democratic Empowerment and Lifelong Learning [M] // Aspin D. , et al. International Handbook of Lifelong Learning. Dordecht：Kluwer Academic publishers, 2001：663 - 680.

用"成人教育"。①1998 年，经济合作与发展组织的秘书长唐纳德·约翰逊（Donald J. Johnston）在题为《全民终身学习》（Lifelong Learning for All）的报告中也提出：基础教育没有得到足够的重视，终身学习政策应从年轻人的教育开始。②还有一些观点则认为，终身学习政策的制定中过于考虑职业教育，真正能体现终身学习基本理念与精神的成人教育（尤其是普通成人教育）则遭受着大幅削减的命运（日本除外），这些政策制定的缺陷源于部分研究者和政策制定者过于信奉和遵从人力资本理论。

从终身学习涵盖"从摇篮到坟墓"的基本认识来看，终身学习政策确实应包括基础教育与基础教育后的全部教育与培训体系。本研究以为，这样一种批判性认识在理论研究上是值得借鉴和推崇的，也最符合终身学习的本质。但是，要研究和实施终身学习政策，却必须有所考虑：第一，任何政策都有自己的目标群体，即政策本身是有一定范围限定的，它不可能宽泛无边，否则很难实施与执行。第二，从终身学习的起源来说，现代终身学习理论的产生主要是基于丰富的成人教育实践，因此从这层意思上来说，终身学习政策制定的逻辑起点与历史起点是一致的。第三，学校基础教育一直以来就是政府的关注点和重要管理领域，总体来说并不缺乏研究与支持。第四，对职业教育与人力资本狭隘的理解与本章第二点批判观点密切相关，即相比将资金投入到更复杂、更具有不可预知结果的社会、民主等事项来说，投资于职业技能的结果更为显见，对于政策制定主体的政府或国家来说，这是一个务实的选择。

以上为目前终身学习政策体系的内部不平衡提供了一个看似简要而合理的解释，但是这并不意味着终身学习政策就可以忽视基础教育的发展与整合。事实上，目前一些实施终身学习政策较好的国家正在努力加强对终身学习与基础教育的研究，并在终身学习的背景下改进和完善基础教育。一些其他类型的教育也在倡导终身学习的背景下重新获得重视、认识和研究。鉴于终身学习政策的复杂性和宽泛性，我们必须充分理解并接受起步阶段不可摆脱的"不平衡"状态，然后在这个基

---

① 周世江. 谈国外终身教育的几个问题 [J]. 成人教育，2000（12）：45.

② D. J. Johnston. Lifelong Learning for All ［M］// Tony Brown. Lifelong Learning：Making It Work. Australia：Panther, 2000：21 - 22.

础上，根据国家的教育规划和社会、经济的发展水平，逐步地扩充终身学习政策，使其达到应有的平衡，从而最终形成一个真正具有终身性、全面性特点的教育制度保障系统。

四、终身学习政策的承诺多于实施

对于政策来说，"承诺多于实施"是一个最为致命的批评。政策不仅是文本，更为重要的是要有具体的实施行动，进而有效改进实践。然而，综观多数国家的终身学习政策发展，可以发现，对终身学习政策的宣传多于实际行动，即使有所行动，范围也是狭窄的，没有体现政策文本的远大目标。

对于这样一种现象，菲尔德提供了以下解释：①终身学习政策是一种新的政策类型，它不像其他许多政策那样具有社会福利政策的特征，终身学习的实施需要市民社会的参与而非国家部门的行动；它处理的是软性的、不可触摸的复杂问题——学习问题而非教育问题，而且涉及广泛多样的行动者；更为重要的是，政府本身的本质、工作方式和职能正在发生改变，它必须对越来越富裕、充满个性和具有怀疑精神的选民作出反应，因此政府在确定与推进终身学习政策方面的困难日益加大，因此也更愿意以动员、激励市民社会的方式来推进终身学习，这种市民社会中也有许多教育和培训机构，因此反过来看，这种方式同时也给管理与领导教育与培训机构的人员提出了明显的挑战；政府仍忙于关注学校教育，如提高学生的留校率、扩大全日制高等教育的参与机会、改革职业教育和培训等，因为这些是传统政策合法的干预领域，而终身学习政策有更为多样化的目标，且组织性很不强，因此它的实施远在政府的现有能力之外。

菲尔德显然区分了终身教育和终身学习，并且指出学习者在终身学习中的主体地位。他的解释颇有新意和启发意义，为终身学习政策的理论研究打开了新的思路。首先，他明确指出终身学习政策是一种不同于以往教育文化政策的新政策类

---

① John Field. Governing the Ungovernable: Why Lifelong Learning Policies Promise So Much Yet Deliver So Little [M] // Richard Edwards, et al. Supporting Lifelong Learning Vol. 3. London: Routledge Falmer, 2002: 201-216.

型，通过传统的强制、命令等方式来实施并不是一个好的选择，毕竟强迫人们终身进行学习也没有合法的依据，因此许多政府愿意更多地采用鼓动、说服与号召等新的方式去推展终身学习政策。另外，他依据西方国家 20 世纪 80 年代以来政府公共管理引入私人部门管理、借用市场机制、专业化管理、管理放权、政府介入私人领域及联合决策等诸多演变趋势，认为终身学习的实施必然受到这种管理观念和方式的深刻影响，因此现有政府的作为有限。再次，他还指出，终身学习本身是一个比较特别的问题，尤其需要学习者充分发挥自我主体性，就像公共政策中的公共健康、环境保护等问题一样，需要全社会的广泛积极参与，需要公民具备较高的文化素质、自主意识、反思能力和浓厚的学习文化。但是本研究以为，许多政府既然纷纷决意制定本国的终身学习政策，也绝不仅仅是说服而已，政策是需要执行的，因此仍有必要研究政府在终身学习政策推展过程中的作用、角色和具体推展方式，在菲尔德的解释基础上，我们仍有探讨的空间。比如，终身学习政策到底是一种怎样的新型政策；在终身的背景之下，学习和教育之间到底存在什么样的区别等。

五、终身学习政策推展中潜藏的意识形态

鉴于该问题的特殊性和敏感性，有关终身学习政策推展过程中潜藏的意识形态并不是评论的一个焦点，或者说并没有讨论得像上述问题那样明显。但是，从政策是政府的决策和行为的意义上来说，这是一个值得注意的问题。尽管大多数国家倡导和兴建的是以利益为导向的经济社会，不再将自己严格限制在传统的政治社会当中，但谁又会否认各国所产生的许多问题其实本质上仍然是政治问题呢？

综合已有的研究成果，本研究将有关这方面的论述归结为以下两种观点。

一种观点认为终身学习政策具有"西方中心"的论调。持这种观点的研究者认为，终身学习思想更多的是西方社会为克服 20 世纪 70 年代以来的教育与社会危机而产生的，有的学者将终身教育首倡者朗格朗的思想称为"克服危机型终身教育理论"就缘于此。教育上的危机主要是传统的学校教育已经不能满足当时社会各方面变化的需求，为适应社会变革，个人在学校教育之后还必须有意识地继续学习。而社会上的危机主要指的是西方资本主义国家自 20 世纪 70 年代中期以来的所谓"福

利国家危机"，主要表现是各国普遍的高失业率、经济滞胀和凯恩斯主义政策的失灵。为此需要对原有的福利国家制度进行变革，减少国家开销和责任，学校义务教育之后的终身学习所隐含的强调个人责任及学习型社会的思想正好为此打开了通路，因此西方主要资本主义国家的终身学习政策比较强调个人责任和教育市场思想，具有较为明显的新自由主义思想特征。而对于许多发展中国家来说，改革、更新和完善学校义务教育还是一个艰难的过程，无论在教育经费、基础设施、师资匹配方面，还是组织管理和教育理念等方面，都与西方发达国家或者说与教育的现代化有着很大差距。我国自 1986 年在《义务教育法》中提出实行免费义务教育以来，采取从点到面、逐步推进的方式，直至 2008 年秋季才开始进入真正的义务教育免费时代，基础教育（尤其是农村地区）仍有很大的巩固和提高空间。在这些国家，基础教育还是一个未决的难题，因此感觉谈论终身学习还为时过早，终身学习更多的还是"西方社会自己的事情"。

之所以有这种观点，一方面与终身学习思想开始出现在西欧且西方各主要国家和组织是重要推动者有关；另一方面，现代化在东西方国家之间或者说所谓的"南方国家"和"北方国家"之间的进程确实存在着很大差距，各国处境的不同必然会导致对同一事物的不同回应，何况现代化本身就主要是一项西方的工程。就像当代英国著名社会学家安东尼·吉登斯所说的那样，"就这两大变革力量（民族国家和系统的资本主义生产）所孕育出的生活方式而言，现代性与众不同地真是一个西方化的工程吗？对这个问题的直截了当的回答是：'是的'"。①

第二种观点认为，终身学习政策内含新的国家管理主义思想。这也正是第三章论及的英国经济与社会研究委员会所概括出来的"社会管理模式"的基本思想，即在终身学习政策尤其是全民终身学习的华丽外表下，掩藏着国家统一思想和政治教化的倾向。各国通过制定终身学习政策，实施各种创新性策略，实际上加强了对教育的控制，并有效地拓展了管理的空间，连民众自发的生活学习、工作学习都纳入了政府决策范围。如日本学者对 1987 年临时教育审议会报告就提出了类似质疑：在推进终身学习体系化名义下，积极新建"促进终身学习地区"和家庭、学校、社

---

① 安东尼·吉登斯. 现代性的后果 [M]. 田禾，译. 南京：译林出版社，2000：152.

会"教育网络"。这种新的国家主义思潮，试图让国民在"国际化国家""日本传统""天皇""爱国心"的号召下统一思想。如果实施这种由上而下的思想统一的管理政策，"终身学习网"就会像战前日本城镇"教化网"一样再现于世，变成"终身教化"的危险性很大。①又如，近年来推进终身学习政策领域重要举措之一的成人先前学习认定（recognition of prior learning）也被认为强化并拓展了政府对成人学习者及其非正规与非正式学习活动的管理，"在终身学习的话语中，成人先前学习认定意味着一种转变，那就是通过评价和记录，（成人的）非正式和非正规的知识和能力现在'应该'被转型到正式的能力中，因此拓展了（政府）管理的基础、有效的生产和控制"。②在终身学习和知识管理的话语背景下，政府对个体及其生活的管理变得越来越合法化，而这恰恰是福柯对现代社会监视和管理行为的最大批评。

诚如捷尔比所说，"终身教育绝不具有政治上的中立性"，③ 终身学习作为政策来说，显然也具有这个特点，各国在制定和推展终身学习政策过程中可能并不能突破这一状态，但是不管如何，终身学习政策都应以最大限度地保障国民的学习权利，促进他们生活质量普遍提高和人格完满为基本目的。

以上分析表明，终身学习政策的推展并非易事，其模式的发展和形成受制于内外诸多影响因素，而且这些影响因素之间还相互牵制。如，经济发展的需求对一国终身学习政策的推展具有很大影响，但同时又受到传统文化及民众心理的牵制。日本在1990年制定《终身学习振兴法》时，政府本意在于强化企业对终身学习的支持，突出终身学习在人力资源开发方面的作用，以满足日本迎接21世纪知识经济发展和提高国际竞争力的需要，但由于受其传统文化的影响，该法案饱受诟病，政策本身的意图在实践中并没有达到。再如，瑞典一直有讲求社会公平和融合的传统，但是在20世纪90年代之后，由于经济的现实要求及政党的更替，开始转向比较明显的新自由主义，转而强调终身学习的市场原则，支持雇主举办的终身学习

① 陈永明. 日本教育——中日教育比较研究与展望［M］. 北京：高等教育出版社，2003：245.
② Per Anderson. Recognition of Prior Learning as a Technique of Governing［G］// Andreas Fejes, Katherine Nicoll. Foucault and Lifelong Learning. London and New York: Routledge, 2008: 130.
③ 吴遵民. 现代国际终身教育论（新版）［M］. 北京：中国人民大学出版社，2007：49.

活动。

因此笔者认为，终身学习政策推展模式并不完全在我们可以选择的理想范围之中，虽然从人的观念可以影响制度、政策发展的角度来看，政策中的人的因素不能忽视，也就是说政策制定者个人及群体本身的观念对政策的发展有着重要的影响，例如其专业背景、价值观念、社会认知等（在中央集中制国家，这种因素的作用可能显得更为明显；在倡导社会合作的国家，政府、市民社会、企业和个人的协商机制及效果是关键，而这种协商机制本身的运作，某种程度上亦会受到各方代理人的个人因素影响），但实际上，终身学习政策的推展模式（尤其是进入到实践运行阶段之时）本质上更多的是社会各方利益动态博弈的结果，即一种博弈之后所产生的现实格局，受制于社会的经济发展水平、政治环境（包括政策决策者）、社会发展目标及问题、历史文化传统、教育基础及其理论研究水平、所属国际组织等诸多影响因素及其相互之间的制衡。

从这个意义上来说，我们可以在理论层面对终身学习政策的推展模式尽可能地作出全局最优化的思考和选择，但同时需要清醒地意识到：终身学习政策的推展在实践中不可能有与理论划分完全一致的模式，也不存在固定不变的模式。我们在认识、理解与借鉴他人经验的时候，应深刻地认识到不同推展模式所隐含的基本理念及其主要价值取向，对实践的指导也要结合具体的情境来进行，这是终身学习政策应用研究的最大挑战所在。

第六章
对我国终身学习政策推展
模式的思考

第一节　终身学习思想在我国的发展

一、中国古代终身学习思想

人一生都要不断学习和接受教育的观念并不是西方的
专利，也不是现代以后才有的事情。许多研究者以为，在
中国古代的诸多文献典籍和文化教育思想中就闪烁着终身
学习思想的光芒。比如，众所皆知的谚语"活到老，学到
老"就通俗鲜明地表达了人要终身学习的道理。庄子的
"吾生也有涯，而知也无涯"也隐含了学海无涯的启示。孔
子所言"吾十有五而志于学，三十而立，四十而不惑，五
十而知天命，六十而耳顺，七十而从心所欲，不逾矩"，以
及他的"有教无类"思想，则分别从生命发展的阶段性学
习任务和学习群体广泛性的角度体现了终身学习的某些基

本观点。西汉贾谊在我国历史上首次提出胎教思想。北齐颜之推用"幼而学者,如日出之光;老而学者,如秉烛夜行,犹贤乎瞑目而无见者也"来勉励人们终身持续学习。宋代欧阳修则用"学之终身,有不能达者矣。于其所达,行之终身,有不能至者矣"来主张终身学习与终身实践并行的观点。

二、现代终身学习思想的本土发展与外来引入

20 世纪初期,相比西方的教育思想、理论和实践的发展来说,尽管我国还没有正式出现终身学习的术语和相关理论,但是一些相关教育改革运动以及著名教育和社会活动家的某些教育观念却暗含着现代终身学习的部分观点。如,兴起于"五四"时期的平民主义教育思潮,以反封建为基本特征,以"民主"为口号,提出要以广大人民为教育对象。改革活动的倡导者之一陈独秀就说,"新教育对于一切学校的概念,都是为社会设立的。自大学以至幼稚园,凡属图书馆、实验厂、博物馆,都应公开,使社会上人人都能够享用"。①同时期所形成的工读主义思潮则蕴涵着做工和学习相结合的思想。陶行知的生活教育理论则汲取了美国教育学家杜威关于教育的基本主张,即"生活即教育""社会即学校"和"教学做合一"。兴起于 20 世纪 20 年代的民众教育运动则被认为是我国终身教育思想的雏形。②但是,这些颇有特色的本土教育思想终究没能在我国得到较好的传承与发展,随着我国教育现代化以及教育国际化的发展,它们逐渐走向了理论研究和实践应用的边缘。③

一般认为,我国正式引入和学习西方现代终身学习思想是在 20 世纪 70 年代末 80 年代初期。张人杰的《终身教育——一个值得注意的国际教育思潮》对终身教育的由来与发展、概念与模式、实施与研究三方面进行了论述,对了解当时国际终

---

① 孙培青. 中国教育史 [M]. 上海:华东师范大学出版社,1992:620.
② 张蓉. 民众教育——中国早期的终身教育思想 [J]. 成人教育,2000 (12):14—16.
③ 这种认识仅针对当前我国终身学习研究的现状而言,部分研究者探讨了这些本土教育学者教育思想中蕴藏的终身学习思想,但相比对国外终身学习思想的研究来说,这方面的研究并没有成为我国当前终身学习研究的主要部分,也没有对我国当前终身学习政策的发展产生多少实质性影响。当然,有关这些本土教育理论的研究在教育史等相关学科中还是很受重视并有相当多的研究成果。

身教育的基本观点提供了帮助，也体现了当时我国学者对终身教育的基本认识。①
此后《学会生存——教育世界的今天和明天》《终身教育导论》相继被翻译成中文，
对终身教育及终身学习思想和国外实践在我国的传播起到了重要的作用。但是总体
来说，从"文革"结束后至整个 20 世纪 80 年代，我国对于终身学习的探讨和研究
总体进展比较缓慢，没有产生较大的影响，更谈不上政府层面的政策关注和发展。

　　进入 20 世纪 90 年代以来，随着我国社会经济建设的进步和社会主义市场经济体
制的建立，我国教育改革与研究进入快速发展阶段，终身学习的思想和观念也开始大
量地涌入，引发了比较广泛的讨论。除了教育学及相关学科的学者，国家及政府教育
部门也开始关注并逐步接纳终身学习的某些思想，开始了我国终身学习政策发展的谋
划之路。但时至今日，我国仍然没有制定一部正式的、国家和中央政府级别的终身学
习专门法律（部分省市、地区已经出台了地方性的终身学习专门法律，如 2005 年 9
月 28 日开始实施的《福建省终身教育促进条例》，2011 年 5 月 1 日起施行的《上海市
终身教育促进条例》），有关终身学习政策层面的表述与规划更多的是以"碎片"的形
式出现在国家中长期教育发展规划、全国人才队伍建设、某些单类别的教育法案或条
例（如《干部教育培训工作条例》等），或其他与教育相关的社会整体性发展规划的
政策文本及活动中。目前，有关部门正在积极促进国家层面的专门终身学习法的出
台，并已经完成了《终身学习法》的可行性论证报告和法案起草工作。②

第二节　我国终身学习政策推展模式分析

一、我国终身学习政策的推展历程

　　从地方层面来说，我国现有福建、上海、山西等地出台了本地的终身教育促进

---

① 张人杰. 终身教育——一个值得注意的国际教育思潮［M］//《外国教育丛书》编辑组. 业余教育的
　　制度和措施. 北京：人民教育出版社，1979：131—151.
② 我国首部《终身学习法》可行性报告完成起草工作［J］. 教育发展研究，2008（1）：25.

条例，但国家层面无论是在行政规章还是在立法制度方面都缺乏一项统一和独立的终身学习政策。从各相关教育、培训或人才政策中发现并综合以下内容，它们共同构建出目前我国终身学习政策发展的基本面貌。

（一）相关政策概览

（1）中共中央、国务院颁发的《中国教育改革和发展纲要》（1993）。这是我国政府首次正式使用"终身教育"概念的重要文件。该文件指出："成人教育是传统学校教育向终身教育发展的一种新型教育制度，对不断提高全民族素质，促进经济和社会发展具有重要作用。20世纪90年代，要适应经济建设、社会发展和从业人员的实际需要，积极发展。要本着学用结合、按需施教和注重实效的原则，把大力开展岗位培训和继续教育作为重点。重视从业人员的知识更新。国家建立和完善岗位培训制度、证书制度、资格考试和考核制度、继续教育制度。"在这里，终身教育是作为一种理念和背景出现的，政策文件对终身教育的内涵并没有作详细解读，而成人教育是向终身教育发展过程中的一个重要环节，即一种新型教育制度，由此明确地表达出成人教育在终身教育中的重要地位。而在终身教育背景之下发展成人教育的重要意义主要在于认为成人教育有助于提升民族素质，促进经济和社会的发展，并继承了前十多年间我国成人教育以岗位培训和继续教育为重点的实施策略。

（2）《中华人民共和国教育法》（1995年第八届全国人大第三次会议通过，2009年第一次修正，2015年第二次修正）。在这部教育法中，关于终身教育的表述出现三次。第一章第十一条规定："国家适应社会主义市场经济发展和社会进步的需要，推进教育改革，推动各级各类教育协调发展、衔接融通，完善现代国民教育体系，健全终身教育体系，提高教育现代化水平。"第二章第二十条规定："国家实行职业教育制度和继续教育制度……国家鼓励发展多种形式的继续教育，使公民接受适当形式的政治、经济、文化、科学、技术、业务等方面的教育，促进不同类型学习成果的互认和衔接，推动全民终身学习。"第五章第四十二条规定："国家鼓励学校及其他教育机构、社会组织采取措施，为公民接受终身教育创造条件。"在这部法律中，终身教育首先被作为体系提出来，相比之前终身教育作为背景和理念，显然这里有了更为实际的考虑——促进各级各类教育的协调发展。但需要注意的是，终身教育在这里还指另外一个层面，即文本中所指的与业务教育、技术教育、政治教育等类同，显然这是终身教育的具体层面，但是内涵仍然相当模糊。

（3）国家教委 1996 年制定的《全国教育事业"九五"计划和 2010 年发展规划》。该文件在阐述 2010 年教育事业具体目标时，先分别论及了成人扫盲、基础教育、高等教育、研究生教育、职业和继续教育的具体目标，后在句末提到"……进一步发展各种类型的职前、职后培训和继续教育，基本形成学历教育和非学历教育并重，不同层次教育相衔接、职业教育和普通教育相沟通的职业教育制度和体现终身教育特点的现代社会教育体系"。这里的"终身教育"与 1995 年的情况没有太多的变化——仍旧是笼统的、背景式的，作为现代社会教育体系的一个特征而出现，它的基本任务也是促进现有教育体系的类型多样化、不同教育层次的衔接和沟通。

（4）教育部制定的《面向 21 世纪教育振兴行动计划》（1998）。"终身教育"和"终身学习"开始同时在这份重要政策文献中被使用，文件指出："终身教育将是教育发展与社会进步的共同要求"，行动计划的主要目标是"到 2010 年……基本建立起终身学习体系，为国家知识创新体系以及现代化建设提供充足的人才支持和知识贡献"。在具体政策措施方面，主要提出：现代远程教育工程是实现终身学习体系的主要手段；建立和完善继续教育制度，不断扩大社会成员的受教育机会；开展社区教育的实验。终身教育和终身学习同时出现和并列使用成为这一时期我国终身学习政策发展的新特点，显然国家和政府对终身教育的政策发展有了新的考虑。不变的是，无论是终身教育还是终身学习，它们最终都是为国家社会建设而服务。从实践措施来看，发展成人教育仍然是重点。

（5）教育部发布的《中共中央国务院关于深化教育改革　全面推进素质教育的决定》（1999）。该文件在"深化改革，为实施素质教育创造条件"条目下的第三点指出："构建与社会主义市场经济体制和教育内在规律相适应、不同类型教育相互沟通相互衔接的教育体制，为学校毕业生提供继续学习深造的机会。职业技术学院（或职业学院）可采取多种方式招收普通高中毕业生和中等职业学校毕业生。职业技术学院（或职业学院）毕业生经过一定选拔程序可以进入本科高等学校继续学习。高等学校和中等职业学校要创造条件实行弹性的学习制度，放宽招生和入学的年龄限制，允许分阶段完成学业。大力发展现代远程教育、职业资格证书教育和其他继续教育。完善自学考试制度，形成社会化、开放式的教育网络，为适应多层次、多形式的教育需求开辟更为广阔的途径，逐渐完善终身学习体系。"由此可见，1999 年的这份文件进一步体现了终身学习衔接、贯通的基本要求，且提出了新的推进策略，如学习时间的弹性化、入学要求的宽松化和多元化，但改革针对的仍是职业教育和成人教育领域。

（6）中共中央办公厅、国务院办公厅联合印发的《2002—2005 年全国人才队伍建设规划纲要》（2002）。该纲要提出构建终身教育体系；在加快普通教育发展的同时，大力发展成人教育、社区教育；形成终身化、网络化、开放化、自主化的终身教育体系；加强终身教育的规划和协调；完善有关法律法规；开展创建"学习型组织""学习型社区"活动，促进学习型社会的形成。终身学习体系的思想得到进一步发展，开始构建更大范围的学习型社会。

（7）教育部制定的《全国教育事业第十个五年计划》（2002）。该计划在认识到人才竞争的国际环境下指出，"积极推进教育改革，提高人才培养质量，大力发展终身教育，积极构建终身教育体系，高度重视信息技术对教育产生的革命性影响，大力推进教育信息化，已经成为当今世界教育发展的主流"，并且认识到"现有教育体系的灵活性和开放性不强，人才成长的'立交桥'未能全面形成，尚未建成完整的终身教育体系"。为此，需要确定教育高质量、教育优先发展、坚持社会主义方向、因地制宜分步骤分类指导、坚持教育的公平与公正、制度创新、依法治教等九大原则，其中在教育的公平与公正方面明确提出，要关注处境不利人群，努力为公民提供终身教育的机会，并提到了要调研、起草《终身学习法》，使我国教育法律法规逐步完善；在论及 2010 年的目标时，大胆地提到"全社会终身教育制度基本建立"。终身教育在其中要解决的问题仍然是教育体系内部的不通畅，考虑到信息技术的变化背景，特别新增加了信息化如何促进终身教育发展的策略。此外，终身教育制度的建立也首次被提上议程。

（8）中共中央、国务院发布的《关于进一步加强人才工作的决定》（2003）。该决定提出"加快构建终身教育体系，促进学习型社会的形成。在全社会进一步树立全民学习、终身学习理念，鼓励人们通过多种形式和渠道参与终身学习，积极推动学习型组织建设和学习型社区建设。加强终身教育的规划和协调，优化整合各种教育培训资源，综合运用社会的学习资源、文化资源和教育资源，完善广覆盖、多层次的教育培训网络，构建中国特色的终身教育体系"。终身教育作为体系进一步得到强调，学习型社会的思想也得到进一步的深化；在策略上，鼓励参与形式的多样化，进一步肯定了各种学习型组织的建设，并开始关注教育资源整合工作。

（9）教育部 2004 年发布的《2003—2007 年教育振兴行动计划》。该计划指出"努力实现党的十六大提出的历史性任务，构建中国特色社会主义现代化教育体系，为建立全民学习、终身学习的学习型社会奠定基础"。在第二十点提到，要"鼓励人们通过多种形式和渠道参与终身学习，加强学校教育和继续教育相互结合……"具体的措施包括：改革和发展成人教育；逐步确立以学习者个人为主体，用人单位支持、政府予以必要资助的继续教育保障机制；建立对各种非全日制教育培训学分的认证及积累制度；以更新知识和提高技能为重点，开展创建学习型企业、学习型组织、学习型社区和学习型城市的活动；充分发挥行业、企业的作用，加强从业人员、转岗和下岗人员的教育与培训；积极发展多样化的高中后和大学后继续教育，统筹各级各类资源；充分发挥普通高等学校、成人高等学校、广播电视大学和自学考试的作用，积极推进社区教育，形成终身学习的公共资源平台；大力发展现代远程教育，探索开放式的继续教育新模式。并且提到，教师和管理人员的专业发展要和终身学习结合起来。在第三十条提到，适时起草《终身学习法》等，逐步完善和健全我国的教育法律法规体系。在第四十八条提到，"中国特色社会主义现代化教育体系是现代国民教育体系和终身教育体系有机组成的整体。到 2020 年，要全面普及九年义务教育，基本普及高中阶段教育，积极发展各类高等教育，大力发展职业教育和成人教育，形成体系完整、布局合理、发展均衡的现代国民教育体系和终身教育体系……要统筹协调社会教育资源，优化结构，合理布局，不断拓宽学校教育的服务功能和范围，逐步完善有利于终身学习的教育培训制度，为全民学习、终身学习开辟多种途径，增强国民的就业能力、创新能力、创业能力"。相比来说，这份政策文件对如何开展终身教育作了最为详细和全面的阐述，除了之前在不同时期所关注的各种成人教育、学习型社会、终身教育法制等策略以外，还新增了对继续教育的资助保障、非正规学习成果的认证和累积、教师和管理人员的专业发展与终身学习的联系等方面的考虑。但令人疑惑的是，文件对国民教育体系和终身教育体系进行了并列处理，根据文中的内容来看，这里的终身教育体系在范围上更接近成人教育。

(10) 教育部2004年发布的《关于推进社区教育工作的若干意见》。该文件主要为积极落实上述第八项和第九项文件中关于积极推进社区教育的建议，加快构建终身学习体系和促进学习型社会的建设。明确了社区教育要紧密结合社区建设总目标，统筹各类资源，树立大教育和大培训观念，分类指导和分阶段实施等几大原则；主要目标是进一步扩大全国社区教育实验区的范围，并提高它们的水平，对全国其他地方产生示范作用，并要求各地方对此加以综合协调和规划。总体而言，是以社区教育为主要阵地和突破口，进一步完善终身学习体系和建设学习型社会。

(11) 教育部2007年发布的《国家教育事业发展"十一五"规划纲要》。该纲要的指导思想仍然是"构建现代国民教育体系和终身教育体系"；主要任务的第七项第一点提出"完善终身教育体系"，即要使各级各类教育相互衔接和沟通。

(12) 国务院2010年颁布的《国家中长期教育改革和发展规划纲要（2010—2020年)》。这是当前我国教育改革和发展的基本纲领性文件，于2010年7月底颁布，对于国家各级各类教育今后十年的发展具有重要的指导意义。规划纲要改用继续教育包含成人教育的术语使用方法，在第八章以继续教育为题论述了有关终身教育和终身学习的发展（也是同时使用这两个术语），主要的内容是：继续教育是终身学习体系的重要组成部分，要"更新继续教育观念，加大投入力度，以加强人力资源能力建设为核心，大力发展非学历继续教育，稳步发展学历继续教育。重视老年教育。倡导全民阅读。广泛开展城乡社区教育，加快各类学习型组织建设，基本形成全民学习、终身学习的学习型社会。""构建灵活开放的终身教育体系。发展和规范教育培训服务，统筹扩大继续教育资源。鼓励学校、科研院所、企业等相关组织开展继续教育。加强城乡社区教育机构和网络建设，开发社区教育资源。大力发展现代远程教育，建设以卫星、电视和互联网等为载体的远程开放继续教育及公共服务平台，为学习者提供方便、灵活、个性化的学习条件。搭建终身学习'立交桥'。促进各级各类教育纵向衔接、横向沟通，提供多次选择机会，满足个人多样化的学习和发展需要。健全宽进严出的学习制度，办好开放大学，改革和完善高等教育自学考试制度。建立继续教育学分积累与转换制度，实现不同类型学习成果的互认和衔接。"发展规划纲要在坚持终身教育体系建设的基本目标和当前主要以成人教育基本形式作为实施策略的基础上，又将老年教育、终身学习文化、开放大学、继续教育学习成果的积累和转换纳入新的推进策略。

（二）基本措施与实践发展概况

综合上述主要政策文本可以看出，我国政府自从明确推展终身学习政策以来，对终身学习的理论认识和实践推动都在不断发展。在政策推展上，主要的措施就是大力发展各种形式的成人教育和职业教育，不仅进一步规范、提高原有各种正规成人教育和职业教育，而且积极探求各种非正规学习、非正式学习与正规教育体系的沟通，目的在于铸造一个终身教育体系。但需要注意的是，这个教育体系是与国民教育体系相并列的，即主要指向成人教育和职业教育领域，而并不是像一些学者如郝克明以为的那样，"以终身教育思想为指导，重建具有内在一致性、关联性和持续性，使学校和各种机构以及广大学习者的潜能都能得到充分开发的新的教育体系，并在终身教育框架下实现各种教育类型、各种教育形式和各类教育资源之间的相互沟通、衔接和共享，满足广大社会成员对终身学习的多种需求"。①也就是说，至少从文本和实践来看，这里的终身教育实质主要指的是成人教育。

在这种政策认识和政策推展下，我国成人教育在终身学习政策的背景下到底经历了哪些重要的发展呢？以下根据我国成人教育的实践，对各个方面分别加以阐述：

（1）完善成人高等教育。成人高等教育是我国成人教育事业发展中的一个主要基地，属于高等学校教育范畴，是正规高等学校教育的一个重要组成部分。现主要有以下四类：附属在普通高等学校的成人教育、独立设置的成人高等学校、高等教育自学考试和现代远程教育。

普通高等学校的成人教育是指普通高等学校在合理、有效利用已有资源的基础

---

① 里白. 加快构建终身学习体系　创建学习型社会——国家教育发展研究中心专家咨询委员会主任郝克明研究员访谈录 [J]. 经济师，2008（3）：6.

上，通过多种方式和途径对社会成人实施的有目的、有计划、有组织的教育活动，包括学历教育和非学历教育。从整个历史发展情况来看，我国普通高等学校所举办的成人教育基本上是以学历教育为主，具体包括函授、夜大学和脱产学习三种形式，在层次上分为专科、本科和专升本三个级别。普通高等学校举办成人高等教育开始于 20 世纪 80 年代初期，1980 年国务院就批转了教育部《关于大力发展高等学校函授教育和夜大学的意见》。经过十多年的大力发展，普通高等学校举办的成人高等教育逐步形成规模，为当时社会培养和输送了不少合格人才，但也出现了效益低下、管理混乱等问题，于是国家教委在 20 世纪 90 年代初开始了这方面的整顿工作。1993 年以后，国家重提成人学历教育的重要性，继承了 20 世纪 80 年代岗位培训和继续教育的工作重点，给成人学历教育指出了多样化、职业性、成人特色等发展新要求，有步骤地促进成人高等教育的深化改革和发展。以下根据教育部的统计数据，对我国普通高等学校成人学历教育的规模进行了汇总（见表 6 - 1），由此可以从一个侧面看出普通高等学校成人学历教育的发展趋势。

表 6 - 1　我国普通高等学校成人学历教育学生规模变化情况　（单位：人）

年　份	毕业生人数	招生人数	在校学生人数
2012	1 786 703	224 756	5 392 775
2011	1 716 788	2 010 480	5 046 567
2010	1 772 972	1 900 727	4 893 970
2009	1 725 495	1 803 992	4 871 564
2008	1 464 422	1 803 472	4 888 823
1998	428 750	543 954	1 614 115

数据来源：根据教育部官方网站统计数据整理而成。

　　发展非学历教育其实也一直是我国成人高等教育发展的重点，比如早期的岗位培训，1993 年的《中国教育改革和发展纲要》就强调要通过岗位培训和继续教育不断更新从业人员的知识和技能。表 6 - 2 是 2007—2012 年间我国高等教育中的非学历教育学生人数变化情况，也在一定程度上反映了我国成人高等非学历教育的发展情况：

表 6-2　我国 2007—2012 年高等教育非学历学生人数变化情况　（单位：人）

年份	研究生课程进修班		各类时长（一周到一年以上不等）的进修及培训活动	
	结业人数	注册人数	结业人数	注册人数
2012	50 284	73 796	7 550 132	3 439 532
2011	48 873	67 112	6 480 856	3 481 616
2010	48 290	64 978	6 882 371	2 636 948
2009	46 803	68 646	5 073 449	2 098 780
2008	45 457	56 185	4 119 157	1 708 581
2007	60 209	60 747	3 866 893	1 443 825

数据来源：根据教育部官方网站统计数据整理而成。

　　独立设置的成人高等学校主要包括职工高等学校、广播电视大学、农民高等学校、管理干部学院、教育学院、独立函授学院。这些成人高等学校的主要任务是为社会成人提供接受高等学历教育的机会；为在岗人员提供继续教育和岗位培训；为居民提供社会文化和生活服务（其中前两项占主体）。在整个 20 世纪 80 年代，我国独立设置的成人高等学校得到了较大的发展，至 1989 年底，全国该类学校已有1 333 所，教职工 19.69 万人。[1]但与普通高等学校的成人学历教育一样，20 世纪 90年代，因为类似的原因，这类成人高等学校被要求整顿与改革，发展逐步放缓，1995年底，独立设置的成人高等学校为 1 156 所。[2]20 世纪 90 年代中后期以来，随着我国普通高校的结构调整和改革，尤其是 1997 年国家实行普通高等教育扩招政策以来，我国独立设置的成人高等学校便一直处于规模缩小、作用弱化、发展减缓的趋势。除了扩招和国家经费投入严重不足等外部因素，内部原因主要在于该类型学校自身能力建设极其不足，包括师资队伍水平不高、学科体系不完备、课程安排和教学体现不出成人学习者的特点、因自身发展历史短而缺乏足够的社会认同。至 2007 年底，独立

①　黄尧. 90 年代中国教育改革大潮丛书 [G]. 北京：北京师范大学出版社，2004：8.

②　张竺鹏，等. 构建终身教育体系的成人继续教育改革 [C]//中国教育发展战略学会终身教育工作委员会. 中国终身教育蓝皮书. 北京：现代出版社，2010：105.

设置的成人高等学校已减少至413所，[①] 2009年又减少为384所。[②]

　　高等教育自学考试是我国在1981年创设的具有中国特色的成人教育制度，以学历教育为主（1994年以后开始进行非学历教育，如各类证书、资格水平考试。2000年开始，非学历教育的规模有逐步超越学历教育之势），个人自学、社会助学和国家统一考试相结合，其最鲜明的特点就是入学条件的开放性、学习过程中学习者的高度自主性、学习进程的灵活性、毕业文凭的较高社会（国内、国际）认可度。自我国开始推展终身学习政策以来，高等教育自学考试在提供教育机会、发展继续教育方面的作用进一步凸显（见表6－3）。

表6－3　我国高等教育自学考试人数变化情况　　　（单位：人）

年　份	学历教育报考人数	学历教育毕业人数	非学历教育报考人数
2012	8 539 000	731 200	8 711 000
2011	9 226 700	742 800	8 628 000
2010	9 650 000	620 000	11 030 000
2009	10 420 000	625 000	10 510 000
2008	9 888 200	551 900	/
2007	9 562 700	542 300	/
2003	11 562 000	705 000	/
2000	13 691 300	488 900	/

数据来源：根据教育部官方网站统计数据整理而成。

　　中国现代远程教育主要形式是广播电视大学和高校的网络学院，基本上属于高等学历教育。2007年全国各地省级广播电视大学45所，市级分校956所，县级工作站1 875所，教学点3 292个；2006年这类成人高等教育的学历教育在读学生为217万人，截至2007年电大毕业生累计超过600万人，非学历教育培训累计超过

---

① 张竺鹏，等. 构建终身教育体系的成人继续教育改革［C］//中国教育发展战略学会终身教育工作委员会. 中国终身教育蓝皮书. 北京：现代出版社，2010：105.

② 知识改变命运，学习改变人生——全国继续教育工作会议暨高等教育自学考试制度建立三十周年纪念大会综述［EB/OL］.［2013－10－30］. http://www.moe.gov.cn/publicfiles.

4 000 万人次。①2010 年颁布的《国家中长期教育改革和发展规划纲要（2010—2020 年)》提出要"办好开放大学"。经过近两年的准备，我国远程教育开始实现新的转型和发展。2012 年，全国首批开放大学成立（即国家开放大学、北京开放大学、上海开放大学)，随之各地原来的广播电视大学也纷纷更名，高校网络学院和继续教育学院在大学开放模式的浪潮下，也或合并或改名为开放教育学院。在理念更新、管理制度创新的新历史条件下，我国开放大学将如何继续为我国继续教育的发展作出贡献，为促进终身学习和建设学习型社会出力，将是未来我国成人高等教育发展的重要问题。

（2）开展企业职工教育。企业职工教育是我国终身教育的一个重要基础，它主要是指由企业内部或行业协会组织的，针对本企业、本行业所有在岗从业人员所进行的有目的、有计划、有安排的学习活动，如新进人员的岗位培训，原岗位人员专业技能的继续学习，或是因工作变动所进行的转岗培训等大会，主要分为岗前培训、在岗培训和转岗培训等类型。自终身学习政策实施以来，我国进一步强调和夯实企业职工教育，逐步建立现代企业培训制度，推进岗位培训制度，实行资格证书制度和先培训、后上岗制度，企业职工培训得到了较大的发展。1996 年，全国各类员工参加岗位培训和继续教育的总人数达 3 490.59 万人。②2007 年，教育部职业教育与成人教育司在 2007 年"第三届中国培训发展论坛"新闻发布会上发布信息，我国企业职工教育年培训规模达 9 100 万人次。③2008—2009 年中国企业培训指数的调研报告指出：在所调查的覆盖多个行业的 1 430 家样本企业中，97％的企业建立了比较完善和完善的企业培训制度，有效执行率为 52％；90％的企业建立了比较完善和完善的岗前培训和见习制度，有效执行率为 72％；大部分企业建立了以专任师资为骨干、兼职师资为主体的师资培训队伍，93％的企业实行了各种形式的校企合作；63％的企业全员培训率达到 100％，12％的企业全员培训率超过 80％。④

（3）实施干部教育。干部教育特指针对各级党政系统领导干部的教育培训活

---

① 中国成人教育协会. 中国成人教育改革发展三十年［M］. 北京：高等教育出版社，2008：69—70.
② 黄尧. 90 年代中国教育改革大潮丛书［C］. 北京：北京师范大学出版社，2004：210.
③ 我国企业职工年培训规模达 9 100 万人次［EB/OL］.［2007-11-10］. http：//www.moe.edu.cn.
④ 陈奎伟，高峰，陈欣，杨述. 中国企业培训报告［J］. 职业技术教育，2009（30）：59—67.

动，是我国成人教育的一个传统和重点阵地，目前已经形成了比较规范、系统的领域：重点针对县（处）级及以上干部开展广泛的全员培训；制定了一系列的有关干部教育的规章制度，如 1982 年《中共中央、国务院关于中央党政机关干部教育工作的决定》、1996 年的《1996—2000 年全国干部教育培训规划》、2001 年的《2001—2005 年全国干部教育培训规划》、2006 年的《干部教育工作条例》、2010 年的《2010—2020 年干部教育培训改革规划纲要》；培训以干部能力建设为重点，开展政治理论、政策法规、业务知识、文化水平等方面的教育；综合应用组织调训、自主选学、在职培训、脱产培训、境内学习、境外考察等多种方式，在上海的浦东新区、江西井冈山和陕西延安创建了三所国家级干部培训基地，它们与中国大连高级经理学院、中央党校和国家行政学院共同构建了现行国家干部教育培训的新平台。据不完全统计，2003—2007 年间，全国副省级市以上人事部门共举办 1 400 余期培训班，培训人事干部 10 万余人次。①党的"十七大"以来，全国公务员培训已达 3 000 万人次。②

（4）推进社区教育。我国社区教育的源头是青少年校外教育，自 20 世纪 90 年代以来，在终身学习和学习型社会思想的影响和指导下，逐步发展成具有对象全员性、内容全面性、形式多样性、管理规范性、资源整合性等诸多特点的终身学习主平台，有关社区教育的理论研究和实验也在国家和地方层面浓烈地开展起来。在我国，社区教育的功能主要是提高社区全体公民的整体素养（尤其是现代公民素养），开展社区精神文化活动，促进社区基层民主发展，对我国构建学习型社会、和谐社会具有重要的意义。2007 年，在全国社区教育实验区进行的统计显示，区、街道和居委会三级社区学校达到 12 039 所，参加培训的社区居民达 2 500 多万人次。③2009 年我国重新公布的全国社区教育实验区为 98 个。④到 2014 年，教育部已先后

---

① 人事部. 我国行政机关公务员培训体系初步建立 [EB/OL]. [2013-10-30]. http：//www. gov. cn/gzdt/2007-09/21/content_757312. htm.

② 全国公务员培训处长会议在北京召开 [EB/OL]. [2013-10-31]. http：//www. scs. gov. cn.

③ 张昭文. 加快发展社区教育 促进学习型城市建设 [M]//中国教育发展战略学会终身教育工作委员会. 中国终身教育蓝皮书. 北京：现代出版社，2010：237.

④ 教育部. 教育部关于重新公布全国社区教育实验区名单的通知 [EB/OL]. http：//www. moe. gov. cn/was5/web/search.

公布了五批全国社区教育实验区，三批全国社区教育示范区，全国已建设的国家级社区教育实验区和示范区总共达 180 个，省级社区教育实验区和示范区达 500 余个。①2016 年 5 月，教育部又公布了第六批全国社区教育实验区和第四批全国社区教育示范区，分别新增 64 家和 32 家。随着教育部城乡社会教育处新机构的建立，我国社区教育将迎来新的发展局面。

　　(5) 关注老年教育。尽管我国还是一个发展中国家，但是目前已经面临着与发达国家相同的大挑战——人口急剧老龄化。2015 年全国 1% 人口抽样调查统计结果显示，截至 2015 年 11 月，我国 60 岁以上人口占全国总人口的 16.15%，其中 65 岁以上人口占 10.47%。②在一些大城市如上海、北京等，老龄化问题更为明显，根据 2015 年上海市老年人口统计数据，截至 2015 年 12 月 31 日，上海户籍老年人口比例达到 30.2%，在全国排在首位。③预测到 21 世纪中叶，我国有近三分之一即 4.38 亿的中国人将超过 60 岁。④人口老龄化会给社会带来诸多问题，因此，如何应用终身学习的思想发展老年教育事业，使老年人学有所乐，提高晚年生活质量，是终身学习社会建设中的一个大问题。1996 年的《中华人民共和国老年人权益保障法》规定老年人有继续接受教育的权利，同时明确提出国家要发展老年教育，鼓励办好各种老年学校。2000 年，《中共中央、国务院关于加强老龄工作的决定》就老年文化教育活动的开展提出要求，指出老年教育要为老年人精神和物质生活的丰富提供知识和技能，并鼓励更多的老年人就近入学，最终实现"老有所教、老有所学"的基本目标。老年教育在国家政策的不断支持下，规模不断扩大（见表 6-4）。此外，老年教育还依托社区、单位和网络等平台开展各种老年学习活动。老年大学的最大特点就是内容丰富、形式灵活、对象广泛、学习自由，以精神文化生活为主，具有很强的人文气息，属于社会公益事业。

---

① 郝克明，季明明. 五年来继续教育发展的成就和启示 [EB/OL]. http：//www. moe. gov. cn/jyb_xwfb/moe_2082/zl_2015n/2015_zl63/201512/t20151211_224503. html.
② 中国国家统计局. 2015 年全国 1% 人口抽样调查主要数据公报 [EB/OL]. http://www. stats. gov. cn/tjsj/zxfb/201604/t20160420_1346151. html.
③ 东方网. 老年人口占比首次突破 30%，上海"老"得遥遥领先 [EB/OL]. http://sh. eastday. com/m/20160401/u1ai9277888. html.
④ 罗斯玛丽·赖特. 中国面临人口老龄化严峻挑战 [N]. 参考消息，2009-8-5 (15).

表 6-4　我国老年学校规模发展变化情况① 　　　　　　（单位：人）

年　份	老年大学（学校）数	在校学员数
2008	36 205	4 089 000
2007	32 697	3 300 000
2003	26 000	2 300 000
1999	17 000	1 300 000
1996	8 000	690 000
1993	5 331	470 000

　　（6）巩固扫盲教育。在《中国教育改革和发展纲要》中提出"到 2000 年全国基本扫除青壮年文盲，使青壮年文盲率降到 5％以下"的目标。20 世纪 90 年代我国政府积极履行联合国教科文组织全民教育发展目标之后，于 90 年代中期将扫盲工作纳入教育事业发展的重要工作。1993 年，我国重新修订和颁布了《扫除文盲工作条例》，对扫盲对象的年龄要求作了修改，规定 15 周岁以上不管年龄大小都有接受扫盲教育的权利和义务；提出农村和城镇的非文盲率分别达到 95％和 98％，较以往提高了 10 多个百分点；对复盲率的要求也降到 5％以下。作为 20 世纪 90 年代全民教育运动的一项基础性工作，扫盲就此成为我国终身学习政策推展的重点工作之一，我国扫盲教育工作也进入新的发展阶段。2000 年，全国青壮年文盲率由 1990 年的 22.22％降至 9.08％，② 年均扫盲人数均在百万以上，同时重视扫盲后的继续巩固和提高工作。在全民终身学习思想的指导下，我国积极参与国际项目合作，在《达喀尔全民教育行动纲领》指导下于 2003 年制定了《中国全民教育行动计划》，承诺到 2015 年将我国成人文盲总数减少到 4 000 万人以下。2011 年，青壮年文盲降到 1.5％以下，扫盲目标基本实现。③

---

① 　孙建国，等. 中国老年教育：探索与实践 [M]. 北京：科学出版社，2011：22—24.
② 　我国扫盲的进展和持续推进 [EB/OL]. [2010-3-12]. http：//www. moe. edu. cn.
③ 　我国提前实现全民教育两大目标 [EB/OL]. [2013-11-1]. http：//www. moe. gov. cn.

二、我国终身学习政策推展模式分析

(一) 个人承担主要责任

根据第三章的理论分析，市场导向的终身学习政策推展模式意味着终身学习的责任更多的是在个人身上。由此观照我国终身学习政策的实施情况，可以看到：我国自 1993 年正式推行终身学习政策以来，尽管加强了对各种成人教育的关注和支持，如规范成人高等教育、增加各种终身学习机会，但是成人是否继续学习仍主要被看作个人的基本责任。

以成人教育经费为例。有学者指出：在 20 世纪 80 年代以前，我国成人教育培训经费一般以国家财政拨款为主，1985 年之后逐步转向国家财政拨款和向学员收取学费两种方式并行。"这种拨款与收费并行的方法持续到本世纪末，此后，成人教育学员的学费收入成了高校成人教育办学经费的主要来源。成人教育本着'谁受教育谁出钱'的原则，由接受成人教育的学习者支付兴办成人教育的费用。目前我国成人教育的办学经费来源主要有：函授和夜大学的收费、成人脱产班的收费、中小学师资培训费、专修班或联合办学的收费等。"[1] 事实上，国家确实没有在资源、财政等重要方面对成人继续教育经费给予实质性支持。如 2004 年的《2003—2007 年教育振兴行动计划》就明确提出"要确立以学习者个人为主体，用人单位支持、政府予以必要资助的继续教育保障机制"。2006 年，我国成人教育经费仅占国家教育财政性经费的 2.75%，[2] 而且主要用在了成人学历教育方面。其他研究者也持有类似观点，例如"事实上，国家却把他应承担的部分责任转嫁到企业和受教育者身上。根据国家规定，职工教育经费可提取工资总额的 1.5%，按 2008 年重庆市职工年平均工资 26 985 元计算，职工每年的教育培训费用仅为 404.8 元，个别企事业单位继续教育经费甚至出现了'0 运转'现象。由于继续教育成本分担机制严重不合理，经费投入不足，培训的主要费用实际上最终由个人承担，既加重了参训

---

①　陈利利. 试比较中外成人教育经费来源及管理 [J]. 中外企业教育，2010 (5)：126—127.
②　联合国教育科学文化组织第六届国际成人教育大会综述 (二) [EB/OL]. [2010 - 3 - 22]. http://www.caea.org.cn/2009.

者的经济负担，又影响了继续教育的健康发展和整体推进，更制约着企业总产值的增长和区域经济的发展。"①

（二）以追求经济成长为基本目标和价值取向

尽管 2007 年中共"十七大"将教育放在了民生发展和保障的议程中，但是一直以来，我国教育的发展都是在围绕实现现代化发展的总体背景下进行的，许多文件都提到成人教育要适应经济建设和社会发展，适应社会主义市场经济制度和社会进步的需要，为国家的知识创新体系和现代化建设提供人才支持。因此，本质上可以说，我国教育的发展是促进经济和社会发展的基本途径，在教育政策的制定和实际发展过程中，并没有给予教育的根本目的和人的个性及精神的发展以必要的关注和考虑。终身学习政策的价值偏向不但没有逃脱这一框架，相反，这些价值意识在新的政策术语和社会环境下反而获得了更多肯定和强化。"科教兴国""人才资源是第一资源"等重要战略思想就明确地反映了这一基本价值取向。

（三）对现有社会制度的补充和完善

自改革开放以来，我国社会逐步摆脱了以往重视政治的社会形态，开始以经济秩序和利益为主，目前仍处于一个经济社会发展的阵痛阶段，既有物质生活的丰富和文化精神素养的提高，也面临着资源短缺、自然环境恶化、人际关系紧张、个人及社会稳固价值体系遭遇质疑等许多新的问题。从我国终身学习政策的主要推展目标、价值偏向及基本措施来看，政策的实施意图并不是对当前的社会体制和结构进行质疑，而是对现有社会基本制度的修补和完善，基本措施是通过提供更多的学习机会，使更多的人和群体积极进入到终身学习的体系中来，并分享现有社会进步与经济发展的基本成果。如近几年来，国家重视并开始加大对农民工的教育和培训。2003 年，农业部、劳动和社会保障部、教育部、科技部、建设部和财政部六部委联合发布《2003—2010 年全国农民工培训规划》，对农民工的引导性培训和职业技能培训等都作了基本要求和规划。

---

① 施丽红，戴仲明. 以教育券制度推动我国继续教育发展的思考 [J]. 重庆交通大学学报（社科版），2009（6）：109.

（四）在目标要求一致性上以地方发展为主

关于终身学习政策的目标要求一致性程度，各政策文件尽管提到时间节点及目标任务，如1998年的《面向21世纪教育振兴行动计划》提到要在2010年基本建立起终身学习体系，2004年的《2003—2007年教育振兴行动计划》提到在2020年形成均衡发展的现代国民教育体系和终身教育体系，但是除此之外，在国家层面上，目前尚没有具体的目标陈述和具体要求，更多的只是一种限于文本上的原则性要求和期待。而从实践来看，很多地方却正在根据实际情况努力探索以构建适合本地区的终身学习体系。例如，苏州早在2000年就开始积极尝试构建终身教育实验区；重庆市正在努力促进本地区成人继续教育体系的建立；福建省早在2005年就制定了本省的终身学习促进条例；上海市政府也在2011年制定了《上海市终身教育促进条例》，促进学习型城市的发展，尤其在远程教育、继续教育和社区教育等方面有了较大的进展；北京西城区推行社区教育学习卡，实行学习积分制度。

（五）作用范围

回顾与分析我国有关终身学习的重要政策文本发展，可以发现，关于终身学习概念的理解和应用有以下特点：第一，至今尚未形成一个比较统一的认识，至少在文本中未有一个让人较为满意的描述。从政策文本的纵向发展来看，基本认识线路是：概念认识模糊不清，但明确要协调发展各级各类教育（指学校教育以外的教育，主要是成人教育、职业教育）——各级各类教育贯通——国民教育体系和终身教育体系的结合。由此可见，我国政策文本中对基本概念的认识是前后不一、反复矛盾的，尤其是"国民教育体系"和"终身教育体系"两个体系的提法，遭到不少批评。这一点其实在2005年施行《福建省终身教育促进条例》中也有体现。其第二条声明，"本条例适用于本省行政区域内现代国民教育体系之外有组织的终身教育活动"。由此可见，实际上我国终身学习政策的范围基本上是限定在成人教育领域，包括成人职业继续及社区教育，学校基础教育并没有包括在内。

综上所述，目前我国终身学习政策推展模式基本可以认定为"市场、经济发展、补缺、地方差异、选择性"的具体模式。

三、我国终身学习政策进一步推展所面临的困境与挑战

如上所述，尽管自 20 世纪 90 年代中期以来我国的终身学习政策进展取得了不少成就，但仍然任重道远，许多新旧问题和挑战需要我们进一步分析与思考。具体而言，目前国家终身学习政策进一步推展过程中主要面临以下阻碍：

（一）缺乏来自国家层面的实质性支持

表面上看，我国终身学习政策的推展是以国家为主导力量在积极推进的，但实际上由于经费、资源、制度等保障性措施的缺乏，终身学习的责任实际上主要落在学习者个人身上，国家和政府作为公共权力的代表，并没有在终身学习政策的推展过程中提供实质性的保障。

（1）在法律保障上，我国到现在仍旧没有一部完整的有关成人教育或终身学习的全国性法律。自改革开放以来，我国在历史的基础上结合现实情况及时补充和完善了教育法律体系，尤其在 20 世纪 90 年代相继颁布了《中华人民共和国教育法》《中华人民共和国教师法》《中华人民共和国高等教育法》《中华人民共和国职业教育法》《中华人民共和国民办教育促进法》，并在 21 世纪初修订完善了《中华人民共和国义务教育法》，但是至今终身学习或成人教育领域的法规仍然空缺，因此得不到有效的和稳定的保障，这在一定程度上会严重制约我国终身学习政策的进一步推进。法律是社会对个人或法人及其相互之间行为的基本规范，规定的是基本规则和秩序。结合国际范围的经验，对终身学习进行相关立法是重要的，也是必要的。

（2）在组织管理上，缺乏一个明确的全国性规划和指导机构。1998 年，国家机构调整，成人教育司被撤销，与职业教育合并为现在的职业教育与成人教育司，但是"由于职成教司功能的转变，原成教司承担的公共教育管理职能已大半被分解而流失了"，[①] 地方相应机构也在这种分合当中逐渐瓦解，成人教育面临严重的"无政府"状况，而民间组织和团体的发展尚不成熟，无力担当引领中国成人教育的

---

① 朱涛. 我国终身教育体系亟待加强［J］. 成人教育，2008（1）：4.

基本重任。而随着我国终身学习政策的进一步推进，在学习型社会建设的进程中，各类人群的学习需求和意识越来越高，必然要求来自国家层面的基本统领，即如国内许多相关学者及课题研究所认为的那样，必须加强对终身学习的领导。如，加强统一的基本理念认识；明确规定终身学习政策的基本目标和内容；提高全国性的基本发展标准或要求；设立统一管理的全国性职能机构等（在省级部门，个别地方走在了前列，如上海市教育委员会在 2007 年首次增设终身教育处，全面负责本市终身学习体系和学习型社会建设的指导、协调、管理等相关工作，管理各种非学历教育和培训活动）；明确各级政府、民间团体等的基本职责和工作要求等。

（3）国家对终身教育的财政投入严重不足。从实际情况来说，无论是哪种经济发展水平的国家，都普遍存在教育经费不足的现象。但是从国际比较来说，我国这方面情况尤为严重，总体性教育经费达到国民生产总值 4％这一基本目标于 2012 年刚刚实现，成人教育在其中也分享不到多少资源。据统计，2002 投入到成人教育及其他教育的资金 243 亿，[①] 占当年教育投入总额的 7％左右，以如此少的经费比例面对数量庞大的成人学习群体，可想而知，财政投入之不足是何等严重。个人如要继续学习，只能自己加大教育和学习的经费投入。

（二）终身学习政策的目标有所偏差

自开始至今，我国终身学习政策的推展就一直是站在经济社会发展的角度，以促进社会和经济发展为基本目的。从宏观上说，这与我国十一届三中全会以来以经济建设为中心的确立和 20 世纪 90 年代中期以来社会主义市场经济制度的确立和推进以及 21 世纪初科教兴国战略、人才强国战略等密切相关。

对经济成就的迫切追求表现在终身学习政策的目标上就是，终身学习政策具有更为明显的人力资本投资取向，极其认可成人教育（尤其是职业教育）是发展经济的重要手段。一方面，学校职业教育的专业设置和能力建设紧密结合市场的即时需要，明确提出以就业为基本导向，实行定单式的教育和人才培养，另一方面，工作

---

① 国家统计局城调总队. 我国教育经费投入知多少［J］. 中国国情国力，2005（6）：17.

场所的在职学习更是以提高资质和岗位适应性为主，更为直接地促进培训对经济效率的贡献。

(三) 教育质量及其标准有待进一步提高

无论是成人的学历教育还是各种培训，我国成人教育一直以来都遭受着教育质量低下、效益不明显的诟病。进入成人学校的学生往往被贴上许多负面的标签，尽管其中不乏自强不息、逆境成才者，但社会普遍认为成人教育系统的学生普遍不如普通学校教育系统的学生，他们获得的文凭及各种证书的含金量在市场上也大打折扣，具有和普通学校教育文凭不一样的价值。产生这种现象的原因是多方面的，比如教育质量和效益本身难以量化，教育进入的层层筛选，成人学校缺乏必要的软硬件基础设施，来自国家层面的关于成人教育质量保障的相关要求没有得到较好的贯彻和实施，同时，一个不可忽视的重要因素就是许多成人学校本身缺乏对成人学生学习过程及其结果的全面质量管理，错误地实行"宽进宽出"的教学和考核政策。

提高质量是目前国际教育发展的一个基本趋势，随着我国终身学习政策的深入发展和学习型社会建设的推进，各种教育、学习和培训活动广泛展开，势必要对教育的质量标准提出新的基本要求，对成人教育来说更是如此。因为长期以来，我们普遍认同成人教育在促进社会经济发展中的重要性，如果没有令大多数人满意和认可的质量作为保障，成人教育就很难在终身学习和学习型社会推进的背景下获得进一步发展，这种保障既可能是来自物质层面的支持，也可能是来自社会心理层面的认可。

第三节 对我国终身学习政策推展的进一步思考

随着 21 世纪知识经济的深入发展，国际竞争的加剧，我国在不断地调整社会发展总战略和中长期发展的基本目标。2010 年 7 月发布的《国家中长期教育改革和发展规划纲要（2010—2020 年）》明确提出了"育人为本、优先发展、改革创新、促进公平、提高质量"的基本工作方针，提出要继续完善终身学习体系，加快发展继续教育等基本主张。纲要中还提到，人才是我国经济社会发展的第一资源，全面建设小康社会，实现中华民族伟大复兴，必须大力提高国民素质，在继续发挥我国人力资源优势的同时，加快形成我国人才竞争比较优势，逐步实现由人力资源大国向人才强国的转变。因应这些变化和新的情况，我国终身学习政策必定有新的改进和发展。以下结合未来我国终身学习政策推展环境可能会有的内外变化，对今后我国进一步推展终身学习政策作出尝试性思考。

一、基本价值取向：转向"人—社会"的协调发展

就目前国际实际情况来看，终身学习政策的推展有多样化的目标，如促进经济发展、改善社会融合、促进个人自我实现等。那么我国今后在推展终身学习政策的过程中，到底应该有怎样的政策价值取向才比较适合呢？

笔者认为，我国终身学习政策的价值目标应该逐步转到"人—社会"协调发展的综合取向上来，即终身学习政策的目标要同时促进人和社会的协调发展，其内涵包括：既要在以往的基础上进一步促进和完善经济的发展，又要兼顾社会民主、公平等方面的改进，以紧紧围绕当前及今后我国社会的和谐发展。主要理由在于：

首先，从现实情况来看，经过30年的努力发展，我国社会已基本形成了一个以经济利益为主导的经济社会，目前正处于逐步调整和深化的阶段，即追求经济发展的高成就和高水平仍是当前社会发展任务的中心。个人和国家对经济发展的热情带来了普遍的财富增加和发展活力，但是为此也付出了许多代价，如社会各阶层和行业之间收入绝对差距拉大、公共道德意识及行为下滑等，总体呈现出一种非均衡的发展状态。党和国家深刻地意识到了该问题的重要性，于2003年的十六届三中全会上正式提出要建立科学发展观，构建"以人为本的和谐社会"，它的内涵是在坚持以经济建设为中心的基础上，全面推进社会公平、政治民主、文化提升等多方面任务的完成，坚持可持续的、综合性的协调发展观，努力构建一个和谐社会，这是我国当前社会建设的基本目标。

其次，从历史文化传统来看，我国社会历来重视群体的观念，① 正如著名历史学家钱穆先生所说，"若在中国，一家融成一体，即无个人和群体之分。乡国天下皆然。人之为人，有为一家之人，有为一乡一国之人，有为天下之人，独不得为个人"。②因此在很多的活动如学术研究、教育活动、社会生活中，我们向来推崇的都是集体和社会的观念和精神，强调社会整体的发展，这一点在培养人的教育教学活动中表现尤其明显，集体主义、团结、集体利益高于个人利益，这些都是一直以来我们必须坚持的基本教育原则，也是学校教育的基本目标之一。尽管经济社会建设在一定程度上弱化了这些价值观念，但是随着全球化进程的加速以及经济发展一段时间后其他诸多社会问题的显现，集体主义和社会整体性的思想又再次站到了前头，提醒我们在中国根本就不能抛弃和轻视这一重要的遗产和传统。实际上，我们所说的"以人为本"，其中的"人"从来都是指"社会人"，集体性先于个人性，并不像西方传统社会及其思想中一直言说和推崇的"自然个人"或"个人主义"。

最后，从当代哲学的发展趋势来看，在后现代社会中，传统的主客体二元思维方式必须摈弃，我们需要采取的新方式和态度应当是"主体间交往理论"。就人和社会的关系来说，要以一种共同体的视角来看，社会的发展和建设离不开人这个基本的要素，人各方面的发展也需要在社会中才能获得，两者相互依存，不可偏废。社会建设不善将会直接影响到人的发展，以牺牲人的利益来谋求社会发展也不可取。

综合考虑以上三个方面，我国终身学习政策的价值选择应定位在人—社会协调发展的基调上，这既是我国社会发展的现实需要，当代哲学思考的普遍追求和理念，同时也是对我国集体—社会价值认同的现代继承和发展。基于这种主导性价值目标，考虑到前期我国终身学习政策的推展策略更多地关注教育的职业性和经济取向方面，本着科学发展观提出的"统筹兼顾"的根本方法，未来我国终身学习政策的推展应强化以下工作：

---

① 随着改革开放的发展，个人主义日渐受追捧。但在主体意识形态上，集体的观点仍旧强势。在国内，我们讲的自由绝对不是西方式的，而是在集体主义框架下的有限自由。当个人自由与集体利益相冲突时，需要我们选择的首先是服从集体。当然，某些人为追求个人绝对自由而做的一些事情，属于另外的讨论议题。

② 钱穆. 现代中国学术论衡 [M]. 北京：生活·读书·新知三联书店，2001：223.

（1）加强成人基础教育。社会变化越迅速，职业流动越频繁，人的基本素养就越显重要，因此必须加强成人基础教育。其中一个重要方面就是要进一步巩固和加强扫盲教育，尽管我国早在2000年就已宣布基本扫除了青壮年文盲，但是许多研究和数据表明，21世纪的头十年，我国实际文盲有所回升，教育部年度教育统计公报显示，每年的扫盲人数基本都在百万左右，同时还有超过百万的人正在参加扫盲学习。而且随着社会的进步和科技的发展，文盲的界定标准在不断提高，以前我国基本上是以识字为基本依据，标准是1 500字，但21世纪新文盲的标准除了传统意义上的读写算，还包括计算机通用能力和各种现代图表及图形的识别能力，由此给我国扫盲工作带来了新的挑战和任务。在这种情况下，终身学习政策要积极推进，就必须加大力度做好成人扫盲教育工作，提高标准，巩固实效，否则将会影响终身学习政策的深入发展。另外，要有意识地重视成人教育在提升人的精神和人格方面的积极作用。职业是成人生活的主体但并不是全部，学习也并不只包含认知层面，还包括心理和精神层面，因此终身学习政策体系下的成人教育和培训除了与工作晋升和职业发展的目标相联系外，还与促进个人精神和心理成长有关，以此为个人及社会的发展提供一种良好的社会心理环境。

（2）要大力发展以参与为核心的现代公民教育。社会的发展终究离不开人的发展。人除了需要提高教育水平、道德素养、专业技能以外，尤其需要以参与精神和参与能力为核心的现代公民精神。只有通过参与，才能激发成人对所处社会的思考；只有参与其中，才能锻炼各方面的能力；只有参与和行动，成人才能最终认识社会并改善社会。改革开放三十多年也是我国现代公民社会成长的关键时期。公民具备怎样的自觉意识和道德素养，具备何种水平的社会公共视野和观点，对我国公民社会的建设和推进极其重要，也是我国公民社会进一步成熟的根本保障。因此，在终身学习的视野下，成人教育必须关注和发展现代公民精神和能力，加强对其的教育和培养，使广大成人能够对我国社会的进一步建设和发展发挥积极的推动作用。

二、责任主体：政府主导下的社会分担制

关于我国终身学习政策的行政组织方式或是组织支持方面的探讨，"有众多的学者认为，政府应该也有必要成为推动终身教育的主体。无疑，这一观点有一定存在的合理依据"，① 而且有几位学者提出了比较具体的构想。例如高志敏提出要在国家一级和地方一级建立专门的组织支持系统，② 由此确定政府在终身学习政策推展中的调查、预测、研究、消除障碍、信息沟通、协调、监测、宣传、推广等具体职责中的作用。

笔者认同上述各位学者的基本观点，认为国家和政府应该成为我国终身学习政策推展的主体之一。但是需要考虑的是，我国人口众多，教育规模庞大，教育资源匮乏，而且我国行政体制改革也在逐步深入，中央简政放权，地方、社会和个人的主体性加强，公民社会逐渐成熟，更为合适的模式应是政府主导下的"国家—个人—社会"共同分担制。其具体内涵是：

第一，必须坚持政府（国家）是终身学习政策推展的责任主体。终身学习既然是一项国家基本战略，是未来国家教育乃至整个社会、经济及文化建设的根本指导性原则，国家就必须在其中承担起应负的责任。第二，从历史的经验看，我国社会经济取得比较稳定和快速的发展，一个最大的保证就是拥有比较强大的国家和政府力量。因此，必须坚持并加强政府（包括中央和地方两级）在终身学习政策推展中的主导地位。第二，要积极培育并引入各种社会力量。社会力量参与终身学习政策的推展是对国家主导模式的一个必要补充，因为极少有全能的政府；同时，个人也是多个社会组织中的成员，因此必须广开渠道，合理吸收来自社会各方面的多种支持。第三，要引导个人认识到自己投资终身学习、主动参与终身学习的重要性。终身学习政策的推展既有利于国家的繁荣和社会的进步，同时也给个人创造了良好的工作和学习机会，更好地达到自我实现。因此，个人也必须在其中承担部分责任。

在这种维度下，推展终身学习政策要考虑的基本策略有：

（1）以法规或其他有约束力的形式规定国家、社会和个人在终身学习政策推展过程中的基本职责。例如 2006 年颁布实施的《中华人民共和国义务教育法》第四十四条规定，"义务教育经费投入实行国务院和地方各级人民政府根据职责共同负担，省、自治区、直辖市人民政府负责统筹落实的体制。农村义务教育所需经费，

---

① 吴遵民. 现代国际终身教育论（新版）[M]. 北京：中国人民大学出版社，2007：394.
② 高志敏，等. 终身教育、终身学习和学习化社会 [M]. 上海：华东师范大学出版社，2005：175.

由各级人民政府根据国务院的规定分项目、按比例分担"。2010 年中共中央办公厅印发的《2010—2020 年干部教育培训改革纲要》第二十六条提出"建立健全以财政投入为主体、社会投入和个人出资相结合的干部教育培训经费投入机制"。2014 年发布的《教育部等七部门关于推进学习型城市建设的意见》更是明确提出要形成"党委领导、政府统筹、行业部门联动、社会协同、全民参与的学习型城市建设工作格局",并就教育、发展改革等部门在学习型城市建设中的基本职责作了明确规定。

我国继续推展终身学习政策,仍旧要坚持三方合作,提高工作效率,这是因为:第一,国家作为公共权力的集中体现,必须保证终身学习政策推展过程中的公平和平等,因此必须在成人基础教育和普通教育等方面承担基本的责任,保障人人有机会进行终身学习。第二,社会是人才和学习者发挥才能的基本平台,必须对个人的继续职业学习等方面承担一定的责任,通俗地说,就是要给员工继续接受培训、更新工作知识和技能的机会。第三,个人除了有权利和义务接受国家、社会所提供的机会以外,还必须加强自我投资,增强自身的实力,为国家、社会和组织的发展作出自己的贡献。

(2)建立与责任相对应的终身学习经费投入共同负担制度。具体措施包括:

第一,加大并维持国家对基础性教育和学习的投入,保障国家基本责任的落实。

第二,进一步确保企业教育培训费用到位,提高企业培训的效益。2005 年全国总工会和全国"创建学习型组织,争做知识型职工"活动办公室组织的一项调查表明,近六成的企业能够足额提取企业职工教育经费,在培训方面有所改进,培训重点突出,但也存在着许多问题,如许多中小型企业仍无法按要求完成培训任务、培训费用使用错位、进城务工人员得不到培训、半数企业缺乏相应的规章制度等。[①]在这个基础上,2006 年国家财政部和全国总工会等多家单位联合发布了《关于企业职工教育经费提取与使用管理的意见》,规定一般企业按照工资总额的 1.5%提取教育经费,一些技术要求高且经济效益较好和培训任务重的企业可按 2.5%的

---

① 全国总工会宣教部. 关于企业职工教育经费提取和使用情况的调查报告 [J]. 中国培训, 2006 (4):
　26—28.

比例提取，此外还对其使用范围、监督使用等作了相关规定，① 希望借此能进一步落实上述意见，促进企业及其员工在终身学习的环境中成长。

第三，激励个人增加学习投资。可以借鉴国外的经验和做法，通过设定个人学习账户、学习投资费用免税等措施加以激励。

（3）在组织上建立一个国家层次的多方合作平台。责任的分担与经费的共同投入意味着组织工作方式的转变，与之相对应，必须在国家主管部门的统一领导下，建立一个全国性的合作与交流工作平台。国家方面可由教育部及相关部门牵头，行业企业方面可由各行业推荐企业负责人或其培训协会进行协商，个人方面则可以在一些代表性企业和行业中选举代表参加或者由部门总工会选举代表参加。定期的多方交流有利于信息的传递，也有助于各方相互理解，经过协商后产生的一些相关政策也更容易得到较好的推行。

三、范围指向：成人教育仍然作为政策实施的主阵地

从前面对我国与终身学习有关的教育政策的文本分析来看，我国的教育文本尽管在表述上将终身学习体系看成一个理想的各级各类教育前后衔接、左右贯通的灵活体系，但是在实际的实施策略上一直比较明确地指向学校基础教育之后的成人教育和培训领域。今后我国终身学习政策的发展仍旧会坚持这一基本趋势。这主要受历史和现实的双重影响。历史的原因在第五章作了比较详细的说明，而现实情况是我国学校基础教育相对比较独立，相关的研究和改革工作都比较多，现在的诸多改革都是在质的层面上进行现代化改造和深化，如开始于 20 世纪 90 年代中期的素质教育改革、世纪之交的新一轮基础教育课程改革等，而且改革的成效也正在逐步显现。而相比之下，我国成人教育却面临着许多重大挑战，如需要接受教育的人口数量庞大、缺乏统一的管理机构、功能定位有待进一步完善、教育的规范性及质量亟待提高、经费严重不足、缺少必要的法律保障等。为此，我们必须在终身学习的大背景下，一方面认真思考成人教育本身建设和发展问题，另一方面要以终身学习政

---

① 关于企业职工教育经费提取与使用管理的意见 [J]. 中国职工教育，2006（8）：5—6.

策为契机，使成人教育成为国家和政府教育政策中的重要优先事项。需要注意的是，这并不意味着要去实现全部成人教育的完全体制化、正规化，而是要在终身学习的视角下重新正确认识和评估成人教育发展的意义、作用、功能、价值和定位。成人阶段占据一个人整个生命的三分之二以上时间，承担着社会建设的诸多重担，因此针对成人的教育理应成为终身学习政策的主体实施平台。最后，这一政策推展模式的考虑也得益于国际经验的比较研究。推展终身学习并不是要在原有的教育体制基础上重建一个新的体系，而是要在已有的传统和现实中找到一个恰当的切入点和平台，以此来进行更新和变革，再逐步拓展和深化。

因此在这种模式下，推展终身学习政策的基本策略就是要大力改革和发展现有的成人教育。瑞典的做法可以给我们一些有益的启示：加强成人基础教育，根据成人学习的特点，按照学校基础教育的建制对成人基础教育进行制度化和法律保障化建设；实现成人中等教育（包括普通的和职业的）与高等教育（包括普通的和职业的）之间的衔接和沟通，实现入学方式的多样化；重视并合理评价成人非正式学习的成果；广泛开展社会成人教育，建设以成人教育或学习中心为主的基础设施；给予成人普通教育和成人职业教育以相等的价值认定。诚如朗格朗先生所说，"展望日益增加的劳动流行性，从发展能力的意义上讲，教育变得越普通化，它的实际效果也就越大"。[1]

再进一步分析，以成人教育为主阵地的终身学习政策推展模式，在实施内容上可以考虑以"工作"为主题圆心的半径扩大式发展。这是因为我国现在仍是以发展经济为主，刺激与维持一定的劳动力就业水平仍是社会经济发展中的一项关键性工作，"劳动就业不仅是民生之本，社会和谐与稳定的基础，更关系着一国整体的竞争力。劳动就业也不仅是个人问题和社会经济问题，更是一个重要的政治问题"。[2]实行以"工作"为主题圆心的半径扩大式推展模式具有以下基本内涵：

第一，坚持实施与工作相关的内容，即工作主题式的。比如重点开发与就业相关的学习机会；依据工作需要进行适当的回归教育或工作场所的学习和培训等。已

---

[1] 保罗·朗格让. 终身教育导论 [M]. 滕星，等，译. 北京：华夏出版社，1988：59.
[2] 孔德威. 劳动就业政策的国际比较研究. 北京：经济科学出版社，2008：序.

有实证研究表明，这一点也是比较符合我国实际情况的，即职业发展需求仍是人们终身学习过程中的首要学习需求。2007 年，陈乃林主持的一项有关江苏终身学习情况的调查就表明，在目前最需要的学习服务中，职业培训类占据第一位，为 49.4％。①

第二，要坚持马克思主义的基本观点，人格发展与劳动、工作是分不开的，人的本质是一切社会关系的总和，人性的发展是在工作和社会生活中获得的，人通过劳动和工作不仅能改变自然，同时也能改造自己。因此，我们不能脱离工作实际空谈人的发展，不能单纯地认为学习一两门简单的艺术就是陶冶了情趣，就是成人普通教育的目标，就一定提高了人的文化素养。学习艺术与提高文化素养也必须在现实的工作生活中进行。

第三，要认识到工作不是一个狭隘的概念，就如有学者认为人力资本包括了社会资本和道德资本一样。②工作中我们需要学习和提高相关的知识和技能，但是，我们同样需要思考如何改进对工作的态度、对工作本身的认识、与工作相关的伦理、对工作价值的认识、与他人的合作关系，工作不完全是经济的和理性的，它也是我们了解世界的一个主要通道，是我们与外在环境互动的一种基本方式，也是影响个体思想、观念、个性、意识、经验发展的一个重要场域。因此以工作为主题圆心式的学习同样可以培育多方面的素养，关键是我们首先不能把自己的思维简单局限在"工作＝生产＝技能"的片面思维中。工作不仅是生产，整天和器物打交道，还应当同时是一种人类实践或行动，我们不仅要思考如何提高工作效率和生产率，还要认真地思考工作世界中个人和集体行动的基本前提和准则。根据海德格尔的基础存在论观点，工作只能通过"此在"即"人"这个存在者来完成，因此我们在关注工作技能提高的同时，不能忽视工作者或说劳动者这个根本的存在。只有这样，我们才能较好地改进工作场所学习中把人也视为物和工具的基本境况。换句话说，"即从最深刻最确切的意义上把它（工作）视为文化活动"。③

---

① 陈乃林. 公民对终身学习和学习型社会的认知和践行现状——从江苏的调查看［J］. 江苏广播电视大学学报，2008（2）：26.
② 黎池. 魏源人才伦理思想研究［M］. 北京：中国社会科学出版社，2008：3.
③ 保罗·朗格让. 终身教育导论［M］. 滕星，等，译. 北京：华夏出版社，1988：59.

四、促进转型的方式：补缺型政策的进一步发展

终身学习思想的提出和政策的发展，一个重要的意图是实现教育结构甚至社会结构的变迁，这种意图的基本理论假设是：终身学习可以为个人的生活和工作成功增加重要的砝码，而个人的成功会带来社会的积极流动，并逐步改进原有的社会结构和分层，进而实现教育内部及社会的民主化进程。然而实际情况并不尽然，教育和社会的结构变迁与社会体制和意识形态有着密切的关系。尽管从本质上来说，这种变迁更多的是一个自然的过程，但是越来越多的国家和政府正在有意识地逐步把控和监管着这种变迁过程，其中政策的调控就是一个关键举措。

从终身学习政策促进教育和社会结构变迁的功能角度来说，我国今后将仍然坚持这样一种补缺型推展模式。如前面章节所述，补缺型终身学习政策的基本内涵是：基本认同现行社会制度与发展理念及模式，重点关注游离于体制边缘的弱势群体，在政府主导的各方面的帮助下，为他们提供进入主流社会结构及价值认同的机会，将他们的弱势处境归结于自身的诸多因素（教育不足是其中的一个关键因素），而非现行体制本身。这种模式提出的基本依据在于：

首先，从我国政体和国体看，我国实行的是共产党领导下的多党合作和人民民主专政制度，这首先确保了中国共产党的绝对领导地位和人民当家做主的基本格局。换句话说，党、政府和广大人民的根本利益是一致的，是相互信赖和相互依靠的。自改革开放以来，党和政府在工作中出现了某些不足，干群关系一度紧张，但在党的领导下，国家总体朝着正确、良好的方向发展，并且确实在各方面给人民生活带来了很大的改善，民族和国民的凝聚力得到普遍增强。因此，这首先给现行社会制度及结构持续提供了合法和稳固的基础。今后要继续保持这个局面，党和国家政府必定会在可能的条件下，尽可能地改善各方面工作，如社会保障、人口政策、医疗服务等。就教育来说，重点必定在关注弱势群体、保障基本的学习权利和学习资源上，使他们能够分享到改革开放的积极成果，使他们有能力、有条件逐步融入并参与到现行的社会制度生活当中。2006 年的《国务院关于解决农民工问题的若干意见》中再次确认"流入地负责，以全日制公办中小学为主"的设想就是一个典

型的例子。①

其次，从当前及今后我国社会发展的根本任务来说，稳定仍旧是今后长期发展的基础。而要寻求稳定的局面，必须使社会结构及其转型在一个有序、可控的环境下进行。为了尽量减少社会不稳定因素，关注弱势群体及改善他们的生活状态是一个长期的任务，而这从根本上来说是与第一点相关的政治任务。结合目前国内情况来看，农民工（尤其是第二代农民工）、农民、城市低收入群体及残疾人等特殊群体是我国终身学习政策推展过程要特别予以关注的，对他们终身学习需要的关注和必要的政策支持，对国家的稳定和社会的融合具有重要的作用。

五、目标要求：国家基本统一要求下的地方多样化发展

提出这一目标要求主要是基于我国国情的考虑，也是我国社会在各项事业规范和发展中一贯奉行的方式，与本节第二点提法相一致。结合终身学习政策来说，首先必须在国家的指导下，设立全国统一的基本要求，如第二次教育机会的全面保障、最低标准的个人经费资助、统一的最低标准要求及各类常规性学习信息的发布等，以保障和逐步提高国家终身学习政策的质量基准。在此基础上，允许各地根据发展的实际情况，在具体推进方法、时间进度及具体内容侧重点上有所差异。

如在上海，目前终身学习政策的推进重点之一是社区教育，有点类似日本，重点在普通民众的生活闲暇教育方面，这与上海经济发展水平较高、民众生活水平普遍高、精神教育需求相对旺盛等密切相关。另外，上海的另一重点是高层次的继续教育，这与上海专业技术人员、高层次人才较集中所带来的高端专业继续教育发展需求大及上海努力建设人才高地的发展任务密切相关。东北是我国新中国成立后的第一个重工业发展基地，在产业发展和人才储备等方面具有一定的历史基础。2003年10月，十六届三中全会正式提出重振东北老工业基地的发展战略，由此在行业的职工教育方面有了新的发展和要求。而对于一些身处内地的劳务输出省份，随着国家经济扶持战略的出台、产业地理分布的结构性变化以及农民工流动的新特点，

---

① 童星. 社会转型与社会保障 [M]. 北京：中国劳动社会保障出版社，2007：263—265.

重点可能在农民工及现代新农民的教育和培训方面，如有意识地加强对农民工教育的指导，出去的时候要进行引导性培训，回来之后要适时对继续创业、回归生产、如何投资等方面进行针对性培训。而在一些经济滞后地区，推展终身学习政策首先需要关注的可能是文化扫盲等基础性教育的发展，以及一些与地方产业和经济发展水平相适应的初级成人教育或职业教育培训等。

以上从不同的维度对未来我国终身学习政策如何进一步推展展开了具体论述，并根据每一个维度所应依据的基本取向提出了主要推展策略。但正如第三章所述，每一个维度都是看待问题的一个视角，不同维度之下所提出的策略也可能存在类似的地方，因此为了更好地阐明上述建议性策略，特将其要点总结如下：

第一，以国家主导的社会分担为基本原则，建立终身学习政策推展在法律、财政和组织等基本方面的相应保障。

第二，加强成人基础教育或者说普通成人教育的发展，提高成人群体的基础性教育水平，及时发展、培养和更新他们在新的社会历史条件下所需要的基本态度、知识和技能。

第三，同步继续深入推进以工作为主题的成人职业教育，但需要关注其与成人普通教育的融合与协调，避免走入唯经济价值取向的狭隘发展。

第四，加大对社会处境不利群体的关注，激励他们的终身学习需求并给予相应的政策倾斜。农民、农民工、城市低收入群体、失业无业群体及残疾人群体等应该成为政策关注的重点。

第五，研究和开发一个全国性的推展终身学习政策的基础性标准，这个标准既是对地方推进终身学习政策的基本要求，以保障实现统一的最低水平与目标，同时又能够为地方的因地制宜留有一定的空间。这个基础性标准包括：有参与终身学习的平等机会和权利、基本的学习时间长度（如规定每年每人至少有几天或多少小时要参与学习或培训）、一定的人均终身学习经费（如每年每人可以报销一定的学习费用）等。

终身学习政策推展是理念及价值选择与政策实施环境相互作用的阶段性产物，不存在一个标准的统一模式。有多少种对终身学习的理解，有多少种不同的价值取向，有多少种不同的社会环境，就有可能存在多少种不同的终身学习政策推展模式。随着全球化进程的加速和国际工作经验和科学研究的相互交流，各国终身学习政策在推展过程中也存在着相互借鉴和某些趋同的发展态势，但这种相同之处最终需要在各国的实践环境中得以检验，并作出部分调整，由此才能找到一种合适的终身学习政策推展模式。在这个过程中，需要注意的是，不管政策的价值取向与实施策略如何，都不应忘记终身学习政策本质上首先是一项教育政策，因此也就意味着，无论如何它不能失去对学习者必要的人文关怀——发展个性，完善人格。否则，基本目标在发展的道路上被遗忘得太久，很可能会使终身学习政策走向"歧途"，教育和学习的诸多社会功能和价值的发挥也会因为这个基础性功能的丧失而缺乏稳固的基础。

附录一　部分国家和地区终身学习主要政策一览表①

国家/地区	终身学习主要政策文本
法国	1971 年,《终身职业教育法》 1984 年,《法国职业继续教育法》 1989 年,《关于教育指导法的附加报告草案》 1993 年,《五年法》 2002 年,《社会现代化法案》 2004 年,《终身职业培训和社会对话法》
英国	1924 年,《成人教育章程》 1944 年,《1944 年教育法》 1964 年,《工业培训法》 1973 年,《雇佣和培训法》 1988 年,《教育改革法》 1992 年,《继续和高等教育法》 1997 年,《21 世纪的学习》 1998 年,《学习时代:新英的复兴》 1998 年,《终身学习:全民新学习文化》 1999 年,《学习成功:十六岁后学习的新框架》 2000 年,《学习和技能法》 2001 年,《为了生活的技能——提高成人识字与计算技能的全国策略》 2002 年,《人人成功:改革继续教育与培训》 2003 年,《21 世纪技能:实现我们的潜能》 2005 年,《14—19 岁青少年的教育和技能》 2005 年,《技能:在商业中获得,在工作中获得》 2006 年,《继续教育:提高技能,改善生活机遇》 2007 年,《世界级技能:在英国实施里奇技能报告》 2007 年,《继续教育和培训法》

---

① 笔者根据所查阅过的中外文献资料整理而成。

国家/地区	终身学习主要政策文本
德国	1970 年，《教育制度结构计划》 1985 年，《关于终身教育的体验》 1990 年，《未来的教育政策：教育 2000》 1994 年，《联邦法令规章与联邦、州、地区共同发展继续教育使之成为第四教育领域基本原则》 1995 年，《信息社会：机会、革新与挑战》 1996 年，《晋升进修教育促进法》 1997 年，《终身学习：职业继续教育的情况与展望》 1998 年，《终身学习的新基础：发展继续教育成为第四教育领域》 1998 年，《欧洲未来的继续教育：变迁学习环境中的全民终身学习》 2000 年，《全民终身学习：扩展与强化继续教育》
瑞典	20 世纪 60 年代，《成人中学法》《学习小组法》《市立成人教育法》 1969 年，《回归教育——终身教育的战略》 1990 年，《与知识一起成长》 1997 年，《普通成人教育法》 2000 年，《终身学习和终生学习》 2001 年，《成人学习和成人教育未来发展法》
丹麦	1968 年，《成人教育法》 1995 年，《回归教育的 10 点计划》 1997 年，《作为领导性国家的丹麦》 1998 年，《教育和私人部门》 2000 年，《成人教育与继续培训改革法》
挪威	1976 年，《成人教育法》 1986 年，《终身学习》 1989 年，《将更多知识给更多的人》 1992 年，《成人教育法》（修订） 1997 年，《新能力》 1998 年，《能力改革》 2000 年，《挪威能力改革：2000—2003 年行动计划》 2001 年，《挪威终身学习报告之备忘录》
芬兰	1995 年以来，每四年制定一次《教育和研究发展计划》 1997 年，《乐在学习：终身学习的国家策略》 1999 年，《2000—2004 年信息社会教育、培训和研究发展计划》 2003 年，《芬兰教育部 2015 战略》

续　表

国家/地区	终身学习主要政策文本
俄罗斯	1993 年，《教育中心（草案）》 1994 年，《夜间普通教育机构》
其他欧洲 国家	1993 年，爱沙尼亚《成人教育法》 1993 年，匈牙利《职业培训法》 1996 年，斯洛文尼亚《成人教育法》 1998 年，立陶宛《非正规成人教育法》 1998 年，荷兰《终身学习：荷兰行动》 2000 年，爱尔兰《为生活而学习——成人教育白皮书》 2010 年，希腊《终身学习的发展及其他教育提供》
美国	1976 年，《终身学习法》 1980 年，《中学后继续教育法》 1984 年，《成人学习：国家未来的关键》 1989 年，《美国 2061 计划》 1991 年，《美国 2000：教育战略》 1992 年，《终身学习法》 1993 年，《目标 2000：美国教育法案》 1997 年，《1998—2002 年教育发展的战略计划》 1997 年，《国家学习：展望 21 世纪报告》 1998 年，《成人教育和家庭扫盲法令》
加拿大	1992 年，《学习好，生活好》 2001 年，《关于终身学习的国家政策》 2002 年，《知识至关重要：加拿大人的学习和技能》
其他美洲 国家	1967 年，巴西《巴西关于青少年和成年人实用读写能力训练及终身教育法》 1972 年，秘鲁《总教育法》 2000 年，圣卢西亚《教育部门的发展计划：2000—2005 年及以后》
新加坡	1999 年，《21 世纪人力计划》
中国	1993 年，《中国教育改革和发展纲要》 1995 年，《中华人民共和国教育法》 1995 年，台湾《迈向 21 世纪的教育愿景》 1996 年，《全国教育事业"九五"计划和 2010 年发展规划》 1998 年，《面向 21 世纪教育振兴行动计划》 1998 年，台湾《迈向学习社会》 1999 年，《中共中央国务院关于深化教育改革　全面推进素质教育的决定》

国家/地区	终身学习主要政策文本
中国	1999 年，香港《教育制度检讨：教育改革建议——终身学习、自强不息》 2000 年，香港《教育制度检讨：改革方案——创造空间、追求卓越》 2002 年，《全国教育事业第十个五年计划》 2002 年，《2002—2005 年全国人才队伍建设规划纲要》 2002 年，台湾颁布有关终身学习的规定 2003 年，《关于进一步加强人才工作的决定》 2004 年，《2003—2007 年教育振兴行动计划》 2004 年，《关于推进社区教育工作的若干意见》 2007 年，《国家教育事业发展"十一五"规划纲要》 2010 年，《国家中长期教育改革和发展规划纲要（2010—2020 年)》 2010 年，《国家中长期人才发展规划纲要（2010—2020 年)》 2014 年，台湾重新修订有关终身学习的规定
韩国	1982 年，《社会教育促进法》 1996 年，《新教育制度的教育改革》 1999 年，《终身教育法》 2000 年，《终身教育法律实施条例》 2007 年，《终身教育法案》（修订）
日本	1971 年，《关于未来学校教育整体扩充与整顿的政策措施》 1971 年，《关于适应社会结构急剧变化的社会教育》 1981 年，《关于终身教育的答询报告》 1988 年，《日本文教政策：终身学习的最新发展》 1990 年，《终身学习基础建设发展》 1990 年，《终身学习振兴法》 1991 年，《面对一个新纪元的教育体系改革》 1992 年，《关于适应今后社会发展的终身教育振兴政策》 1996 年，《关于充实社区终身教育的方策》 2002 年，《终身学习完善法》 2006 年，《教育基本法》
其他亚洲国家	1986 年，印度《国家教育政策》 1987 年，菲律宾《宪法》 2008 年，泰国《非正规和非正式教育促进法案》
澳大利亚	1988 年，《重建高等教育》白皮书 1990 年，《澳大利亚培训保障法》 1994 年，《在大学教育中发展终身学习者》

续　表

国家/地区	终身学习主要政策文本
澳大利亚	1996 年,《终身学习——几个关键问题》 1996 年,《在职业教育与培训部门学会学习》 1999 年,《21 世纪学校教育共同国家目标》 2000 年,《为知识社会学习:面向信息经济的教育和培训行动计划》 2000 年,《21 世纪的教师:与众不同》 2001 年,《迈向未来的足迹》 2002 年,《成人社区教育部级宣言》 2003 年,《澳大利亚的成人学习:你也可以》 2008 年,《成人社区教育部级宣言》
新西兰	1989 年,《终身学习(一)》《终身学习(二)》 1994 年,《21 世纪的教育》 2001 年,《成人识字战略》
南非	1993 年,《成人教育报告》 1994 年,《教育和培训政策框架》 1995 年,《教育白皮书》 1996 年,《终身学习的国家资格框架报告》 1997 年,《高等教育转型计划》 1997 年,《成人基础教育和培训》 1998 年,《扩充教育和培训转型计划》 1999 年,《走向学习型国家的终身学习发展》 1999 年,《南非的开放学习:普通与扩充教育和培训》 2001 年,《国家技能发展新战略》 2001 年,《特殊需要教育:建立一个全纳性的教育和培训体系》

附录二　我国部分省市出台的地方终身教育条例

福建省终身教育促进条例①

（2005 年 7 月 29 日福建省第十届人民代表大会常务委员会第十八次会议通过）

第一条　为发展终身教育，鼓励终身学习，提高公民素质，促进人的全面发展，根据有关法律法规，结合本省实际，制定本条例。

第二条　本条例适用于本省行政区域内现代国民教育体系之外有组织的终身教育活动。

第三条　县级以上地方人民政府应当制定本行政区域终身教育发展规划，并将其纳入国民经济和社会发展规划，统筹整合各种教育文化资源，促进终身教育事业的发展。

第四条　县级以上地方人民政府应当设立终身教育促进委员会，成员由承担终身教育相关职责的部门负责人和有关专家组成，主要职能为协调、指导、推动和评估终身教育工作，为本级人民政府有关终身教育的决策提供意见和建议。终身教育促进委员会具体事务由本级人民政府教育行政主管部门负责。有关部门和社会团体在各自职责范围内开展终身教育工作。

第五条　地方各级财政应当根据本行政区域终身教育发展情况及财力，安排相应的终身教育经费。鼓励社会力量捐助或者兴办终身教育事业。

第六条　地方各级人民政府对开展终身教育工作作出显著成绩的组织和个人，给予表彰和奖励。

---

①　http：//www.fjrd.gov.cn/ct/117-4194.

第七条 每年 9 月 28 日为终身教育活动日。终身教育活动日开展终身教育的宣传、表彰等活动。

第八条 用人单位、社区、社会团体、行业协会等应当为公民接受终身教育创造条件，开展有益于终身教育的活动。各类教育机构应当在师资、设施、场所等方面为终身教育提供便利。

第九条 鼓励公民参加各类终身教育和学习活动。鼓励专家、学者以及其他有专业知识和特殊技能的人员志愿为终身教育服务。

第十条 新闻媒体应当加强对终身教育的宣传，为终身教育发展营造良好的社会舆论环境。

第十一条 国家机关应当保障国家公务员依法享有的参加初任培训、任职培训、专门业务培训和更新知识培训的权利。国家机关和事业单位应当支持工勤人员按照有关规定接受技能培训。

第十二条 事业、企业单位应当支持专业技术人员接受继续教育，提高业务技能、创造能力和管理水平。企业应当建立职工培训制度，组织职工参加岗位职业技能培训；应当支持经营管理人员参加现代管理培训。

第十三条 地方各级人民政府及其有关部门应当加强城镇失业人员、农村进城务工人员、失地农民、残疾人职业技能培训工作，制定减免培训费等优惠政策，鼓励上述人员参加培训，掌握就业基本知识和职业技能。

第十四条 县（市、区）、乡（镇）人民政府应当统筹协调职业学校、成人文化技术学校、现代远程教育网络和各种农业技术推广培训机构等，开展适合当地农业生产经营所需要的教育培训活动，为农民参加农业实用技术培训提供相应的扶持措施。

第十五条 社区应当逐步完善社区教育设施，根据各自条件开展适合社区居民需要的教育活动，活跃社区文化，倡导健康文明和谐的生活方式。

第十六条 县级以上地方人民政府应当加强本行政区域老年教育工作，为完善老年教育设施和场所等制定优惠政策、提供必要条件。有关部门应当在各自职责范围内支持老年教育工作，促进老年教育事业发展。

第十七条 鼓励机关、企业、事业单位、乡镇和社区创建各种类型的学习型组织。学习型组织应当有计划地开展学习活动，并形成制度。

第十八条　科技馆、图书馆、文化馆、博物馆、美术馆、纪念馆、青少年活动中心、工人文化宫、老年人活动中心等社会公益性场馆应当根据实际需要和自身条件，向公民优惠提供学习场所或者设施。在终身教育活动日，政府设立的上述场所和设施应当免费向公民开放。

第十九条　实施终身教育的培训机构应当完善办学条件、提高教育质量、落实招生的各项承诺，不得发布虚假招生广告信息，不得违规收取培训费用。

第二十条　实施终身教育的培训机构、职业技能鉴定机构对成绩合格者应当按照国家规定发放结业证书、农民技术资格证书、职业资格证书等。所发放的证书应当按照规定进入公共信息网络，并允许单位和个人免费查询。用人单位和有关部门应当对需要提交的各类证书予以查验和管理。

第二十一条　违反本条例第十九条、第二十条规定的，由有关行政部门按照法律法规规定处理。

第二十二条　本条例自 2005 年 9 月 28 日起施行。

上海市终身教育促进条例①

（2011 年 1 月 5 日上海市第十三届人民代表大会常务委员会第二十四次会议通过）

第一条　为了满足市民终身学习的需求，发展终身教育事业，推进学习型社会建设，促进人的全面发展，根据《中华人民共和国教育法》及其他法律、行政法规，结合本市实际，制定本条例。

第二条　本条例适用于本市行政区域内除现代国民教育体系以外的各级各类有组织的教育培训活动。

第三条　终身教育工作应当坚持政府主导、多方参与、资源共享、促进学习的方针。

第四条　市学习型社会建设与终身教育促进委员会负责统筹、协调、指导全市

---

① http://www.spcsc.sh.cn/n1939/n1948/n1949/n2329/u1ai109313.html.

终身教育和学习型社会建设。市学习型社会建设与终身教育促进委员会的办事机构设在市教育行政部门。区、县终身教育协调机构负责辖区内终身教育工作的协调、指导。

第五条 市和区、县人民政府应当加强对终身教育工作的领导，将终身教育工作纳入同级国民经济和社会发展规划，采取扶持鼓励措施，促进终身教育事业的发展。

乡镇人民政府、街道办事处应当按照各自职责组织开展终身教育工作。

第六条 市教育行政部门是本市终身教育工作的主管部门。区、县教育行政部门按照职责，负责本辖区内的终身教育工作。

发展改革、人力资源和社会保障、公务员管理、农业、财政、税务、工商、人口和计划生育、统计、民政、文广影视、公安等有关行政部门按照各自职责，协同做好终身教育工作。

第七条 工会、共产主义青年团、妇女联合会以及残疾人联合会、科技协会等其他组织协助开展终身教育促进工作。

鼓励社会团体按照各自章程，开展终身教育工作。

鼓励各类学习型组织开展本组织成员的终身学习活动。

鼓励市民为终身教育提供志愿服务。

第八条 各级人民政府应当将终身教育经费列入本级政府教育经费预算，保证终身教育经费逐步增长。

市和区、县人民政府有关部门应当为开展终身教育提供经费支持。

终身教育经费主要用于终身教育公共服务。

第九条 企业应当按照规定，足额提取职业培训经费，并可依法在税前扣除。企业用于一线职工的培训经费所占比例，应当高于职业培训经费总额的百分之六十，并每年将经费使用情况向职工代表大会报告。

民办非企业单位以及其他组织应当为本单位在职人员职业培训提供经费保障。

第十条 本市鼓励自然人、法人或者其他组织捐助终身教育事业或者举办终身教育机构。捐赠人捐赠财产用于终身教育事业的，依法享受税收优惠。

第十一条　本市逐步建立终身教育学分积累与转换制度，实现不同类型学习成果的互认和衔接。

成人高等教育同等学历水平同类课程的学分可以在各类成人高等教育机构之间相互转换。

普通高等学校的普通高等教育课程的学分，可以转换为电视大学、业余大学等的成人高等教育同等学历水平同类课程的学分。

学分转换的专业和课程的目录，由市教育行政部门会同有关部门组织编制，报市人民政府批准后实施。

第十二条　教育行政部门负责成人学历教育工作。

举办成人学历教育的学校应当按照国家和本市的有关规定，开展成人学历教育。

第十三条　教育、人力资源和社会保障、公务员管理等行政部门负责在职人员教育培训工作。

机关、企业、事业单位、民办非企业单位、其他组织以及教育培训机构应当依法开展在职人员教育培训，提高在职人员素质。

鼓励机关、企业、事业单位、民办非企业单位以及其他组织建立带薪学习制度，支持在职人员接受教育培训。

第十四条　人力资源和社会保障行政部门负责失业人员和进城就业农村劳动者就业培训工作。

教育培训机构应当按照人力资源和社会保障行政部门的培训计划和要求，开展失业人员、进城就业农村劳动者的就业培训和创业培训。

失业人员和本市进城就业农村劳动者的就业培训，可以按照国家和本市有关规定享受培训费补贴。

第十五条　农业行政部门负责农业教育培训工作。

教育培训机构应当按照农业行政部门的教育培训计划和要求，对农民开展农业生产关键技术、关键环节和新品种、新技术应用能力等方面的教育培训。

第十六条　教育、民政等行政部门负责老年教育工作。

教育机构应当按照教育、民政行政部门的要求，开展适合老年人特点、丰富老年人生活、增进老年人健康的知识型、休闲型和保健型文化教育。

第十七条　教育、人力资源和社会保障行政部门、残疾人联合会负责残疾人教育培训工作。

教育培训机构应当按照教育、人力资源和社会保障行政部门、残疾人联合会的培训计划和要求，注重残疾人的潜能开发，根据残疾人身心特点和需要组织开展残疾人职业技能等方面的教育培训。

第十八条　区、县人民政府应当加强本辖区内的社区教育工作。乡镇人民政府、街道办事处负责组织开展辖区内的社区教育工作。

区、县和乡镇人民政府、街道办事处应当根据实际情况，完善社区教育网络，对社区学院、社区学校的人员和经费予以保障。社区学院、社区学校应当为社区居民提供文化、技能培训服务。社区学院应当对社区学校给予业务上的指导。鼓励其他教育培训机构为社区居民的终身教育提供服务。

教育、人力资源和社会保障、农业、人口和计划生育等行政部门以及工会、共产主义青年团、妇女联合会、残疾人联合会可以委托社区学院、社区学校和其他教育培训机构，开展社区内的在职人员、失业人员、农民、进城就业农村劳动者、老年人、残疾人教育培训。

第十九条　各级妇女联合会应当会同教育等行政部门与社区密切合作，指导和推进家庭教育，通过社区学校、家长学校、家庭文明建设指导中心等，开展家庭教育宣传，普及家庭教育知识，推广家庭教育经验。

第二十条　从事终身教育工作的专职教师应当取得相应的教师资格。

政府有关部门应当根据终身教育培训机构的性质，将从事终身教育工作的专职教师的职务评聘纳入相关行业职务评聘系列。

社区学院、社区学校专职教师的职务评聘，可以在教师职务系列中增加设置相应的学科组，参照国家教师职务评聘的相关制度执行。

从事终身教育的专职教师在业务进修、专业技术考核等方面与相应的专业技术人员享有同等权利。

第二十一条　鼓励专家、学者以及其他具有专业知识和特殊技能的人员兼职从事终身教育工作。从事终身教育的兼职教师，应当具有与终身教育有关的工作经验或者相应的专业技术资格。

市教育行政部门应当会同相关行政部门逐步建立和完善终身教育兼职教师信息资料库，为各级各类教育培训机构从事终身教育工作提供师资信息服务。

第二十二条　本市设立的开放大学，应当逐步整合成人高等教育资源，形成开放的学习平台。

教育行政部门应当建立终身学习电子信息网站，完善市、区（县）终身教育数字学习资料库，提供公益性远程教育服务，实现资源共享。

鼓励各级各类学校和教育培训机构充分利用互联网、移动通讯等开放教育课程、提供优质教育资源，促进终身教育发展。

广播电视台（站）应当保证每天一定时间用于播放终身教育节目。

第二十三条　普通学校应当发挥师资、科研、课程开发、场地、教学设备等方面的优势，在不影响正常教育教学情况下，为开展终身教育提供服务。

第二十四条　图书馆、博物馆、科技馆、美术馆、文化馆（站）、工人文化宫、青少年活动中心、社区文化活动中心等应当根据市民需求，通过举办讲座、展览展示、科普教育等多种方式开展终身教育活动。

各级人民政府及其部门可以通过购买服务的方式，将企业、民办非企业单位开发的教育学习资源用于终身教育。

第二十五条　本市对终身教育工作中作出突出成绩的单位和个人，按照有关规定给予表彰奖励。

第二十六条　设立非经营性培训机构的，申请人应当按照国家有关规定，向教育行政部门或者人力资源和社会保障部门办理审批手续，取得办学许可证后，依法办理事业单位法人登记或者民办非企业单位法人登记。

第二十七条　设立经营性民办培训机构的，申请人应当向工商行政管理部门申请办理名称预先核准手续，然后向工商行政管理部门提出登记申请。

工商行政管理部门应当将有关申请材料送教育行政部门或者人力资源和社会保障行政部门征求意见；教育行政部门、人力资源和社会保障行政部门应当及时反馈书面意见。

工商行政管理部门应当在收到书面意见后作出是否准予登记的决定。作出准予登记决定的，颁发《企业法人营业执照》，并抄送教育行政部门或者人力资源和社会保障行政部门。作出不予登记决定的，应当书面告知理由。

第二十八条　经营性民办培训机构应当符合下列要求：

（一）有熟悉教学业务和办学管理的培训机构负责人；

（二）有与培训类别、层次与规模相适应的专职和兼职教师；

（三）有相应的办学资金和保证日常教学正常开展的经费来源；

（四）有与培训项目相适应的教学场所和教学设备；

（五）有办学和教学的管理制度。

经营性民办培训机构不得未经登记擅自从事培训活动，不得挪用办学经费，不得恶意终止办学。

第二十九条　经营性民办培训机构有下列情形之一的，应当依法办理终止办学手续：

（一）根据培训机构章程规定要求终止的；

（二）因资不抵债无法继续办学的。

第三十条　本市建立教育培训机构学杂费专用存款账户监管制度，保障教育培训机构收取的学杂费主要用于教育教学活动，维护受教育者和教师的合法权益。具体办法由市教育行政部门会同相关部门制定。

第三十一条　教育、人力资源和社会保障、工商、公安等有关行政部门应当按照职责分工，加强对终身教育培训机构办学条件、营业登记、广告发布和校舍安全等办学事项的监督检查。

教育、人力资源和社会保障等有关行政部门应当按照职责分工，组织或者委托社会中介组织对各级各类教育培训机构从事的终身教育工作等进行评估，评估结果应当向社会公布。

第三十二条　本市建立终身教育统计制度。终身教育协调机构应当组织有关部门依法开展终身教育统计工作，做好统计资料的管理，并定期发布相关信息。

第三十三条　市教育行政部门应当会同人力资源和社会保障、工商等行政部门设立统一的投诉电话，并向社会公布。

受教育者在终身教育活动中合法权益受到损害的，可以进行投诉。接到投诉后，有关行政管理部门应当按照职责分工依法处理，并在法定期限内将处理情况答复投诉人。

第三十四条　经营性民办培训机构未经登记擅自从事培训活动的，由工商行政管理部门会同教育行政部门或者人力资源和社会保障行政部门按照法律、法规规定予以处罚。

经营性民办培训机构挪用办学经费、恶意终止办学的，由教育行政部门或者人力资源和社会保障行政部门按照各自职责，责令改正，并处以十万元以上二十万元以下罚款；有违法所得的，退还所收费用后没收违法所得；情节严重的，责令停止招生；构成犯罪的，依法追究刑事责任。

第三十五条　本条例自 2011 年 5 月 1 日起施行。

太原市终身教育促进条例①

（2012 年 8 月 22 日太原市第十三届人民代表大会常务委员会第四次会议通过，2012 年 9 月 28 日山西省第十一届人民代表大会常务委员会第三十一次会议批准）

第一章　总　　则

第一条　为了满足市民终身学习需求，发展终身教育事业，推进学习型社会建设，促进人的全面发展，根据《中华人民共和国教育法》等法律法规，结合本市实际，制定本条例。

第二条　本条例适用于本市行政区域内除现代国民教育体系外的终身教育活动。

本条例所称终身教育，是指由国家机关、社会团体、企业事业单位、民办非企业等组织依托各类教育资源开展的社区教育、职工教育和农村成人教育等活动。

本条例所称社区教育，是指面向社区内居民开展的以丰富居民精神文化生活、优化社区人文环境、构建和谐社区为主的教育活动。

本条例所称职工教育，是指依照岗位规范对国家机关、社会团体、企业事业单位、民办非企业单位等在职人员开展的以专业知识、职业技能培训为主的教育活动。

本条例所称农村成人教育，是指以农村实用技术培训和农村剩余劳动力转移就

---

① http：//www. tyrd. gov. cn/2011/index. php? cid=1&id=4076.

业培训为主的教育活动。

第三条　终身教育工作坚持政府主导、社会参与、统筹协调、资源共享的原则。

第四条　市、县（市、区）人民政府应当加强对终身教育与学习型社会建设工作的领导，将终身教育工作纳入国民经济和社会发展规划以及年度计划。

乡镇人民政府、街道办事处应当按照各自职责组织开展终身教育与学习型社会建设工作。

第五条　鼓励市民积极参与终身教育活动，并为终身教育活动提供志愿服务。

鼓励市民开展各种形式的终身学习活动。

第六条　文化、广播、电视、新闻、出版等单位应当加强对终身教育与学习型社会建设工作的宣传报道，通过开设专栏、专版、编辑书籍、杂志等方式，传播终身学习理念，开展终身教育活动。

第七条　市、县（市、区）人民政府应当对在开展终身教育活动中作出突出成绩的单位和个人给予表彰奖励。

第二章　组　织　实　施

第八条　市、县（市、区）人民政府应当设立终身教育与学习型社会建设促进委员会，负责统筹、协调、指导和推动终身教育与学习型社会建设工作。终身教育与学习型社会建设促进委员会办公室设在教育行政部门。

第九条　市、县（市、区）人民政府教育行政部门主管终身教育与学习型社会建设工作，并履行下列职责：

（一）组织编制终身教育与学习型社会建设规划，经本级人民政府批准后，组织实施；

（二）制定终身教育与学习型社会建设年度计划；

（三）组织对终身教育与学习型社会建设工作开展情况的检查、考核；

（四）负责对终身教育经费的管理和使用；

（五）承办终身教育与学习型社会建设促进委员会交办的其他工作。

政府其他部门按照各自职责，做好终身教育与学习型社会建设工作。

第十条　县（市、区）、乡镇人民政府、街道办事处负责本辖区内的社区教育工作，组织整合本辖区内的各类教育资源，实现教育资源共享。

第十一条　市、县（市、区）、乡镇人民政府、街道办事处、社区居民委员会应当依托社区教育机构，为社区内学龄前儿童、学生、从业人员、待业人员、下岗再就业人员、流动人员、残疾人及老年人等提供教育服务。

鼓励社会教育培训机构为社区居民提供公益性教育服务。

第十二条　人力资源和社会保障、教育、国有资产管理、公务员管理等部门和工会负责组织开展职工教育工作。

国家机关、社会团体、企业事业单位、民办非企业单位以及其他教育培训机构应当加强在职人员教育培训，提高在职人员素质。

鼓励国家机关、社会团体、企业事业单位与院校采取联合办学、委托培训等方式开展职工教育。

鼓励各单位建立在职人员带薪学习制度。

第十三条　农业、科技、教育等部门负责组织开展农村成人教育工作。

第十四条　县（市、区）人民政府应当加强县（市、区）、乡镇、村成人文化技术学校建设，推进农村成人教育培训工作。

第十五条　人力资源和社会保障部门负责对失业人员、进城就业农村劳动者的就业培训。

失业人员和进城就业农村劳动者的就业培训，按照国家和本省有关规定享受培训费补贴。

第十六条　人力资源和社会保障、民政等部门和残疾人联合会负责残疾人教育培训工作。

第十七条　妇女联合会应当会同相关部门指导和推进家庭教育。

第十八条　市、县（市、区）、乡镇人民政府、街道办事处应当加强学习型组织的创建工作。

国家机关、社会团体、企业事业单位、民办非企业单位、社区（村）应当参与各类学习型组织的创建活动。

第十九条　鼓励教师、学者、离退休人员以及其他具有专业知识和特殊技能的人员从事公益性终身教育工作。

第二十条　每年十月第二周为本市全民终身学习活动周。

每月举办面向全体市民的全民终身学习大讲堂。

第三章　保　障　措　施

第二十一条　市、县（市、区）人民政府应当将终身教育经费列入本级政府教育经费预算，保证终身教育经费逐步增长。

县（市、区）人民政府应当按照本行政区域内常住人口数每人每年不低于二元的标准安排社区（村）教育经费，列入本级教育经费预算，并根据财政经常性收入的增加而增加。

第二十二条　企业应当按照职工工资总额的百分之一点五至百分之二点五足额提取职工教育经费，并可依法在税前扣除。

企业应当每年将职工教育培训经费的使用情况向职工代表大会或者全体职工报告。

第二十三条　鼓励公民、法人和其他组织捐助终身教育或者举办终身教育机构。

第二十四条　市、县（市、区）人民政府应当加强终身教育机构教师和管理人员队伍建设。

从事终身教育的专职教师和管理人员在业务进修、专业技术考核等方面与相应的专业技术人员享有同等权利。

第二十五条　市、县（市、区）人民政府应当加强社区教育机构建设，在市、县（市、区）、乡镇（街道）、社区居委会分别设立社区大学、社区学院、社区学校、社区分校，并建立独立的场所、配备必要的教育设施和相应的教师和管理人员。

第二十六条　图书馆、博物馆、科技馆、文化馆（群艺馆）、体育馆、美术馆、工人文化宫、青少年活动中心、妇女儿童活动中心、老年人活动中心等公益性设施应当扩大免费开放的范围，开展有益于提高市民素质的公益活动。

第二十七条　本市范围内的各类院校，应当充分利用自身资源，在师资、设施、场所等方面为终身教育提供服务，开展终身教育活动。

广播电视大学应当加强数字化学习资源建设，完善太原终身学习网，发展远程和社区教育，扩大终身教育覆盖面，为学习者提供更好的服务。

第二十八条　承担终身教育职能的各类机构应当对学习者的注册入学、学习时间、课程和成绩等进行登记，并根据学习者的需求提供书面证明。

逐步建立终身教育学分积累与转换制度，实现不同类型学习成果的互认和衔接。

第四章　监　督　管　理

第二十九条　市、县（市、区）人民政府应当将终身教育与学习型社会建设工作纳入年度工作目标责任制，并定期进行考核。

第三十条　市、县（市、区）人民政府教育行政部门应当组织对本辖区内开展终身教育与学习型社会建设工作情况进行监督检查，并定期评估通报情况。

第三十一条　任何单位和个人不得侵占、截留或者挪用终身教育经费。

第三十二条　企业职工教育经费应当专项用于本企业的职工培训，不得挪作他用。当年结余的职工教育经费可以结转下年度使用。

第五章　法　律　责　任

第三十三条　违反本条例规定，政府有关部门及其工作人员未履行终身教育职责的，由监察机关依法给予行政处分。

第三十四条　违反本条例规定，有下列情形之一，情节轻微的，由教育行政部门责令改正；情节严重的，由监察机关依法追究其主要负责人和有关责任人员的行政责任；构成犯罪的，依法追究刑事责任：

（一）侵占、截留或者挪用终身教育经费的；

（二）擅自改变捐赠款物性质、用途的；

（三）其他违反本条例规定的情形。

第六章　附　则

第三十五条　本条例自 2012 年 12 月 1 日起施行。

河北省终身教育促进条例①

（2014 年 5 月 30 日河北省第十二届人民代表大会常务委员会第八次会议通过）

第一章　总　则

第一条　为健全终身教育体系，建设学习型社会，满足公民终身学习需求，促

---

① http：//hebei. hebnews. cn/2014‒07/14/content＿4035299. htm.

进人的全面发展，根据《中华人民共和国教育法》及其他有关法律、法规，结合本省实际，制定本条例。

第二条 本省行政区域内现代国民教育以外各级各类有组织的教育培训活动，适用本条例。

第三条 终身教育工作应当坚持政府主导、社会参与、统筹协调、资源共享的原则。

第四条 县级以上人民政府应当加强对终身教育工作的领导，将终身教育工作纳入国民经济和社会发展规划，将终身教育经费列入本级政府教育经费预算，并逐步增长。

乡（镇）人民政府、街道办事处应当按照各自职责，组织开展终身教育工作。

第五条 县级以上人民政府教育行政部门负责本行政区域内终身教育工作的统筹协调和综合管理，其他有关部门和组织在各自职责范围内开展终身教育工作。

第六条 鼓励公民积极参与终身教育活动，树立终身学习理念，提高终身学习能力，养成终身学习习惯。

鼓励公民为终身教育提供志愿服务。

第七条 每年教师节所在周为终身教育活动周。

第二章 组 织 实 施

第八条 县级以上人民政府教育行政部门应当会同有关部门编制终身教育发展规划，报本级人民政府批准后实施。

第九条 县级以上人民政府教育、人力资源社会保障等部门及工会等组织应当在职责范围内推进在职人员教育培训工作。

国家机关、社会团体、企业事业单位和其他组织应当建立健全教育培训制度，制定培训计划，开展教育培训活动，提高在职人员素质。

鼓励国家机关、社会团体、企业事业单位和其他组织建立带薪学习制度。

第十条 县级以上人民政府人力资源社会保障等部门负责失业人员、农民工的教育培训，使其掌握就业知识，提高就业创业技能。

第十一条 县级以上人民政府农业、教育等有关部门及科协等组织应当加强相关设施建设，开展以农村劳动力转移、农民工返乡创业、失地农民培训、农村实用技术推广、新型职业农民培训为重点的农民教育培训工作，提高农民劳动技能和文化素质。

乡（镇）人民政府、村民委员会应当协助组织农民参加相关教育培训。

第十二条　县级以上人民政府教育、民政等部门和残联等组织应当加强残疾人教育培训工作，根据残疾人身心特点，注重残疾人的潜能开发，提高残疾人的职业技能。

第十三条　县级以上人民政府及负责老龄工作的机构应当加强老年教育工作，在资金投入、基础设施建设等方面制定有关优惠政策，开展适合老年人特点、丰富老年人生活、增进老年人健康的知识型、休闲型和保健型文化教育。

鼓励社会举办各类老年学校。

第十四条　县级以上人民政府教育行政部门和共青团组织应当会同有关部门开展青少年校外教育活动，加强青少年教育培训，促进青少年全面发展。

第十五条　妇联组织应当会同有关部门，与社区密切合作，指导推进家庭教育。

第十六条　县级以上人民政府应当加强社区教育工作，完善社区教育设施，建立健全社区教育体系。

乡（镇）人民政府、街道办事处具体组织辖区内的社区教育工作，开展适合社区居民需要的各类教育培训活动，促进文明和谐社区建设。

社区教育学院（校）应当为社区居民提供科技、文化、卫生、法制、养老等方面的培训服务。鼓励其他教育培训机构为社区居民提供终身教育服务。

第十七条　本省开放大学应当利用现代信息技术，建设终身教育公共服务平台和终身教育数字化学习资源库，实现资源共享，为终身教育服务。

鼓励各级各类学校和终身教育培训机构利用互联网、移动通讯等资源，向社会开放教育课程，促进终身教育发展。

第十八条　普通学校应当发挥师资、设施、场所等方面的优势，在不影响正常教育教学的情况下，为开展终身教育提供服务。

第十九条　终身教育培训机构应当完善办学条件、提高教育培训质量、落实各项办学承诺，不得发布虚假招生信息，不得违反有关规定收取培训费用，不得恶意终止办学。

第二十条　终身教育培训机构应当按照有关规定对成绩合格者发放教育培训证书。证书信息应当进入终身教育电子信息网络，并允许单位和个人免费查询。

第二十一条　逐步建立公民学分积累、转换与认证制度，促进不同类型的学习成果互认和衔接。

第三章　保障措施

第二十二条　国家机关、社会团体、企业事业单位和其他组织应当按照有关规定为本部门、单位人员教育培训提供经费保障。企业按照有关规定提取的教育培训经费，不超过工资薪金总额百分之二点五的部分，准予税前扣除；超过部分，准予在以后纳税年度结转扣除。

第二十三条　县级以上人民政府及有关部门应当依照有关规定对失业人员、农民工、农民、残疾人和老年人参加教育培训制定减免培训费、补贴等优惠政策，保障上述人员参加教育培训。

第二十四条　鼓励社会力量捐助终身教育事业或者举办终身教育培训机构。捐赠人捐赠财产用于终身教育事业的，依法享受税收优惠。

任何单位和个人不得擅自改变终身教育捐赠财产的性质、用途。

第二十五条　终身教育培训机构收取培训费用应当严格执行国家和本省的规定。

第二十六条　终身教育经费应当用于终身教育公共服务，任何单位和个人不得侵占、截留或者挪用。

第二十七条　从事终身教育工作的专职教师应当取得相应的教师资格，其在职务评聘、业务进修、专业考核等方面与相应的专业技术人员享有同等权利。

第二十八条　鼓励专家、学者及其他具有相应职业资格的人员兼职从事终身教育工作。

县级以上人民政府教育行政部门应当会同有关部门逐步建立终身教育兼职教师信息资料库，为终身教育培训机构开展终身教育提供师资信息服务。

第二十九条　政府兴建的图书馆、文化馆、科技馆、博物馆、体育馆、美术馆、纪念馆、老年人活动中心、妇女儿童活动中心、社区文化活动中心、青少年宫及青少年活动中心等公共文化设施，应当按照规定向公众免费开放，开展有益于提高公民素质的公益活动。县级以上人民政府及其有关部门可以通过购买的方式，将企业和其他组织开发的教育学习资源用于终身教育。

第三十条　新闻媒体应当加强对终身教育的宣传，为终身教育发展营造良好的舆论环境。

第四章　监　督　管　理

第三十一条　县级以上人民政府教育行政部门应当会同有关部门逐步建立健全终身教育工作监督检查和督导评估机制，有关部门按照各自职责组织专家或者委托专业机构对终身教育培训机构进行监督检查和督导评估，并向社会公布评估结果。

第三十二条　县级以上人民政府教育、人力资源社会保障、公安等有关部门应当按照各自职责，依法加强对终身教育培训机构办学条件、教学活动、广告发布和校园安全等办学事项的监督检查。

第三十三条　县级以上人民政府有关部门对终身教育培训机构依法进行监督检查时，有权采取以下措施：

（一）要求有关单位和人员提供与监督检查事项有关的文件、资料，并进行复制；

（二）要求有关单位和人员就监督检查事项涉及的问题作出解释和说明，并根据需要进入现场进行检查；

（三）责令有关单位和人员停止违反有关规定的行为。工作人员履行监督检查职责时，应当出示行政执法证件。被监督检查的单位和人员应当予以配合。

第三十四条　接受终身教育培训的公民在终身教育活动中合法权益受到损害的，可以向终身教育培训机构或者其行政主管部门投诉。接到投诉后，终身教育培训机构或者有关行政主管部门应当在三十日内作出处理，并将处理情况答复投诉人。

第五章　法　律　责　任

第三十五条　县级以上人民政府有关部门及其工作人员有下列行为之一的，由县级以上人民政府有关行政主管部门或者监察机关责令改正；情节严重的，对直接负责的主管人员和其他直接责任人员依法给予处分：

（一）未按有关规定履行终身教育管理职责的；

（二）侵犯终身教育培训机构合法权益的；

（三）其他滥用职权、玩忽职守、徇私舞弊的。

第三十六条　终身教育培训机构及其工作人员有下列行为之一的，由县级以上人民政府有关行政主管部门责令改正；情节严重的，责令停止招生、吊销办学许可证，对直接负责的主管人员和其他直接责任人员依法给予处分；造成经济损失的，依法承担赔偿责任：

（一）未落实各项办学承诺的；

（二）发布虚假招生信息的；

（三）恶意终止办学的。

第三十七条　违反本条例第十九条、第二十五条规定收取培训费用的，由县级以上人民政府价格行政主管部门依照法律、法规的规定予以处罚。

第三十八条　违反本条例第二十四条第二款、第二十六条规定的，由县级以上人民政府有关行政主管部门或者监察机关责令改正；情节严重的，对直接负责的主管人员和其他直接责任人员依法给予处分。

第三十九条　违反本条例规定，构成犯罪的，依法追究刑事责任。

第六章　附　　则

第四十条　本条例自 2014 年 7 月 1 日起施行。

宁波市终身教育促进条例①

（2014 年 10 月 29 日宁波市第十四届人民代表大会常务委员会第十九次会议通过，2014 年 11 月 28 日浙江省第十二届人民代表大会常务委员会第十四次会议批准）

第一条　为了满足市民终身学习需求，促进终身教育发展，推进学习型社会建设，根据《中华人民共和国教育法》和有关法律、法规，结合本市实际，制定本条例。

---

① http://www.nbrd.gov.cn/art/2014/11/30/art_4960_1221640.html.

第二条　本条例适用于本市行政区域内终身教育活动。

本条例所称终身教育，是指除现代国民教育体系外，各类有组织的教育培训活动。

《宁波市职工教育条例》对职工教育另有规定的，从其规定。

第三条　终身教育工作坚持政府主导、社会参与、资源共享、协调发展的原则。

第四条　市和县（市）区设立终身教育与学习型社会促进委员会，实行联席会议制度，负责统筹、协调、指导和推动本行政区域内终身教育工作。终身教育与学习型社会促进委员会的日常工作由本级人民政府教育行政部门承担。

第五条　市和县（市）区人民政府应当统筹指导终身教育工作，将终身教育工作纳入国民经济和社会发展规划，采取扶持和鼓励措施，促进终身教育发展。

第六条　教育行政部门是终身教育工作的主管部门。

发展和改革、人力资源和社会保障、农业、经济和信息化、民政、财政、文广新闻出版、体育、市场监管、统计等部门和总工会、共青团、妇联、文联、科协、残联、社科联等单位，应当根据各自职责，做好终身教育的组织管理和具体实施工作。

乡（镇）人民政府、街道办事处应当按照各自职责开展终身教育工作。

第七条　成人教育院校、社区教育学校、老年人学校、工人文化宫、青少年宫、妇女儿童活动中心等各类学校和教育培训机构应当充分发挥在终身教育实施中的作用。

第八条　鼓励和支持企业事业单位、社会团体、民办非企业单位和其他社会组织依法组建教育培训机构，向社会提供终身教育服务，并依法享受相关优惠政策。

国家机关、企业事业单位、社会团体、民办非企业单位和其他社会组织应当积极创造条件，为本组织成员终身学习提供保障和服务，鼓励其建立带薪学习制度和学习奖励制度，支持在职人员接受教育培训。

鼓励专家、学者以及具有专业知识和特殊技能的市民为终身教育提供志愿服务。

第九条　鼓励有学习和接受教育能力的市民积极参加终身教育，树立终身学习理念，提高自身素质，促进全面发展。

第十条 教育行政部门应当会同有关部门编制终身教育发展规划，报同级人民政府批准。教育行政部门应当根据终身教育发展规划，制定并会同有关部门实施年度终身教育工作计划。

第十一条 市和县（市）区人民政府、乡（镇）人民政府、街道办事处应当加强社区教育基础设施建设，完善社区教育网络，建立社区教育服务圈。

应当针对社区内不同教育对象，开展思想道德、科学素养、文化体育、专业技能、医疗保健、休闲养生、法律知识等教育活动，满足社区居民对多样化教育培训的需求。

第十二条 农业、教育和科技部门负责农业实用技术培训、农民职业技能培训、新型职业农民培育、农业技术推广培训和农村预备劳动力培训等的组织和实施，提高农民劳动技能和文化素质。

人力资源和社会保障主管部门负责农村劳动力向工业、服务业转移就业技能培训的组织和实施。

第十三条 教育、人力资源和社会保障、经济和信息化等部门和工会组织等单位在职责范围内负责在职人员教育培训工作。

第十四条 市和县（市）区人民政府应当合理配置老年教育资源，优化老年教育布局，重视老年教育机构建设。

教育、民政等部门负责组织开展适合老年人特点、丰富老年人生活、增进老年人健康的知识型、休闲型和保健型文化教育。

鼓励和支持各类投资主体举办老年教育培训机构。

第十五条 人力资源和社会保障、教育等部门和残联等单位应当根据残疾人身心特点和需要，组织开展残疾人职业技能等方面的教育培训。教育等部门和妇联、共青团等单位应当指导和推进妇女儿童教育和青少年校外教育，普及家庭教育知识，促进以家庭教育素养、身心健康素养为主题的家长素养工程。

第十六条 鼓励行业协（学）会开展行业从业人员的终身教育活动，并对成员单位终身教育活动的开展进行指导和评估。

第十七条 国家机关、企业事业单位、社会团体、民办非企业单位和其他社会组织可以委托各类学校和教育培训机构，开展终身教育培训。

第十八条　建立市、县两级终身教育信息化公共服务平台，逐步整合各类信息化学习教育资源，为市民开展个性化学习提供服务。

教育行政部门应当会同有关部门利用终身教育信息化公共服务平台，为学习者建立个人终身学习档案。

第十九条　教育行政部门应当建立和完善适应终身教育发展的学分管理体系。

逐步建立和完善终身教育学分积累制度。终身教育学分积累包括学习信息储存、学分认证管理、学习信用管理、学分奖励等内容。终身教育学分可以通过累积学习时间和课程考试等方式获得。

鼓励国家机关、事业单位和行业协（学）会通过终身教育学分记录方式开展各类培训。

逐步建立终身教育学分转换制度，实现不同类型学习成果的互认和衔接。

第二十条　建立政府支持、社会力量捐赠和受教育者适当出资相结合的多渠道终身教育经费筹措机制。

市和县（市）区人民政府应当将终身教育经费列入相关经费预算，保障终身教育经费逐步增长。

第二十一条　企业和相关单位应当按照国家有关规定，提取职工教育经费，并可以依法在税前扣除。

职工教育经费应当专款专用，专项用于职工职业技能培训和继续教育培训，其中用于一线职工的职工教育经费所占比例应当高于百分之六十。

第二十二条　终身教育机构教师和管理人员的配备应当符合国家和省有关规定。

政府有关部门应当根据终身教育机构的性质，将从事终身教育工作的专职教师专业技术资格评审列入相关系列职称评审。

第二十三条　市教育行政部门应当会同有关部门建立和完善终身教育教师信息资料库制度，包括从事终身教育工作的专职教师和兼职教师，为终身教育工作的开展提供师资信息服务。

第二十四条　建立跨地区、跨行业的终身教育资源整合机制。各行业、各部门应当整合优化区域内的终身教育资源，提高终身教育资源的使用效率。

第二十五条　鼓励全日制学校在不影响正常教育教学的情况下，发挥师资、场地和教学设备等方面的优势，为开展终身教育提供服务。

第二十六条 图书馆、博物馆、文化馆、体育馆、科技馆、工人文化宫、美术馆等社会公共设施应当采取免费或者优惠的方式向市民开放，开展有益于提高市民素质的公益活动，满足市民接受终身教育的需求。

第二十七条 鼓励各类学校和教育培训机构利用通信网络、广播电视网络和计算机网络等开放教育课程，提供教育资源，促进终身教育发展。

国家机关、企业事业单位、社会团体、民办非企业单位和其他社会组织可以通过购买服务等方式，将各类学校和教育培训机构等开发的学习资源用于终身教育。

第二十八条 广播、电视、报刊、网络等媒体应当开展终身教育宣传，支持终身教育工作。

第二十九条 每年十月的最后一周为本市终身学习活动周。市和县（市）区应当组织开展系列终身教育宣传活动。

对在终身教育工作中作出突出贡献的单位和个人，按照国家有关规定给予表彰奖励。

第三十条 建立终身教育监督管理制度和评估制度。终身教育与学习型社会促进委员会应当统筹教育、人力资源和社会保障、市场监管、民政等部门，按照各自职责对涉及终身教育的各类学校和教育培训机构进行日常监管，并定期对其办学水平、教育质量进行评估。评估结果应当及时向社会公布。

第三十一条 建立终身教育统计制度。统计、教育等部门依法开展终身教育统计工作，做好统计资料的管理，并定期发布相关信息。

第三十二条 违反本条例规定，从事终身教育的相关部门、单位及其工作人员有下列行为之一，对直接负责的主管人员和其他直接责任人员依法给予处分；构成犯罪的，依法追究刑事责任：

（一）侵占、截留或者挪用终身教育经费的；

（二）违法统计终身教育数据的；

（三）擅自改变捐赠款物性质、用途的；

（四）有其他玩忽职守、滥用职权、徇私舞弊行为的。

第三十三条 本条例自 2015 年 3 月 1 日起施行。

主要参考文献

中文部分

1. 阿瑟·克罗普利. 终身教育——心理学的分析 [M]. 沈金荣，徐云，虞绍荣，译. 北京：职工教育出版社，1990.

2. 毕淑芝，司荫贞. 比较成人教育 [M]. 北京：北京师范大学出版社，1994.

3. B. 奥努什金. 连续教育的理论基础 [M]. 杨希钺，叶忠海，王恩发，译. 北京：中国劳动出版社，1992.

4. 查尔斯·赫梅尔. 今日的教育为了明日的世界 [M]. 王静，赵穗生，译. 北京：中国对外翻译出版公司，1983.

5. 持田荣一，森隆夫，诸冈和房. 终身教育大全 [C]. 龚同，林瀛，邢齐一，梁礼达，译. 北京：中国妇女出版社，1987.

6. 陈乃林. 面向 21 世纪中国终身教育体系研究 [M]. 北京：高等教育出版社，2002.

7. 陈振明. 政策科学 [M]. 北京：中国人民大学出版社，1998.

8. 陈永明. 日本教育——中日教育比较研究与展望 [M]. 北京：高等教育出版社，2003.

9. 高志敏. 终身学习、终身教育与学习化社会 [M]. 上海：华东师范大学出版社，2005.

10. 顾耀铭，王和平. 当今瑞典教育概览 [M]. 郑州：河南教育出版社，1994.

11. 郝克明. 跨进学习社会——建设终身学习体系和学习型社会的研究 [M]. 北京：高等教育出版社，2006.

12. 郝克明. 终身教育国际论坛报告集萃 [R]. 北京：高等教育出版

社，2006.

13. 何致瑜. 国际教育政策发展报告 2004［M］. 天津：天津人民出版社，2004.

14. 黄尧. 90 年代中国教育改革大潮丛书（成人教育卷）［C］. 北京：北京师范大学出版社，2004.

15. 黄尧. 面向 21 世纪中国成人教育发展研究［M］. 北京：高等教育出版社，2002.

16. 黄富顺. 比较终身教育［M］. 台北：五南图书出版股份有限公司，2003.

17. 经济合作与发展组织. 教育政策分析 2001［M］. 谢维和，等，译. 北京：教育科学出版社，2003.

18. 季森岭. 终身教育概论［M］. 北京：中国社会科学出版社，2002.

19. 经济合作与发展组织. 教育政策分析 2003［M］. 徐瑞，等，译. 北京：教育科学出版社，2006.

20. 克里斯托弗·K. 纳普尔，阿瑟·J. 克罗普利. 高等教育与终身学习［M］. 徐辉，陈晓菲，译. 上海：华东师范大学出版社，2003.

21. 孔德威. 劳动就业政策国际比较研究［M］. 北京：经济科学出版社，2008.

22. 朗格让. 终身教育导论［M］. 滕星，等，译. 北京：华夏出版社，1988.

23. 李亚婉. 世界开放大学的现状分析与趋向研究［M］. 北京：中央广播电视大学出版社，2011.

24. 李惠斌，杨雪冬. 社会资本与社会发展［M］. 北京：社会科学文献出版社，2000.

25. 厉以贤. 学习社会的理念与建设［M］. 成都：四川教育出版社，2004.

26. 连玉明. 学习型社会［M］. 北京：中国时代经济出版社，2004.

27. 联合国教科文组织国际教育发展委员会. 学会生存——教育世界的今天和明天［M］. 华东师范大学比较教育研究所，译. 北京：教育科学出版社，1996.

28. 梁忠义. 当代日本社会教育［M］. 太原：山西教育出版社，1994.

29. 刘复兴. 教育政策的价值分析［M］. 北京：教育科学出版社，2003.

30. 吕达. 当代外国教育改革著名文献（英国卷）［C］. 北京：人民教育出版社，2004.

31. 诺曼·朗沃斯. 终身学习在行动——21 世纪的教育变革［M］. 沈若慧，汤杰琴，鲁毓婷，译. 北京：中国人民大学出版社，2006.

32. 祁亚辉. 福利国家的比较研究［M］. 海口：海南出版社，2005.

33. 桑宁霞. 社区教育概论［M］. 北京：中国社会科学出版社，2002.

34. 世界银行. 全球知识经济中的终身学习——发展中国家的挑战［M］. 国家教育发展研究中心，组译. 北京：高等教育出版社，2005.

35. 宋锦洲. 公共政策：概念、模型与应用［M］. 上海：东华大学出版社，2005.

36. 孙世路. 外国成人教育［M］. 北京：教育科学出版社，1982.

37.《外国教育丛书》编辑组. 业余教育的制度和措施［M］. 北京：人民教育出版社，1979.

38. 王洪才. 心灵的解放与重塑——个性哲学的终身教育论［M］. 北京：教育科学出版社，2011.

39. 吴雪萍. 终身学习的推进机制比较研究［M］. 杭州：浙江大学出版社，2010.

40. 吴遵民，黄欣. 实践终身教育论［M］. 上海：上海教育出版社，2008.

41. 吴遵民，末本诚，小林文人. 现代终身学习论——迈向"学习社会"的桥梁与基础［M］. 上海：上海教育出版社，2008.

42. 吴遵民. 现代国际终身教育论（新版）［M］. 北京：中国人民大学出版社，2007.

43. 吴遵民. 现代中国终身教育论［M］. 上海：上海教育出版社，2003.

44. 吴遵民. 现代国际终身教育论［M］. 上海：上海教育出版社，1999.

45. 吴明烈. 终身学习——理念与实践［M］. 台北：五南图书出版股份有限公司，2004.

46. 夏鹏翔. 日本战后社会教育政策［M］. 北京：社会科学文献出版社，2008.

47. 叶忠海. 面向 21 世纪中国成人教育发展模式研究 ［M］. 北京：高等教育出版社，2002.

48. 赵红亚. 迈向学习社会 ［M］. 北京：中国社会科学出版社，2004.

49. 赵中建. 全球教育发展的研究热点 ［M］. 北京：教育科学出版社，1999.

50. 赵中建. 全球教育发展的历史轨迹 ［M］. 北京：教育科学出版社，2005.

51. 张声雄，徐韵发. 创建中国特色的学习型社会 ［M］. 南昌：江西人民出版社，2003.

52. 张新生. 英国成人教育史 ［M］. 济南：山东教育出版社，1993.

53. 张维. 世界成人教育概论 ［M］. 北京：北京出版社，1990.

54. 中国教育与人力资源问题报告课题组. 从人口大国迈向人力资源强国 ［M］. 北京：高等教育出版社，2003.

55. 中国成人教育协会组. 中国成人教育改革发展三十年 ［M］. 北京：高等教育出版社，2008.

56. 周满生. 世界教育发展的基本特点和规律 ［M］. 北京：人民教育出版社，2003.

57. 周建高. 日本的终身学习 ［M］. 天津：天津人民出版社，2010.

58. 朱崇实，陈振明. 公共政策 ［M］. 北京：中国人民大学出版社，1999.

59. 朱永新，王智新. 当代日本教育改革 ［M］. 太原：山西教育出版社，1992.

60. 毕振宇. 教育政策执行模式研究 ［D］. 武汉：华中师范大学，2006.

61. 才嘉红. 美英日终身教育发展的比较研究 ［J］. 黑龙江教育学院学报，2004（5）.

62. 陈桂生. 终身教育辨析 ［J］. 江苏教育研究（理论版），2008（1）.

63. 陈鹏. 我国终身学习体系构建的机制与模式建设研究 ［D］. 山西大学，2007.

64. 崔世广，张洪霞. 日本开展终身教育的历史过程 ［J］. 日本问题研究，2005（1）.

65. 丁晨玥. 法国终身教育政策大特点与发展趋势探析 ［J］. 河北大学成人教

育学院学报，2010（12）.

66. 丁辉，任建华. 香港终身学习政策发展探析［J］. 职业技术教育，2012（1）.

67. 耿润. 欧盟终身学习战略的发展、影响和启示［J］. 现代教育论坛，2007（8）.

68. 顾明远. 终身教育——20 世纪最重要的教育思潮［J］. 中国成人教育，2000（12）.

69. 韩信钊. 终身教育：教育从传统走向现代［J］. 浙江师范大学学报（社会科学版），2001（2）.

70. 郝克明，王建. 构建终身学习体系，创建学习化社会［J］. 北京大学教育评论，2003（4）.

71. 贺宏志，林红. 当代世界终身教育的政策及管理与立法［J］. 北方工业大学学报，2002（2）.

72. 胡秀威，肖更生. 能力改革——挪威成人教育改革［J］. 比较教育研究，2004（2）.

73. 黄欣，张艳. 一次具有突破意义的教育立法与改革——略论韩国终身教育立法的制定背景与政策启示［J］. 外国中小学教育，2010（8）.

74. 金岳祥. 英国发展终身学习的政策、举措和问题［J］. 外国中小学教育，2004（2）.

75. 蒋莉. 走向终身学习的欧洲［J］. 成人教育，2004（4）.

76. 蒋华，何光全. 终身教育思潮及其在我国的传播和实践［J］. 四川师范大学学报（社会科学版），2008（1）.

77. 焦春林. 我国终身教育、终身学习和学习型社会政策综述［J］. 成人教育，2009（6）.

78. 乐传永. 面向 21 世纪构建我国终身教育体系的思考［J］. 湖北大学成人教育学院学报，2000（1）.

79. 李玉芳. 美国终身教育基本经验及启示［J］. 继续教育研究，2005（6）.

80. 厉以贤. 终身教育的理念及在我国实施的政策措施［J］. 北京大学教育评

论，2004（2）.

81. 刘瑜. 学习型社会政策出台的经济和教育背景分析［J］. 广东经济管理学院学报，2006（2）.

82. 刘小强，李斌. 世界实践中的终身学习理解和实施策略比较——兼谈欧盟、日本和美国终身学习实施的特点［J］. 职业技术教育（教科版），2005（28）.

83. 刘小强，蒋喜锋. 2000 年以来欧盟终身学习战略实施新特点［J］. 职业技术教育（教科版），2005（7）.

84. 陆建平. 终身教育理念背景下澳大利亚职业与技术教育改革［J］. 高等教育研究，2007（3）.

85. 罗云力. 西欧社会民主主义近十年改革转型概述［J］. 国外社会科学，2006（3）.

86. 马健生，滕珺. 学习化社会的挑战与趋势——来自发达国家的经验［J］. 教育学报，2006（1）.

87. 孟素兰，杨敬，冯秀琪. 我国终身教育发展现状分析［J］. 河北大学成人教育学院学报，2005（1）.

88. 彭迪，杨华. 国外终身教育发展比较研究［J］. 科教文汇，2006（2）.

89. 宋孝忠. 德国终身学习政策述评［J］. 华北水利水电学院学报（社会科学版），2009（3）.

90. 檀红. 日本终身学习的研究及其启示［D］. 西安：西安理工大学，2006.

91. 涂端午，陈学飞. 西方教育政策研究探析［M］. 清华大学教育研究，2006（5）.

92. 王保星. 从"终身教育"到"终身学习"：国际成人教育观念的根本性变革［J］. 比较教育研究，2003（9）.

93. 王华轲. 发达国家终身教育发展的特征及其启示［J］. 河北师范大学学报（教育科学版），2004（4）.

94. 王来圣. 现代终身教育理论发展综述［J］. 潍坊教育学院学报，2000（1）.

95. 王政彦. 开展终生学习的国际趋势及其启示［J］. 开放教育研究，2000（6）.

96. 吴忠魁. 当今日本建设终身学习体系的经验与措施 [J]. 比较教育研究，2000 (5).

97. 吴福生. 关于建立我国终身教育体系的几点思考 [J]. 教育研究，1995 (8).

98. 吴遵民. 一部名不副实的终身教育法——简析日本《生涯学习振兴法》的制定过程与问题 [J]. 外国中小学教育，2007 (3).

99. 吴遵民，黄欣，蒋侯玲. 终身教育立法的国际比较与评析 [J]. 外国中小学教育，2008 (2).

100. 吴雪萍，金岳祥. 英国的终身学习政策述评 [J]. 比较教育研究，2004 (2).

101. 吴雪萍，刘辉. 澳大利亚终身学习政策探析 [J]. 比较教育研究，2008 (11).

102. 夏鹏翔. 日本终身教育政策中国民受教育的机会均等问题 [J]. 首都师范大学学报（社会科学版），2003 (5).

103. 夏鹏翔. 日本终身教育政策实施现状分析 [J]. 日本学刊，2008 (2).

104. 谢国东. "全民终身学习活动周"的现实意义 [J]. 高等函授学报（哲学社会科学版），2007 (5).

105. 杨瑾. 20 世纪 60 年代以来的日本终身学习政策研究 [D]. 云南师范大学，2006.

106. 姚远峰. 美国终身学习运动与社区教育的发展 [J]. 陕西师范大学继续教育学院学报，2003 (6).

107. 叶之红. 澳大利亚职业技术教育促进全民学习终身学习的经验 [J]. 教育发展研究，2003 (4—5).

108. 余善云. 发展重庆继续教育战略的思考 [J]. 继续教育研究，2009 (7).

109. 苑大勇. 欧盟教育合作中终身学习理念演进探析 [J]. 外国教育研究，2007 (11).

110. 苑大勇. 英国新工党终身学习政策 10 年回顾与评述 [J]. 职业技术教育，2007 (31).

111. 原青林. 西欧终身学习与多变的政策环境 [J]. 继续教育研究，

2005（4）.

112. 张洪霞，崔世广. 日本开展终身学习的政策措施与效果［J］. 日本学刊，2004（6）.

113. 张志亚. 终身教育的由来及在中国的传播［J］. 台州学院学报，2008（2）.

114. 赵世平. 终身学习理论的历史发展［J］. 中国成人教育，1999（8）.

115. 郑义寅，曾青云. 我国全民终身教育立法的社会视野［J］. 教育与职业，2008（9）.

116. 郑海燕. 欧盟的教育和培训政策［J］. 国外社会科学，2005（1）.

117. 郑银华. 人力资本理论的教育反思［J］. 理工高教研究，2005（4）.

118. 周西安，杨丽丽. 论发达国家构建终身教育体系的基本经验及启示［J］. 继续教育研究，2005（1）.

119. 周晟. 日英终身教育政策的比较研究［D］. 上海：华东师范大学，2007.

120. 朱涛. 我国终身教育体系建设亟待加强［J］. 成人教育，2008（1）.

121. 朱敏. 澳大利亚的终身学习政策［J］. 中国远程教育，2008（1）.

122. 朱敏. 南非终身学习政策的发展与问题［J］. 中国远程教育，2008（10）.

123. 朱敏. 对终身学习政策的批判与反思［J］. 教育发展研究，2007（11A）.

124. 国务院. 国务院关于《中国教育改革和发展纲要》的实施意见. 1994.

125. 国务院. 中国教育改革和发展纲要. 1993.

126. 全国人民代表大会. 中华人民共和国教育法. 1995.

127. 中国国家教委. 全国教育事业"九五"计划和2010年发展规划. 1996.

128. 中华人民共和国教育部. 面向21世纪教育振兴行动计划. 1998.

129. 中华人民共和国教育部. 中共中央国务院关于深化教育改革，全面推进素质教育的决定. 1999.

130. 中华人民共和国教育部. 全国教育事业第十个五年计划. 2002.

131. 中华人民共和国教育部. 中国2003—2007年教育振兴行动计划. 2004.

132. 中国成人教育协会网站：http：//www.caea.org.cn.

133. 中华人民共和国教育部网站：http：//www.moe.gov.cn.

英文部分

1. Ann Hodgson. Policies, Politics and the Future of Lifelong Learning [M]. London: Kogan Page, 2000.

2. A. Tuijnman, T. Schuller. Lifelong Learning Policy and Research [M]. London: Portland Press Ltd, 1999.

3. Colin Griffin. Curriculum Theory in Adult and Lifelong Education [M]. London & Sydney: Croom Helm Ltd, 1983.

4. D. Aspin, J. Chapman, M. Hatton, Y. Sawanor. International Handbook of Lifelong Learning, Part 1 [C]. Dordetcht: Kluwer Academic Publishers, 2001.

5. Jim Smith, Andrea Spurling. Lifelong Learning: Riding the Tiger [M]. London: Cassel, 1999.

6. John Field. Lifelong Learning and the New Educational Order [M]. UK: Trentham Books Limited, 2000.

7. John Field, Mal Leicester. Lifelong Learning: Education Across the Lifespan [M]. London: Routledge Falmer, 2000.

8. John Holford, Peter Jarvis. International Perspective on Lifelong Learning [M]. London: Kogan Page Limited, 1998.

9. Peter Jarvis. Adult Education and Lifelong Learning: Theory and Practice [M]. London, New York: Routledge Falmer, 2004.

10. Peter Jarvis. Twentieth Century Thinkers in Adult & Continuing Education [M]. London: Kogan Page, 2001.

11. Richard Edwards, Nod Miller, Nick Smal, Allan Tait. Supporting Lifelong Learning, Volume 3 [M]. London: Routledge Falmer, 2002.

12. Tony Brown. Lifelong Learning: Making It Work [EB/OL]. [2006 - 5 - 8]. http://www.ala.asn.au.

13. Alan Rogers. Escaping the Slums or Changing the Slums? Lifelong Learning and Social Transformation [J]. International Journal of Lifelong Education, 2006, 25 (2).

14. Adult Learning Australia. National Analysis of Adult Learners's Weeks [EB/OL]. [2005 - 9 - 10]. http：//www. ala. asn. au.

15. Alexandra Dehmel. Making a European Area of Lifelong Learning a Reality? Some Critical Reflections on the European Union's Lifelong Learning Policies [J]. Comparative Education, 2006, 42 (1).

16. Andreas Fejes. New Wine in Old Skins：Changing Patterns in the Governing of the Adult Learner in Sweden [J]. International Journal of Lifelong Education, 2005, 24 (1).

17. Barry J. Hake. Lifelong Learning Policies in the European Union：Developments and Issues [J]. Compare, 1999, 29 (1).

18. Bob Lingard, Kentry D, Jn Pierre. Strengthening National Capital：A Postcolonial Analysis of Lifelong Learning Policy in St Lucia, Caribbean [J]. Pedagogy, Culture & Society, 2006, 14 (3).

19. Carl Anders Säfström. The European Knowledge Society and the Diminishing State Control of Education：The Case of Sweden [J]. Journal of Education Policy, 2005, 20 (5).

20. Colin Griffin. Lifelong Learning and Social Democracy [J]. International Journal of Lifelong Education, 1999, 18 (5).

21. Colin Griffin. Lifelong Learning and Welfare Reform [J]. International Journal of Lifelong Education, 1999, 18 (6).

22. Danielle Colardyn. Lifelong Learning Policies in France [J]. International Journal of Lifelong Education, 2004, 23 (6).

23. DEST (Common Wealth of Australia). Lifelong Learning：An Annotated Bibliography [EB/OL]. [2006 - 6 - 2]. http：//www. dest. gov. au.

24. Stephen Drodgel, Eneida Shiroma. Social Inclusion in Two Worlds：The Conceptualization of the Social Role of Lifelong Learning in the Education Policy of Brazil and the UK since the Mid 1990s [J]. Compare, 2004, 34 (2).

25. Richard Edwards, Stewart Ranson, Michael Strain. Reflexivity：Towards

a Theory of Lifelong Learning [J]. International Journal of Lifelong Education, 2002, 21 (6).

26. Frank Coffield. Breaking the Consensus: Lifelong Learning as Social Control [J]. British Education Research Journal, 1999, 25 (4).

27. Hans G. Schuetze, Catherine Casey. Models and Meanings of Lifelong Learning: Progress and Barriers on the Road to a Learning Society [J]. Compare, 2006, 36 (3).

28. Hubert Erel. European Union Policies in Education and Training: The Lisbon Agenda as a Turning Point? [J]. Comparative Education, 2006, 42 (1).

29. Ian R. Comford. Mere Platitudes or Realistically Achievable? An Evaluation of Current Lifelong Learning Policy in Australia [J]. International Journal of Lifelong Education, 2009, 28 (1).

30. Jian Huang, Weiping Shi. Policies and Practices of Lifelong Learning in China [J]. International Journal of Lifelong Education, 2008, 27 (5).

31. Hywel Ceri Jones. Lifelong Learning in the European Union: Whither the Lisbon Strategy? [J]. European Journal of Education, 2005, 40 (3).

32. Judith Chapman, Janet Gaff, Ron Toomey, David Aspin. Policy on Lifelong Learning in Australia [J]. International Journal of Lifelong Education, 2005, 24 (2).

33. Julia Preece. Beyond the Learning Society: The Learning World [J]. International Journal of Lifelong Education, 2006, 25 (3).

34. Julia Preece. Lifelong Learning and Development: A Southern Perspective [M]. London: Continuum International Publishing Group, 2009.

35. Thanassis Karalis, Dimitris Vergidis. Lifelong Education in Greece: Recent Development and Current Trends [J]. International Journal of Lifelong Education, 2004, 23 (2).

36. Katherine Nicoll. Flexibility and Lifelong Learning [M]. London: Routledge, 2006.

37. Kjell Rubenson. The Nordic Model of Lifelong Learning [J]. Compare, 2006, 36 (3).

38. Linda Morrice. Lifelong Learning and the Social Integration of Refugees in the UK: The Significance of Social Capital [J]. International Journal of Lifelong Education, 2007, 26 (2).

39. Neil Selwyn, Stephen Gorard, Sara Williams. The Role of "Technical Fix" in UK Lifelong Education Policy [J]. International Journal of Lifelong Education, 2001, 20 (4).

40. Paul Kawach. Educational Reform in Japan for Lifelong Learning [J]. International Journal of Lifelong Education, 2008, 27 (5).

41. Payne John. The Contribution of Individual Learning Accounts to the Lifelong Learning Policies of the UK Government: A Case-study [J]. Studies in the Education of Adults, 2000, 32 (2).

42. Peter Kearns. Achieving Australia as an Inclusive Learning Society: A Report on Future Directions for Lifelong Learning in Australia [EB/OL]. [2007 - 10 - 20]. http://www.ala.asn.au.

43. David A. Phoenix. A Culture of Lifelong Learning? [J]. Journal of Biological Education, 2002, 37 (1).

44. Rosemary Preston. Critical Approaches to Lifelong Education [J]. International Review of Education, 1999, 45 (5 - 6).

45. Robert Toblas. Lifelong Learning Policies and Discourse: Critical Reflection from Aotearoa, New Zealand [J]. International Journal of Lifelong Education, 2004, 23 (6).

46. Richard Taylor. Lifelong Learning and the Labor Governments 1997 - 2004 [J]. Oxford Review of Education, 2005, 31 (1).

47. Tony Brown. Lifelong Learning: Making It Work [R]. Adult Learning Austrilia. 2000.

相关网站文献

1. http：//www. ala. asn. au.

2. http：//www. dest. gov. au.

3. http：//www. dfes. gov. uk.

4. http：//www. europa. eu. int.

5. http：//www. niace. org. uk.

6. http：//www. oecd. org.

7. http：//www. sweden. gov. se.

8. http：//www. unesco. org.

后　记

　　写后记应该是件让人开心的事情，毕竟文稿基本定型，可以稍微放松身心了。但我感觉并不轻松，不仅是因前期修改文稿久坐未动而浑身不舒畅，还因对文稿内容的反复阅读、校正和斟酌让我有江郎才尽之感。更为重要的原因是，进入 21 世纪的第二个十年以来，国际终身学习政策发生了许多变化。就拿中国来说，北京、上海、江浙等地更是以前所未有之重视态度和探索精神，在地方终身学习政策的推进方面作出了许多有益探索，形成了不少值得挖掘和研究的本土经验，而这些最新发展，本书还未能及时予以研究和纳入，这实在是让我遗憾至极，并深感不安。但事情发展总归有阶段性，学术研究也有个过程，政策研究更是如此。因此，我将把这种不安和遗憾化为持续关注终身学习政策发展的决心和动力，为后期研究工作的推进打下基础。

　　当初，终身学习思想的高远立意和丰富内涵是吸引我将其作为博士学位论文选题的原因所在。如今，终身学习的这一魅力依然存在，并且在理论的拓展性研究和各国丰富的实践探索中体现得越来越具象，越来越生动。同时，终身学习的主题也同当代社会的诸多现象和发展趋势有着越来越紧密的联系，如应对人口老龄化提出的学习养老观念，信息技术不断升级之后带来的对学会学习、技术分化的深度思考，全球一体化加速进程中关于全球公民教育的呼吁，社会治理中社区教育的内涵更新和内容整合，因非正规教育和非正式学习兴起而催生的终身学习成果的认定和国家资格框架的构建等。新的社会背景、新的现实问题、新的科学技术和新的目标人群，都需要我们不断地反思已有的终身学习政策及其成效，并在新的历史和技术条件下开发出更加符合世界终身学习发展趋势，更加符合本国教育制度和学习需求，可操作、能实现的终身学习政策和具体策略，为建立一个符合知识社会要求，全民享有终身学习机会并通过学习取得成功，确立以尊重知识、尊重创造、热爱学习为新的社会价值导向的学习型社会而不断努力。

研究至今，我仍然认为将终身学习政策推展模式定位为中观层面的研究问题是可行的，是有意义的。因为这一问题和视角既可以提醒、帮助我们从理论上厘清终身学习政策背后所蕴含的理念与价值发展的基本动向，也可以方便我们从丰富的推展实践活动中提炼和分析具体的终身学习政策推展策略。终身学习政策推展模式研究旨在沟通理论与实践，把握整体发展及其特征，可作为研究和认识国际终身学习政策的基本工具。为此我还会继续努力。

感谢导师黄健教授在我博士学习期间对论文的指导。感谢石伟平教授长期以来为我的专业发展提出的许多有益建议及提供的实质性帮助。感谢徐国庆教授为书稿出版付出的努力，从始至终都是他在与出版社进行联系、洽谈。感谢上海教育出版社袁彬副总编、宁彦锋老师和周晟老师，他们为本书出版提供了难得的机会。尤其要感谢责任编辑廖承琳老师和王蕾老师，初稿反馈细致专业，从结构到语言再到格式，都提出了许多很好的建议，本书最终交付和顺利出版得益于她们的真诚帮助。最后，我要感谢我的家人，因为有他们的理解和支持，我才能有时间和精力来完成这项工作。

朱　敏

2016 年 7 月

图书在版编目(CIP)数据

国际终身学习政策推展模式研究 / 朱敏著. —上海：
上海教育出版社,2017.5
(职业教育与成人教育论丛 / 徐国庆,高志敏主编）
ISBN 978-7-5444-7356-9

Ⅰ. ① 国 ... Ⅱ. ① 朱 ... Ⅲ. ① 终 生 教 育—研 究
Ⅳ.①G72

中国版本图书馆CIP数据核字(2017)第128940号

责任编辑 廖承琳　　王　蕾
封面设计 周　吉

职业教育与成人教育论丛
国际终身学习政策推展模式研究
朱　敏　著

出版发行　上海教育出版社有限公司
官　　网　www.seph.com.cn
地　　址　上海市永福路 123 号
邮　　编　200031
印　　刷　昆山市亭林印刷有限责任公司印刷
开　　本　700×1000　1/16　印张 17.75　插页 2
字　　数　380 千字
版　　次　2017 年 9 月第 1 版
印　　次　2017 年 9 月第 1 次印刷
书　　号　ISBN 978-7-5444-7356-9/G·6065
定　　价　55.80 元

如发现质量问题,请向本社调换　电话 021–64377165